砺儒教育学术丛书

丛书主编　李盛兵

国学教育学

吴全华◎著

广东高等教育出版社
Guangdong Higher Education Press
·广州·

图书在版编目（CIP）数据

国学教育学/吴全华著．－－广州：广东高等教育出版社，2024.11．（砺儒教育学术丛书）．－－ISBN 978－7－5361－7718－5

Ⅰ．Z126

中国国家版本馆 CIP 数据核字第 2024H2U925 号

书　　名	国　学　教　育　学 GUOXUE JIAOYUXUE
出版发行	广东高等教育出版社 地址：广州市天河区林和西横路 邮政编码：510500　电话：（020）87553335 http://www.gdgjs.com.cn
印　　刷	广东信源文化科技有限公司
开　　本	787 毫米×1 092 毫米　1/16
印　　张	15.25
字　　数	378 千
版　　次	2024 年 11 月第 1 版　2024 年 11 月第 1 次印刷
定　　价	45.00 元

前　言

QIANYAN

自20世纪90年代至今，我国文化出现了一股热力持续不减的复兴传统文化的国学热现象，其热力可谓盛况空前。与国学热同向而行的是国学教育热。不仅热及基础教育，而且热及高等教育；不仅热及体制内的中小学，而且还热及体制外的民办基础教育机构。国学、国学教育除了热在大、中、小学外，也热在社会上。例如，政府越来越重视继承中华优秀传统文化和国学教育，传统文化在人们日常生活中的影响日甚；社会媒体也一直关注和参与国学热和国学教育热这股热潮，并且成为这股热潮的积极推动者。总体来看，整个国学热、国学教育热呈现以儒学为主、遍布城乡、政社结合、主体多元、众声喧哗等特点。

但是，国学教育的健康发展和国学教育价值的实现，有许多亟待解决的问题。这正如教育部印发的《完善中华优秀传统文化教育指导纲要》所指出的“对中华优秀传统文化教育重要性的认识有待进一步提高，教育内容的系统性、整体性还明显不足，重知识讲授、轻精神内涵阐释的现象还比较普遍，课程和教材体系有待完善，教师队伍整体素质有待提升，全社会共同参与的教育合力有待加强等”。另外，在国学教育的实施过程中，还存在种种乱象。解决制约国学教育发展的种种问题和克服国学教育实践中的种种乱象，离不开国学教育研究，国学教育研究是确保国学教育价值得以实现和国学教育健康发展的基础和前提。一直以来，包括教育学界在内的学术界对国学、国学教育的研究表现出前所未有的热情和投入。在教育学界，一大批国学教育研究成果问世。在中国知网收录的文献中，仅自2000年至2021年以“国学教育”为主题词的期刊文献就多达2 700余篇。但国学教育的研究尚存在诸多不足。一方面，国学教育研究的碎片化现象较为突出。例如，就不同的研究者而言，有的研究者虽然重视研究国学教育价值，却忽视研究如何实施国学教育；有的研究者虽然重视研究如何实施国学教育，却忽视研究国学教育的价值；而有的研究者虽然既重视研究国学教育的价值，也重视研究如何实施国学教育，但两者在其研究中又都显得不够全面和不够深入。另一方面，在教育学界，国学教育研究还存在诸多空白地带。例如，为实现国学教育的价值，我们应克服怎样的错谬的文化观念；国学教育的课程教材建设应遵循怎样的基本原则；30多年来的国学教育实践，我们应当汲取怎样的教训；等等。针对以上国学教育现有研究的不足，需探讨和回答的主要问题有：国学教育的价值应是怎样的？要实现国学教育价值，我们应该克服怎样的错谬的文化观念？要实现国学教育的价值，国学教育的课程建设应遵循的基本原则是什么？要确保国学教育应有的质量，国学教育和课程教学应克服哪些不良现象？要提高国学教育的质量，国学师资的素质应是怎样的？教师职前培养和职后培训应如何提高国学师资队伍的素质？本论著正是基于对这些问题的回答而作。

本论著的内容共分八章。各章的主要内容如下：

第一章为“绪论”。探讨国学教育，以明晰国学教育这一概念的含义和国学教育与其相关概念的关系为前提；另外，理论探讨以历史和现实为前提。因而，要为国学教育的探讨建立立论基础，有必要明晰国学教育的历史和现状。为此，本章界定了国学教育这一概念的含义，辨析了国学教育与传统文化教育、优秀传统文化教育、读经、国文教育、人文教育、学校教育等相关概念之间的关系；对国学教育做了简要的历史回顾，描画了当代国学、国学教育的热象，阐述了当今国学热、国学教育热的特点，并提出了本论著要回答的主要问题。

第二章为“国学教育的社会价值论”。我们可从教育与社会发展的关系和教育与人的发展的关系两个维度来认识国学教育的价值。本章阐述了教育与社会发展关系维度的国学教育价值。从这一维度来看，国学教育的价值体现为增强民族文化的自主性，凸显中国式现代化的中国性，促进中国现代化的健康发展。

第三章为“国学教育的人的发展价值论”。全面、深入地认识国学教育的价值，应从国学教育与社会发展的关系和国学教育与人的发展的关系维度来审视。从国学教育与人的发展的关系出发考察的国学教育价值，属国学教育的内在价值或国学教育的本体价值。实现国学教育的本体价值既是教育的育人性的本质要求，也是实现国学教育的社会价值的基本前提。从教育与人的发展关系的维度出发，本章阐述了国学教育对治个体主体性过度发展和传统文化的立德、成人的价值。

第四章为“实现国学教育价值的文化观念论”。就目前的语境而言，国学教育的实施和健康发展，绝非是顺遂的，它会遭遇种种阻碍；其中错谬的文化思想、观念是阻碍国学教育的实施和国学教育健康发展的最大障碍。本章阐述了确保国学教育价值的顺遂实施和国学教育健康发展应当祛除的两种文化思想、观念，即为了移除国学教育顺遂实施的绊脚石，应克服文化激进主义；为了确保国学教育的健康发展或国学教育的实施不至于自毁前程，应克服复古论的文化保守主义。

第五章为“国学教育的课程学论（一）——国学课程建设的基本原则”。实现国学教育价值、目的，应加强国学课程建设。而国学课程建设要发挥实现国学教育价值的作用，须遵循一定的原则。本章从课程建设的定性、定位、定调、定向的要求出发，阐述了国学课程建设应遵循的主导性、非宗教性、人文性、非还原性、非排斥性、强度继承等基本原则。

第六章为“国学教育的课程教学论（二）——国学课程的教学原则”。教学是实现教育目的的基本途径。同样，国学课程的教学是实现国学教育价值、目的的基本途径。以第五章所阐述的国学课程建设的基本原则为前提，本章阐述了为实现国学教育价值，国学课程的教学应遵循的时代性、次第性、“专”“渗”结合、多样化等原则。

第七章为“国学教育、教学的教训论”。自20世纪90年代延续至今的国学教育实践，应该说我们已尝试过种种提高国学教育质量的途径、方式、方法；在此过程中，我们有过较多的国学教育的教训，当然，也积累了较为丰富的提高国学教育质量的有益经验。尽管不能说我们积累了应做什么和应该怎么做的有益经验就一定少于应避免做什么和不应该怎么做的教训，但要提高国学教育质量，我们在重视总结以往国学教育的有益经验的同时，更应重视汲取过去的教训。不能将国学教育商业化、庸俗化，不能直接拔高和任意夸大国学课程教学的价值、作用，不能要求儿童纯读经，不能一味地要求儿童死记硬背经典，不能刻意强调教学形式仿古，这五方面是我们提高国学教育质量应汲取的主要教训。本章对这五方面教训做了阐述，与此同时，也对相关有益经验做了阐述。

第八章为“国学教育的教师教育论”。影响提高国学教育质量的关键因素是国学教师队伍的素质。要提高国学教师队伍的整体素质，包括师范院校在内的教师教育机构应加强对师范生国学素质的培养，教师教育机构和大中小学也应努力提高在职教师的国学教育素养，以形成提高国学师资素质水平的前后相接、连贯、完整的教师教育体系，只有这样，才能不断提高国学师资的国学教育素质。而无论是教师职前培养还是职后培训，要提高国学师资的素质水平，首先须清楚的是国学师资应具有怎样的素质。本章首先阐述了国学教育对国学师资的素质要求，然后分别阐述了为提高国学师资素质水平，教师职前培养和职后培训的相关举措。

通过以上八章内容，本论著力图给读者呈现一个由国学教育价值论、国学教育的课程教学论、国学教育的教师教育论构成的较全面、较系统，同时又较为深入的国学教育理论。但由于基础和功力的不足，笔者深知，本论著一定存在诸多不足。对于文中的不足之处，恳望大家多加批评指正。

目录

第一章
绪　论

探讨国学教育，以明晰国学教育这一概念的含义和国学教育与其相关概念的关系为前提，因而探讨国学教育需先行界定国学教育这一概念，并辨析国学教育与传统文化教育、优秀传统文化教育、读经、国文教育、人文教育、学校教育等相关概念的关系，从而为研究国学教育建立立论基础。另外，理论探讨以历史和现实为前提，因而要为研究国学教育建立立论基础，有必要阐述国学教育的历史和现状。

第一节　国学教育释义

要界定国学教育这一概念，首先须清楚何为国学。也就是说，界定国学这一概念是界定国学教育这一概念的前提。

国学这一术语缘起于近代的清末。所谓国学之国，是指中国，国学之学则是指中国传统学术文化，而中国传统学术文化一般分为经、史、子、集四大类。所以，国学即中国传统学术或我国固有的学术。在国学这一概念发轫的清末，作为“中学为体，西学为用”的模式里的“中学”即国学，它与从西方传入中国而中国传统文化所没有的各种学问、知识、思想、理论或西学相对。这里，与西学相对的国学是一个褒义词，即在清末，“国学”被视为“国魂”之所系，如章太炎所谓“以国粹激动种性”之“国粹”或国学之精粹便是一个褒义词。此后很长一段时间，国学则作为一个贬义词使用，即将它视为落后文化的代表，如“五四”新文化运动对国学以贬为主，把它视为阻碍国家富强、民族振兴的“国渣”，甚至钱玄同等激进人士主张将国学扔进茅厕；胡适等人则较此温和一些，主张将它视为“国故学”的省略语，属于知识研究的对象和材料。[①] 与过去不同，现今的国学一词不是一个贬义词，而是一个褒义词，或者说现今国学这一术语延续了清末对其褒义的理解。

作为一个褒义词，现今有的学者对国学做学科化理解，认为“国学可以理解为是参照西方学术对以儒学为主体的中华传统文化与学术进行研究和阐释的一门学问”[②]。作为一门学问，国学是不同于其他学科的一门学科。与此不同的是，我国更多的学者认为“国学”是数千年来中国学术思想传统的统称、中国文化的载体，[③] 或者说“国学”是与“西学”相对的“中学”，[④] 它涵盖哲学、历史、文学等。

例如，梁涛认为：“如果将传统学术比作‘道术’的话，那么文、史、哲就是将其分裂开进行研究，而国学则是试图将其作为一个整体来把握”；它汇通文、史、哲，既是综合、汇通之学，也是对文、史、哲的补充和完善。黄贤忠认为：“‘国学’是针对近现代西学东渐而兴起的称谓，其本质不是一个学科门类的概念，而是对中国传统文化的统称。”[⑤] 因而国学不是不同于文学、哲学、社会学等学科的一门学科，或不是西方学术分科意义上的一门学科，不是西方人对中国传统文化进行知识化、对象化、国固化处置而形成的汉学。当然，国学不是中国古代的国子学或国家开办的学校这样的教育机构，也不是现今“中小学”意义上的“中学”“国家一级的学校”意义上的“国学”[⑥]。

从国学与中国传统文化中的儒、释、道这三者的关系来看，国学以由经、史、子、集之经构成的儒学为主，儒学是国学的主要组成部分、国学的主体。[⑦] 作为国学的主体，儒学的内容奠基于周初，“至春秋战国，经孔孟老庄等思想家的发展而成型；至汉又在制度层面得以某种程度的落实；此下以迄明清，递有丰

---

① 任重，刘明. 儒家回归：建言与声辩［M］. 北京：中国政法大学出版社，2012：59.

② 任重，刘明. 儒家回归：建言与声辩［M］. 北京：中国政法大学出版社，2012：60.

③ 任重，刘明. 儒家回归：建言与声辩［M］. 北京：中国政法大学出版社，2012：62.

④⑥ 任重，刘明. 儒家回归：建言与声辩［M］. 北京：中国政法大学出版社，2012：61.

⑤ 黄贤忠. 当前大学生对国学教育的认知和需求：以某高校调查数据为例［J］. 重庆文理学院学报（社会科学版），2018，37（5）：71.

⑦ 任重，刘明. 儒家回归：建言与声辩［M］. 北京：中国政法大学出版社，2012：75.

富和损益，而其‘人文’基调则一以贯之”①。当然，有学者不同意这种看法，认为“……‘儒学’是‘国学的价值之源，离开‘儒学’，‘国学’就会变成没有生命力的国故之学与缺乏价值关怀的西方汉学，所以应该将‘儒学’的地位提到‘国学’之上，而不是将两者混同”②。这也就是说，持这一观点的学者认为除了应将儒学视为国学的一个组成部分外，还应将其视为国学的“首脑”、统领者。尽管如此，大多数学者还是持前一种看法，即在将儒学视为国学的一个组成部分的同时，将儒学视为国学的主体、主干。

基于上述人们对国学这一概念的理解和儒学在国学中的地位的认识，本书全文行述将国学理解为中华民族所特有的、主要由文化典籍记载的、以儒家文化为主体的中国传统文化。它具有非学科性、观念性、动态开放性、人文性的特点。由此出发，我们可将国学教育界定为以中国传统文化学术典籍为基本载体，以儒家学术文化为主要内容，以形成、丰富受教育者的人文素养、健全受教育者人格和传承中华民族优秀传统文化、弘扬民族精神为目的的教育活动。

第二节　国学教育与相关概念的关系

从当代我国国学教育的语境来看，与国学教育相关联的概念主要有传统文化教育、优秀传统文化教育、国文教育、读经、人文教育、学校教育。辨析国学教育与这些概念的关系，有助于增进我们对国学教育这一概念的理解。

一、国学教育与传统文化教育的关系

传统文化与国学两者既相联系，又存在区别。传统文化包含了国学，但国学只是传统文化的一个组成部分，属于传统文化中的学术性、义理性部分。中华传统文化除了国学，还包括中华武术、古诗文、书法、传统音乐、戏剧、美术、非物质文化遗产等。就此而言，国学教育与中国传统文化教育不是同义词，不能以国学教育代替传统文化教育。传统文化教育除国学教育外，还包括培养学生对中华武术的兴趣、爱好，体会古诗文、书法的美感与意境，欣赏传统音乐、戏剧、美术等艺术作品中表达的情感和思想，教会学生掌握一些传承非物质文化遗产的技能，等等。但在中华传统文化教育中，国学教育最为重要。因为就整个传统文

① 任重，刘明．儒家回归：建言与声辩［M］．北京：中国政法大学出版社，2012：62.

② 任重，刘明．儒家回归：建言与声辩［M］．北京：中国政法大学出版社，2012：331.

化而言，最具教育意涵、最为根本的是承载着丰富的学术性、义理性和人文价值的中华文化经典或国学经典。作为中华文化的国学经典，我们既可以将其作为学术研究的资源，即作为学术性的国学来对待，也可将其作为教育资源，即通过受教育者与国学这一教育资源之间的互动，使国学参与到人们日常的认知活动中，进而成为一种活生生的实践。

二、国学教育与优秀传统文化教育的关系

现今，在论及传统文化教育时，人们频繁使用且颇具权威和典型意义的是优秀传统文化教育这一概念。显然，优秀传统文化教育之优秀传统文化是相对于非优秀传统文化而言的。而人们言说优秀传统文化的前提是认为传统文化是优秀与非优秀的传统文化总合而成的，并且优秀传统文化是可从传统文化的总体中析离出来而作为专门的教育内容的。但实际情况并非如此，我们是很难甚至不可能做这样的析离的。这正如庞朴所说："难道精华糟粕是分装在两个匣子里、而不往往是一物的两面么？更勿论那二分法的牺牲品即既非精华又非糟粕者的处境和下场了。"① 也正如姜义华所说："精华与糟粕常常就是同一事物的不同侧面，二者常常紧紧纠缠在一起而无法完全分开；况且，同一时代，不同的群体，不同的个人，区别精华与糟粕的标准，经常很不相同，甚至会完全相反；不同的时代，不同的群体，不同的个人，区别精华与糟粕的标准，更不可能一致"②。这也就是说，传统文化是否优秀是格义性、释义性的，而格义、诠释传统文化的标准又是语境性、历史性的，我们无法前置性地将传统文化二分为优秀与非优秀的两部分，或者说将其划分为精华与糟粕两者。

继承传统文化必须取其精华、去其糟粕，"笼统讲这句话是对的，但是什么是精华，什么是糟粕，有个绝对的标准吗？事实上很难建立这个评估标准，精华、糟粕都跟它所处的时代环境分不开。在这个环境里是最优秀的精华，不见得到那个环境还是优秀的。这是必须要看到的，所谓精华和糟粕跟时代环境有关系，不能够脱离时代环境"，"我们不能脱离实际讲要怎么去运用优良传统，怎么扬弃。一个人如果很有智慧，很有技巧，那腐朽的东西也可以变成精华。如果这人很拙劣，那精华的东西到他手里也会变成糟粕。关键得看使用的人。'善用

① 庞朴. 文化传统与传统文化[EB/OL].（2019－02－08）. https://www.aisixiang.com/data/115003.html.

② 姜义华."弘扬传统"应避免排外主义和儒学宗教化[EB/OL].（2017－09－25）. https://www.aisixiang.com/data/106121.html.

物者无弃物’。一根朽木到了一个工匠手里可能变成一件非常精美的艺术品”①。前置性地将传统文化二分为优秀与非优秀是机械的，而这种机械性是由理性的骄狂所导致的。本书言及的国学教育强调的无疑是传统文化对受教育者的积极影响，但本书言及的国学教育不对、也无法对中华传统文化前置性地做优秀与非优秀这样的二分。

三、国学教育与国文教育的关系

国文是中国语文的简称，它分为旧国文和新国文，旧国文即文言文，新国文既包括文言文，也包括白话文。民国时期和我国现今港台地区的国文属新国文。新国文是“五四”新文化运动时期，对经学做改造的产物，“它是五四文学革命最具有实质性与决定意义的成果”②。1917 年 1 月 1 日胡适发表的《文学改良刍议》主张对以旧国文或文言文为语言形式的国文教育进行改革。他强调这一改革把人人“能作国语文为第一标准”，以人人能用国语或白话“自由发表思想”和促进人的个性发展为目的。这是因为在胡适看来，唯有白话文才是现代中国人自由发表思想的最有力的工具。由此出发，他强调废除文言文教科书，将文言文教科书改造为语体文教科书；主张学生学习国文应学习白话文学，国文教学应使用白话文教科书。但胡适在主张学生应学习白话文文学的同时，并不完全否定学生学习古文文学。例如，胡适于 1920 年 12 月 1 日发表的《中国国文的教授》一文在强调“人人能用国语（白话）自由发表思想”的同时，主张中学的国文教育应使“人人能看平易的古文书籍”，“人人能作文法通顺的古文”，“人人有懂得一点古文文学的机会”。他在设计中学国文课程时，“将国语文与古文的教学定为一与三的比例，并且还开列了一批学生‘自修的古文书’的阅读书目”③。但学生做古体文只能被看作实习文法的工具，而“不看作中学国文的目的”。④ 与此同时，胡适主张学生学习国语文和古文应有次第性，即学生只有在“国语文通顺之后，方可添授古文，使学生渐渐能看古书，能用古书”，因而他主张“在小学未受过充分的国语教育的，宜先求国语文的知识和能力”，应“继续授国语文至二三学年，第三四学年内，始得兼授古文，但钟点不得过多”，“四学年内，

---

① 楼宇烈. 不能丢失中国文化的主体意识［N］. 北京日报，2019－05－20（15）.

② 钱理群. 五四新文化运动与中小学国文教育改革［J］. 中国现代文学研究丛刊，2003（3）：46.

③④ 钱理群. 五四新文化运动与中小学国文教育改革［J］. 中国现代文学研究丛刊，2003（3）：50.

作文均应以国语文为主"①。

整个民国时期，尽管在国文教育的目的、内容、施教方式上存在很多争议，但国文教育的实践大体上是依照胡适的主张进行的。例如，自《文学改良刍议》发表至1921年期间，中小学的旧国文教育逐渐改造成了语体文教育。这一改革成果在1923年6月民国政府颁行的《中小学课程标准纲要》中得以确认。《中小学课程标准纲要》明确规定，小学取消修身课，国文改为国语，这反映了胡适对白话文和新文学的提倡。

国民党政府主政台湾后，延续了其在大陆时期的国文教育。其国文教育的文言文内容，不少是中国传统文化经典或经典的节选，课程标准体现了"体认中华民族文化"的教学目标。例如，"台湾国民中学《国文》教材一个最突出的特点是注重传统伦理道德对青年一代的熏陶，把培养青年学生爱祖国、爱家乡、立高远志向、孝敬父母、学会感恩、勤学好问放在重要的地位，让孩子从小在飘扬的中华传统道德的旗帜下成长，长大成为一个堂堂正正的中国人。"②

由上可知，民国时期的国文课程包含了国学课程，或国文教育内含国学教育，这样的教育延续到了现今港台地区。一定意义上，其国文教育、国文课程是国学教育、国学课程的载体。就国文教育重视传统文化这一点来看，其目标和内容与国学教育具有一致性，国文教育的目标和内容包含了国学教育的目标和内容，但国文教育的目的和内容比国学教育的目的和内容更宽泛。钱穆在主政香港新亚书院时曾说："中小学国文教师应利用假期讲习国文国学，此层则为穆所极端赞同者。"③ 钱穆在此所说的"国学"并不是一个赘词，他之所以将"国文"与"国学"并列，是为了突出国文中的国学的地位。

四、国学教育与读经的关系

读经是阅读经典或学习经典的简称。一定意义上，也可将读经视为国学教育的简便性俗称。

这里要斟酌国学教育与读经之间的关系，最为关键的是应回答我国现时语境中的读经之经典指的是什么、关涉中国传统文化的读经认取的信息是什么、读经的主体是谁这三个问题。所谓读经之经典，从狭义来说，即中华传统文化经典，

---

① 钱理群. 五四新文化运动与中小学国文教育改革［J］. 中国现代文学研究丛刊，2003（3）：50.

② 林采凤. 台湾高中国文现行教科书研究［D］. 福州：福建师范大学，2002：25.

③ 钱穆. 文化与教育（新校本）［M］. 北京：九州出版社，2011：288.

如儒家经典、道家经典、释家经典等；从广义来说，它包括人们所认定的古今中外的所有经典。从我国当下的语境来看，读经之经典尽管不排除中外现代经典和外国古代经典，但它强调的是包括古典诗词在内的中国传统文化经典，特别是儒家经典。就儒家经典而言，其承含的信息是多样化的，既包含历史、政治信息，也包含文化伦理信息。而读经所认取的信息是历时态的、流变的，它在我国不同的历史时期有着明显的差异。以 1905 年为时间截点，读经前后所认取的信息存在巨大的分疏。1905 年前或科举制废除前的读经之经是经学之经，人们认取的是经典的政治信息；而 1905 年后或科举制废除后的读经，总体上人们认取的是经典的历史，尤其是其间的文化伦理信息。本书使用的国学教育这一概念与科举废除后的读经在认取的信息上具有一致性，即它认取的是经典中的历史，特别是其文化伦理信息。就读经的主体而言，读经可分为成人读经与儿童读经。民国时期，有关读经的讨论，争论最多的问题之一曾是儿童是否应读经。与民国时期不同，现今语境中的国学教育，儿童是否应读经已经不是一个人们关切的问题。在人们看来，儿童理应是读经的主体；读经的主体或国学教育的对象既包括成人，也包括儿童，但主要关注的是儿童读经。

五、国学教育与人文教育的关系

对于传统文化，我们既可把它作为一种学术资源，也可将其作为一种认知资源。作为学术资源的传统文化是指一种客观存在的文本，是学术研究的对象，它对传统文化的处置是学术取向的；而作为认知资源的传统文化，“应该是一种活的传统，参与到人们日常的认知活动中，它是作为认知主体的人与认知客体的文本之间的互动，是一种活生生的实践”①。因而，对传统文化做认知资源的处置，也就是做生活取向的处置。现今中小学和大学的非国学院的国学教育，相对来说，是生活取向的，大学国学院的国学教育则主要是学术取向的，即大学国学院的国学教育主要是将中华传统文化作为学术研究的对象。但无论是生活取向的国学教育，还是学术取向的国学教育，它们同属人文教育，都属于人们倡导和致力于实施的素质教育的重要组成部分，都是成就中国学生核心素养所确立的“人文底蕴”这一中国学生的核心素养的必要途径。当然，人文教育除了在此言及的国学教育外，还包括其他形式的人文教育。因而，相对于国学教育，人文教育这一概念的外延更为宽泛。但从世界各国人文教育的理论主张和实践来看，包括我们在此言说的国学教育在内的传统文化教育是人文教育的核心。

---

① 任重，刘明．儒教重建：主张与回应［M］．北京：中国政法大学出版社，2012：201－202．

六、国学教育与学校教育的关系

我们可将国学教育划分为体制内的国学教育与体制外的国学教育。体制内的国学教育包括体制内学校和体制内相关媒体机构举办的国学教育。体制外的国学教育包括体制外由个人或组织举办的（如培训机构）国学教育。这里，体制内媒体和体制外由个人或组织举办的国学教育都可视为社会教育的一种形式。

在体制内外的国学教育中，体制内学校国学教育是国学教育的主体，同时，国学教育内容是体制内学校教育内容的一个重要组成部分。它既是体制内中小学教育内容的重要组成部分，也是体制内高等教育内容的重要组成部分。中小学教育作为基础教育，其基本职能是为一个人一生的发展打下良好基础。这里的基础既包括成人的基础，也包括成才的基础。中小学实施的生活取向的国学教育恰是为一个人成人打下良好基础的。正因为它是为一个人成人或成德打下良好基础的，从而它也是为一个人成才打基础的。而中小学教育是高等教育的基础。从此意义来说，中小学实施的国学教育是高等教育的国学教育的基础。

第三节　国学教育的历史

如上所述，理论探讨以历史和现实为前提，因而要为国学教育的理论探讨建立立论基础，有必要梳理国学教育的历史。囿于本论著的主题，以下只对国学教育历史做一简述。

一、读经是中国传统教育的主要形式

在夏、商、周三代，儒家的理念、理想和体现儒家理念、理想的典章制度已经完备定型。这一时期的教育内容主要是集中反映儒家理念、理想的“六艺”——礼、乐、射、御、书、数。例如，在西周时期，“‘六艺’构成了西周官学鼎盛时期的基本课程结构”①。到了孔子的时代，孔子希望保存“六艺”，并流传后代。于是，他将有文字版本的礼、乐、射、御、书、数进行编辑修订，并给予其合理解释与系统说明，而成为“六经”——《诗》《书》《礼》《易》

---

① 黄书光，王伦信，袁文辉. 中国基础教育改革的文化使命［M］. 北京：教育科学出版社，2010：210.

《乐》《春秋》。因而孔子不但继承了这些典章制度及其承载的理念、理想，而且在义理和学问上奠定了后来儒学的基础。①

由孔子发轫，儒家的“五经”② 在汉代仰赖政府力量的扶持，成为官学教育的主要内容、基本课程，“左右了中国文化的发展和教育实践”③，左右了中国社会的价值、规范乃至于民间宗教的发展以及它的礼仪。④ 从汉代的太学到魏晋南北朝的国子学、国子监，再到唐代以后的州县学和明代、清代的社学，所教授的都是儒家经典。⑤ 虽然不同朝代，“五经”因注疏不同而有变易，但以“五经”为代表的儒家经典一直是中国古代官学教育的主干。在汉代，太学将“五经”传授给高官或皇亲的男孩子们，“由于它教的是官定课程，所以学五经的人很多；学的人多了，就产生各样不同的解释方法，各样的流派（家法）此起彼落，甚至有篡改或伪造经文的各种事情”⑥。但是，在汉末和魏晋南北朝时期，“各家注释遂逐渐趋于统一，而到了唐代终于由政府颁布《五经正义》，总结历代流传最广的注释。这套书到了后代差不多变成定本，控制了中国教育的基本内容将近700 年”⑦，即控制了唐代至南宋教育的基本内容将近 700 年。在这 700 年间，科举的内容除“五经”外，还包括诗赋，或要求读书人须有充分的文学训练。但是在宋代，诗赋的写作逐渐不受重视，而“义理”即儒家学说则居于首位。尽管元代是蒙古人统治，但“在忽必烈在位统治中国时，采用朱熹和他的学生们对‘五经’的注释为科举考试的标准教材。虽然儒家经典继续成为中国教育的中心，但是采用的只是朱熹一家的注疏。同时，朱熹订正的‘四书’也变成了科举考试的内容，所用的注疏也是朱熹的《集注》。从此大部分中国人的正式教育无非就是学习这套经典及其注释，一般称为‘四书五经’”⑧。这种情况一直延续

---

① 任重，刘明．儒学复兴：继绝与再生［M］．北京：中国政法大学出版社，2012：92.

② 《乐经》后来亡佚，《乐经》可能原本就无书，只有章，如“子在齐闻《韶》”，说明作为歌颂大舜的乐章《大韶》是有的；其他的乐章如尧的《大咸》、禹的《大夏》、汤的《大濩》、武王的《大武》，再加上黄帝的《云门大卷》（见《周礼·春官·大司乐》），都说明了古有乐章。乐无书，是原来就没有，还是为秦火所焚？古文经学与今文经学有两种不同的主张，有待专家去考评。但《荀子》有《乐论》，《礼记》有《乐记》，也可作为了解古代乐理论的补遗。（见：严家炎．再现《乐经》原貌：读《乐经集》［N］．光明日报，2019-08-08.）

③⑧ 李弘祺．学以为己：传统中国的教育［M］．上海：华东师范大学出版社，2017：598.

④ 李弘祺．学以为己：传统中国的教育［M］．上海：华东师范大学出版社，2017：599.

⑤ 李弘祺．学以为己：传统中国的教育［M］．上海：华东师范大学出版社，2017：586.

⑥ 李弘祺．学以为己：传统中国的教育［M］．上海：华东师范大学出版社，2017：597.

⑦ 李弘祺．学以为己：传统中国的教育［M］．上海：华东师范大学出版社，2017：597-598.

至科举的废止，这说明“从朱熹过世到废止科举，正好又是700年左右”①。

官学如此，私学也不例外。如书院作为中国私人讲学最重要的代表，它不仅是典型儒家教育理想的产物，② 而且无论是为了科举的书院，还是为了实现“学以为己”的理想的书院，无论是山林书院，还是非山林书院，教授的也都是儒家经典，甚至在佛家寺庙，儒家经典也是其教育内容的重要组成部分。对致力于古代私学教育的民间知识分子对于继承儒家文化的意义和在政治、社会建设中的作用，有学者评论道：“儒家文化传承不息的关键在于，儒家文化本质上是一种精英文化，而且历代儒家一直坚持‘道在山林，学在民间’，认为儒家的理念和理想，是由民间的知识分子来承担和传承的。由此，历代儒家都开办私人教育，培养徒众，这就使官方教育在混乱动荡中崩溃后，民间的知识分子仍然顽强保有和薪火传递儒家的理念和理想，并最终通过察举荐选、科举等制度，向国家输送了大批的政治文化精英，去重建或重组政治和社会。”③

二、走向黄昏的清末儒家经典教育

延续了二千多年的经学教育，到了清末民初开始走向式微。19世纪中叶，列强的暴力打开了国门。为了因应西方列强的铁蹄和西学东渐的冲击，在魏源、龚自珍等人的反对空谈心性、引进西学、“师夷长技以制夷”的强烈要求下，清政府在文化教育上以“中学为体，西学为用”（简称“中体西用”）为基本方针。在这一基本方针的指导下，曾国藩、李鸿章、张之洞等洋务派人士认为要“制敌之命”，教育应培养“中体西用”④ 型人才。由此出发，他们热衷洋务教育事业，举办了一大批洋务学校，并多次派遣留学生，主张改革科举制度。在此过程中，尽管有如倭仁的“立国之道，尚礼仪不尚权谋；根本之图，在人心不在技艺”等之类的“顽固派”的文化保守主张，但“顽固派”把持不了局势，总体上，洋务派胜，“顽固派”败。当时，实施“中体西用”的文化教育方针，主观上是为了维护中学，维护儒家经典教育，但客观上却导致中学受到严重冲击。因为客观上，“中体西用”下的洋务教育触动了中国传统教育的僵化板块，即“中体西用”“……导致了中国早期现代化的启动。正是因为通过这一命题，西学毕竟堂

---

① 李弘祺．学以为己：传统中国的教育［M］．上海：华东师范大学出版社，2017：598.

② 李弘祺．学以为己：传统中国的教育［M］．上海：华东师范大学出版社，2017：587.

③ 任重，刘明．儒学复兴：继绝与再生［M］．北京：中国政法大学出版社，2012：104.

④ 这里，“中体西用”中的“体”即“中学”。“中学”历史上也被称为旧学，它包括“四书五经、中国史事、政书、地图”，主要指“中国之所以为中国”的孔学名教。

而皇之地被引入中国。虽然洋务派把西学定位在器物层面，但‘制器之器’的引入必然波及‘制器之人’的培养，而‘制器之人’的培养又必然促使人们去进一步探讨，深化对西学的认识。这一系列连锁反映（应），固然是洋务派始料未及的，但它又确确实实发生了：‘西用’的范围日益扩大，‘中体’的内涵不断紧缩”①。

洋务教育客观上导致“中体”内涵的紧缩，也对传统儒家经典教育的社会地位产生了一定的冲击。但“中体西用”的格局在总体上仍得以维护，儒家经典教育并未伤筋动骨，在整个教育体系中仍独占优势，或者说仍占主导地位。但之后不久，儒家经典教育的主导地位便发生了动摇，并走向式微。儒家和儒家经典教育发生这种变故的转折点是甲午战争的失败。由于甲午战争的失败，人们开始从根本上怀疑儒家的“真理”性和以儒家理想为意识形态的制度体系、儒家经典教育的有效性。因而，对于儒家意识形态和儒家经典教育的批判日趋全面、日趋激烈。这方面维新运动表现得尤为突出。

西学东渐的一个重要体现是西方国民教育理念的东渐及其对国人的影响。在国民教育理念的影响下，20 世纪初的维新派从教育强国、救国图存出发，试将西方的国民教育理念和实践加以引进，试将过去培养有着由士而谋仕的心性品质的人的教育转向培养农、工、商等各行各业的合格人才、社会的合格公民的新教育。“与洋务派不同，维新派反对‘中体西用’说，要求对封建专制制度进行资产阶级性质的改良。一方面，他们通过创办‘万木草堂’‘时务学堂’等新式学校，大力培养‘异乎常纬’的新型人才；另一方面，他们普遍重视国民素质教育，极力介绍和引进近代国民教育制度”；“这种新型国民就是要摈弃传统教育所造就的奴性人格，通过各种渠道培养国民的爱国心、公共心、独立心、自治心，做到自新而新人，以改善和提高中华民族的整体文化素质”；“随着国民教育思潮的崛起和发展，清政府亦不能熟视无睹，开始有意识地反映到清末颁行的有关教育章程之中”②。其中，清末政府于 1902 年颁发的《钦定小学堂章程》和 1904 年颁发的《奏定初等小学堂章程》，便是为了推行国民教育。此后，欧美化的普及教育、义务教育、职业教育、公民教育和包括培养革命新人的革命教育在内的各种主义教育纷纷登场。可以说，由维新运动发端的国民教育主张和实践及

① 黄书光，王伦信，袁文辉. 中国基础教育改革的文化使命［M］. 北京：教育科学出版社，2010：8.

② 黄书光，王伦信，袁文辉. 中国基础教育改革的文化使命［M］. 北京：教育科学出版社，2010：9 – 10.

其滥觞是终结千百年来儒家经典教育的最为有力的一击，传统儒家教育体系从此走向式微，走向崩溃的边缘。

三、挣扎求生的儒家文化和儒家经典教育

传统儒家教育体系走向式微甚至走向崩溃的边缘后，不时地出现了拯救儒家文化、儒家经典教育的努力，其中主要有康有为的保教运动、袁世凯的复古主义教育、蒋介石的“新生活运动”、梁漱溟的乡村建设运动。但这些复兴儒家文化、儒家经典教育之举并未产生复兴之效，它们显现的只是儒家文化、儒家经典教育处于一息尚存的挣扎求生的境地。

（一）拾人牙慧的保教运动和昙花一现的复古主义教育

面对儒教、儒家教育濒临崩溃的惨状，康有为首先挺身而出。一方面，康有为认定国家衰败的原因是科举制度，因而他主张必须废除科举。另一方面，他又试图在他推行的由西政西学建立起来的新制度中，为儒家寻找新的生长点。因而，他发起了“保教运动”。在康有为看来，要救国、图存、保国、保种，必须保教。这里所谓的保教，即保护儒教。他从今文经学的立场和方法出发，重新整理和重新解释儒家经典系统和儒家教义，提出了改革儒家的方案。首先，他将千百年来国人尊奉的先圣先师——孔子视为“教主”或“泰东教主”。他认为，为了“救中国”必须复原孔教，把孔子奉为教主。其次，他明确提出应将以孔子为代表的儒教定为“国教”，并将孔教国教化，以为儒学寻求新的制度安置。在他看来，中国历史上对社会秩序和道德发挥实质性作用的是“孔教”，“孔教”或儒家的意义系统对于整饬当时变乱时期的中国社会秩序和增强文化认同仍具有不可替代的作用。他认为，“‘教化’是建立社会秩序的基本途径，而‘国教’是推行‘教化’的最有效的方式”；他指出：“夫国所与立，民生所依，必有大教为之桢干，化于民俗，入于人心；奉以行止，死生以之，民乃可治，此非政事所能也，否则皮之不存毛将焉附。中国立国数千年，礼仪纲纪，云为得失，比奉孔子之经，若一弃之，则人皆无主，是非不知所定，进退不在所守，身无以为身，家无以为家，是大乱之道也。”① 他断言“教亡而国从之”②，“非道德不足以立国”，而要拯救道德“有待于教化”。③ 他大声疾呼：“今欲救人心，美风俗，

---

① 汤志钧. 康有为政论集：上下［M］. 北京：中华书局，1981：51.
② 汤志钧. 康有为政论集：上下［M］. 北京：中华书局，1981：733.
③ 汤志钧. 康有为政论集：上下［M］. 北京：中华书局，1981：842.

惟有亟定国教而已；欲定国教，惟有尊孔而已。”①

所以，他仿效西方启蒙运动之后政教分离的方式，为失去制度性支撑的儒家寻求一种超越于现实权力的新的制度化的方式，即“建立独立于政府的、专业化的教会体系”②，将儒家教会化、设孔教会来保证儒家思想的传播和影响力，以挽救“人心之坏”，抵御基督教等“异教”的诱惑。具体的举措包括设立孔庙，奖励去海外传播儒家“教义”的人士等。在他看来，这既有利于继承、传播作为本土文化的儒家文化，又可用儒家的价值来抵御基督教的教义对中国人的影响。1898 年，康有为在北京建立保国会，强调将“保国”和“保教”联系起来。由此可知，康有为否定科举制，否定的是官学中的儒家经典教育，而他倡导的保教运动是为了维护孔教能在民间社会有着与以往一样的地位和影响力。

康有为的“保教”主张虽不乏附和者，但梁启超等人的反对之声更为强烈。梁启超发表的《保教非所以尊孔论》一文明确反对康有为的保教论。他批评保教论者“辄欲设教会、立教堂、定礼拜之仪式、著信仰之规条，事事摹仿佛耶，唯恐不肖，此靡论其不能成也，即使能之，而诬孔子不已甚耶”，“强孔子以学佛耶，以云是保，则所保者必非孔教矣”。③ 他认为，新学即康有为之学与汉学、宋学是妨碍孔子之学正大发扬的三种主要倾向。对于康有为之学或新学的功效，梁启超指出：“然则欲效彼之形式以推崇孔子，其必劳而无功，明矣。劳而无功犹可言也，苟以此倡，其弊实滋。不见近数千年来，揭孔子之微帜以结集团体者纷起于国中乎？其拳拳焉真以道自任者，吾岂敢谓无人，而有所为而为者，实乃十居八九。率此以往，其将以孔子市矣。吾故曰：此种尊孔子之法，无益而有害也。”④ 在梁启超等人的极力反对下，康有为将儒家宗教化的努力最终失败了。

接紧康有为之后，复兴儒教、传统儒家教育的重大事件是袁世凯为复辟帝制的政教合一式的对儒家教育的重视。为了复辟帝制，袁世凯大搞复古主义教育，他“不仅颁布《祭孔立》、《通令尊崇孔圣人》，公开表彰孔子，而且将民初‘注重道德教育，以实利教育、军国民教育辅之，更以美感教育完成其道德’的教育宗旨，变更为‘爱国，尚武，崇实，法孔孟，重自治，戒贪争，戒躁进’。很显然，这一宗旨与清末教育宗旨‘忠君、尊孔、尚公、尚武、尚实’”⑤ 并无二致。

---

① 汤志钧. 康有为政论集：上下［M］. 北京：中华书局，1981：846.

② 任重，刘明. 儒教重建：主张与回应［M］. 北京：中国政法大学出版社，2012：55.

③④ 梁启超. 保教非所以尊孔论［M］//葛懋春，蒋俊. 梁启超哲学思想论文选. 北京：北京大学出版社，1984：96.

⑤ 黄书光，王伦信，袁文辉. 中国基础教育改革的文化使命［M］. 北京：教育科学出版社，2010：15.

康有为倡导的儒学国教化运动和袁世凯的复辟旧教育之举，或者由于拾人牙慧，或者由于政权短暂而昙花一现，终难为儒教和传统儒家教育的复兴助一臂之力。

（二）赞同、响应者寥寥的“新生活运动”

与国民党的前任领袖孙中山一样①，蒋介石表现出了对儒家文化和儒家经典教育的应有的尊重。② 1934 年，蒋介石发动“新生活运动”，倡导“礼义廉耻”等传统道德，“号召国民以中国传统的价值信念如‘四维八德’等为‘新生活’的法式，并组织部分青年进行读经、习礼、祀孔等活动”③。同年，国民党政府发布恢复“祭孔”的命令。④ 这得到了一部分人的赞同和响应。赞同者认为尽管时代不同，但经书仍旧承载着它的道德属性，因而有必要恢复儿童读经。当时赞同和积极响应蒋介石政府“新生活运动”的，一是湘粤两省的军阀。湘、粤军阀在湘粤两省雷厉风行地推行儿童读经。“事实上，自中小学废经以来，老派文人恢复‘读经’的欲求就没有停止过，但真正付诸实施的，还是湘、粤且决不容许有任何异议”；“拿《孝经》为小学生的起首读物，实际也正是广东‘读经’实践的做法”。⑤ 二是部分老派文人。“真正举双手赞同‘读经’的，除几位湘、粤‘尊孔读经’的实践者外，就只有几位老先生了。像唐文治，其时他在自己创办的无锡国学专修学校任校长，以国学为己任，‘修道立教’”⑥，以维护孔孟之道。部分军阀和部分老派文人赞同和推行儿童读经，说明儿童读经有了起色，但这种起色缺乏应有的根基。因为在这之前不久，即 1929 年前后曾发生“东西文化观”大论战。在这一论战中，力主西方文化路向者把当时中国社会现实的诸多不如意归咎于中国传统文化，并对中国传统文化采取决绝式否定。例如，“蔡元培在中国和北大的教育中驱除了儒家；傅斯年骂中国的家庭是‘万恶之源’；胡适赞扬吴虞是‘四川省只手打孔家店’的老英雄；鲁迅说中国几千年历史只是‘吃人’；余岩则指控《黄帝内经》为‘数千年杀人的秘本和利器’；钱玄同讲‘欲废孔学，不可不先废汉文’；鲁迅言‘方块汉字真是愚民政策的利器’”；还有人说：“汉字真正是世界上最龌龊最恶劣最混蛋的中世纪的毛坑!”⑦ 这些对

---

① 孙中山非常注重传统文化的继承与发扬。戴季陶就曾认为孙中山继承了儒家的“道统”。

② 任剑涛. 当经成为经典：现代儒学的型变［M］. 北京：社会科学文献出版社，2018：117.

③ 任重，刘明. 儒学复兴：继绝与再生［M］. 北京：中国政法大学出版社，2012：99－100.

④⑤⑥ 尤小立. “读经”讨论的思想史研究：以 1935 年《教育杂志》关于“读经”问题的讨论为例［J］. 安徽史学，2003（5）：59.

⑦ 任重，刘明. 儒学复兴：继绝与再生［M］. 北京：中国政法大学出版社，2012：58.

中国传统文化的决绝式否定，加上这一路向西的人数以及论战能力占优势，决定了在“东西文化观”大论战中，西化派占据了话语霸权。“新生活运动”也就是在这种背景下产生的，因而其实际效果和影响可想而知，它只是儒家经典教育的挣扎求生之举。

一项社会改革举措的实际效果，既要视其即时效果，更要审视其中长期效果，或者说以观后效更为重要。只有这样，对一项文化教育改革举措的评价才是全面的、客观的。抗战期间，蒋介石的重庆陪都政府以儒家精神激励了无数士兵抵抗日军侵略的勇猛，可以说是抗战前“新生活运动”的延续和“新生活运动”的后效。去了台湾的蒋介石，于 20 世纪 60 年代发起了“中国文化复兴运动”。这一运动更是“新生活运动”的后效。因为“中国文化复兴运动”与他于 1934 年在大陆发起的“新生活运动”在目的、内容、过程、意义、功效上有着密切的内在关联。这都说明，蒋介石于 1934 年发起的重视中国传统文化的“新生活运动”还是有一定效果的。

在蒋介石发动“新生活运动”的第二年，即 1935 年的 1 月 10 日，王新命、萨孟武、何炳松、章益、孙寒冰、陶希圣、陈高佣等十名教授发表了《中国本位的文化建设宣言》（即《十教授宣言》或《一十宣言》）。《十教授宣言》提倡建设“中国本位文化”，从而形成所谓“中国本位文化派”。[①] “中国本位文化派”提出了以中国此时此地的需要为基础和标准，既反对复古也反对盲目西化的中国本位的文化建设主张。这些主张的意义“……在于其在当时‘打倒孔家店’（吴虞）、‘不读中国书’（鲁迅）、‘拼命往西走’（胡适）的激烈反传统和全盘论的文化氛围中，表现出来的捍卫‘中国本位的文化’的立场和姿态、用心和情怀”[②]。但“中国本位文化派”并未对传统文化、儒家教育的复兴产生实质性的影响。它与“新生活运动”一样，只是儒家经典教育的挣扎求生之举。

（三） 被侵略者扼杀的梁漱溟的以复兴儒学为目标的乡村建设运动

整个民国时期，民间复兴儒学、儒家传统教育影响最大、最为典型的是梁漱溟的乡村建设主张及实践。

梁漱溟既是一位具有独特见解的新式知识分子，又被人称为“中国最后一个儒家”。他于 1931 年从北京到山东省菏泽、邹平等地从事乡村建设实验。在山东，他组建山东乡村建设研究院，亲自担任该研究院主任，“推动乡村建设运

---

① 尤小立．“读经”讨论的思想史研究：以 1935 年《教育杂志》关于“读经”问题的讨论为例［J］．安徽史学，2003（5）：60.

② 任重，刘明．儒学复兴：继绝与再生［M］．北京：中国政法大学出版社，2012：99－100.

动，……建立乡村建设实验区与县政建设实验区，设立村学、乡学，实施广义的教育工程”①，他的这些乡村建设运动之举是为了复兴儒学。之所以这样说，是因为以儒家思想为导向是梁漱溟乡村建设思想的最主要的特色。与晏阳初、陶行知、卢作孚等人强调的走中西融合并倾向于欧美近代民主政治的发展道路不同，“梁漱溟强调的不是中国传统与西方文化的契合之处，而恰恰是不同于西方的，……又是高于西方的儒家思想之本，即他说的‘中国老道理’”②。他虽然“承认西方现代文明发达，但并不盲目崇拜西方文明，不认同西化派对西方文明的理想化诠释”③。他认为中国的发展要从中国自身的传统主要是儒家传统、“中国老道理”里寻找解决当代中国问题的资源。他找到的儒家传统或老道理是可解决中国问题的“乡约”，而他所找到的“乡约”，并非明、清政府用政治力量来提倡的“乡约”，而是宋朝由乡村人自己建构的“乡约”，即“它是‘乡里乡党’的自发、自动组织，并有称为‘四大纲领’的相互约定：‘一、德业相劝；二、过失相规；三、礼俗相交；四、患难相恤’”④。他以儒家思想为导向推行的乡村建设运动集中体现为他举办的村学与乡学实验。他举办的“村学与乡学，既是一个包括全村、全乡人在内的学校，又是一个乡村组织，‘是花自家的钱，办自家的事，设备为大家所公有’，其目标又是‘大家齐心学好向上求进步’，显然是将‘建设（做事）与‘教育’功能集为一身”，“是一个‘教育、经济、政治都包含进去’的乡村组织”⑤；“他主张以教育代替行政，以儒家的内圣学为指导，构建‘以伦理为本位’的社会”⑥。在他的村学、乡学的实验中，他主张机关教育化，以教育力量代替行政力量，把行政的事情用教育工夫来办，或者说把行政机关的公务当作学务，把村学、乡学的一切工作学务化。在梁漱溟看来，“这样的村学、乡学不仅可以解决中国科学技术落后与非组织化的问题；更重要的是，能够使乡村有‘生机活力’，并为创造中国未来新的社会结构与新的文化奠定基础”⑦。

总体来看，自鸦片战争以来，中国面临“国亡、种灭、教崩”三大危机，中国人经过长期艰苦卓绝奋斗的最终结果是保国、保种得以成功，而保教则失败了。保教失败的原因固然与维新运动、新文化运动和上述“东西方文化观”大论战、“中国文化出路”大论战中传统文化派处于劣势有关，与时人复兴传统文

---

①②④⑤ 钱理群. 乡村建设是梁漱溟找到的中国文化再生自救之路[EB/OL].（2019－01－16）. https://www.aisixiang.com/data/114622.html.

③⑥⑦ 宋志明. 德性儒学的成就、困境与走向［J］. 中国人民大学学报，2006（1）：9－10.

化教育的力量弱小而导致传统文化教育的不彰有关，但更与文化教育之外的因素有关。我们不能局囿于文化教育言说文化教育。传统文化和传统文化教育的衰败，我们不能说根本上是由于文化西化派太激进而导致对传统文化教育的冲击力太大，也不能说是由于国人重振传统文化教育的努力不够。李泽厚说“五四”后的中国，救亡代替了启蒙；我们也可以说“五四”后的中国，救亡代替了传统文化教育。面对外敌的侵略，救亡或以暴抗暴是一场生死较量。救亡中的主动或被动地置传统文化教育于不顾，是为了保国、保种而牺牲保教。但是，这是一种必然、合理的选择，是时势使然。从这一角度来看，传统文化教育的衰败根本上是列强入侵所导致的。20 世纪 30 年代初梁漱溟的乡村建设运动既是蒋介石的“新生活运动”的先声，也是与其遥相呼应的。但当日军的铁蹄开始践踏华北平原，梁漱溟也就不得不随逃亡的人流一起西去而终结了他在山东的乡村建设运动。这足以证明侵略者对中国社会文化建设的严重破坏，也足以证明在面对侵略者的暴行时，没有保国、保种的反侵略的救亡斗争，是无法进行包括复兴传统文化教育在内的任何社会建设的。

四、“文革”对传统文化、传统文化教育的否定无以复加

对我们自身的传统文化的重要性，早在 20 世纪 30 年代，毛泽东便明确指出：“学习我们的历史遗产，用马克思主义的方法给以批判的总结，是我们学习的另一任务。我们这个民族有数千年的历史，有它的特点，有它的许多珍贵品。对于这些，我们还是小学生。今天的中国是历史的中国的一个发展。我们是马克思主义的历史主义者，我们不应当割断历史。从孔夫子到孙中山，我们应当给以总结，承继这一份珍贵遗产”①；“中国国民文化和国民教育的宗旨，应当是新民主主义的；就是说，中国应当建立自己的、民族的、科学的、大众的新文化和新教育”②。这里所谓“民族的”即新民主主义的文化教育应具有民族特性，这也即毛泽东所说的：“它是反对帝国主义压迫，主张中华民族的尊严和独立的。它是我们这个民族的，带有我们这个民族的特性。”③ 中国自身的传统文化、传统

---

① 毛泽东．中国共产党在民族战争中的地位［M］//毛泽东．毛泽东选集：第 2 卷．北京：人民出版社，1991：533 – 534.

② 毛泽东．论联合政府［M］//毛泽东．毛泽东选集：第 3 卷．北京：人民出版社，1991：1083.

③ 毛泽东．论联合政府［M］//毛泽东．毛泽东选集：第 3 卷．北京：人民出版社，1991：706.

文化教育是最能反映我们民族自身的文化、教育的特性的。但是，与建设具有民族特性的教育主张不同，在新中国成立后的文化教育实践中，文化教育的民族特性并未受到重视，反倒是“传统文化被贴上‘封建’的标签，直接站在‘革命’的对立面，从而扫进历史的垃圾堆”①。因而，“1949 年后，儒教和儒学在中国大陆几乎灭绝”②。1949 年后，为培养社会主义新人、社会主义的劳动者、接班人，教育逐渐地由厚今薄古演化为厚今非古；传统文化不仅不受重视，而且成为阶级斗争的对立面而被全面批判、彻底否定。“文化大革命”初期，林彪的“五·一八”讲话将反对传统文化教育推向了顶峰。这一讲话将传统文化视为剥削阶级实行反动统治的工具，视为反动阶级或阶级敌人争夺领导权的反动思想。遵循“五·一八”讲话的精神、要求和在“群众路线”的指引下，在精神和物质两个层面，全国上下掀起了以“四新”（新思想、新文化、新风俗、新习惯）破除、取代“四旧”（旧思想、旧文化、旧风俗、旧习惯）的运动。接续批判、否定传统文化的破“四旧”运动，全国上下又开展了服务于“文革”后期的阶级斗争的批林批孔、评法批儒等批判、否定传统文化的运动。这一系列否定传统文化的运动取得了巨大“成效”，一大批专家、学者被视为“四旧”、剥削阶级的现实代表，进而被视为“牛鬼蛇神”而被批倒批臭。就是在普通人那里，“四旧”是假、丑、恶的化身也成为普遍共识，普通人也陷入对“四旧”的恐惧和自我检讨中，成为类似原罪、必须永无休止地忏悔赎罪、革除的对象。社会教育、学校教育、家庭教育，都无传统文化的立锥之地，传统文化、传统文化教育被连根拔起、彻底清除。

清末至民国初年，反对中学、国学、传统文化、传统文化教育的都是学者，他们对传统文化、传统文化教育的不赞同表现为文化学理和文化价值上的不赞同，而非政治上的不赞同，且普罗大众并未参与其间，因而“其合理超越的层面，还载于书，存之于人”③。所谓“存之于人”，即那时千百年来的儒家思想还相融于日常生活，它在寻常百姓的日常生活中的合法性、合理性并未发生动摇。但是，1949 年至“文化大革命”结束这一时期，对传统文化和传统文化教育的否定，不仅是学术上的，而且上升至意识形态高度，成为政治斗争意义上的、全民性的、日常生活化的，因而是根本性的、彻底的。可以说，自 1949 年至“文

---

① 陈壁生．国学热：传统文化何以复兴？［EB/OL］．https://www.aisixiang.com/data/24500.html.

② 任重，刘明．儒教重建：主张与回应［M］．北京：中国政法大学出版社，2012：52.

③ 任重，刘明．儒学复兴：继绝与再生［M］．北京：中国政法大学出版社，2012：107.

化大革命”结束这一时期，对传统文化的破坏达到了无以复加的程度。

五、裹挟于20世纪80年代的“文化热”中的文化继承论成为90年代的国学和国学教育热的先声

20世纪80年代，一股集中关注和探讨文化的浪潮涌现于我国各学术领域，即人们所谓的“文化热”。在这股“文化热”中，尽管有复兴儒学、由衷为中国传统文化辩护的文化继承论的主张，但文化变革论占绝对优势。这是由当时改革开放、实现现代化的语境所决定的。“‘文革’之后，当众多有识之士为命运多舛的中国扼腕长叹的同时，他们与近代中国的先驱者们一样，认为国家与社会的变革归根到底取决于人的变革，人总是生活在一定的文化背景下，故而人的变革又应以文化变革为前提。因此，文化改革是其他一切必要改革的前提”①。在这种实现现代化与文化关系的逻辑的支配下，文化变革论呈强，文化继承论的地位式微。与整个文化热一致，受文化热影响的教育领域，文化变革论与文化继承论两者严重失衡，文化变革论是主流；人们在强调文化变革的重要性和探讨如何实现文化现代化的同时，对于传统文化，更多的是批判、贬斥。当时，虽然不乏教育如何继承中国传统文化的讨论，但更多的“则是批判传统文化中的消极因素对现存教育思想的阻碍”②。例如，有人认为中国传统教育重功利、轻发展，以致中国教育缺乏超越性；再如，有人认为我国的科学技术之所以长期得不到应有的发展，是因为“我国的教育重传授书本知识，而轻创造能力的培养；重求同维，而忽略求异思维的培养，甚至进行压制”③。这说明作为文化整体中的有必要加以继承的中国传统文化并未受到应有的重视，同时，也说明1980年代的“文化热”是轻视文化继承的偏狭的“文化热”。但裹挟于文化变革论中的微弱的文化继承论毕竟是不同于以往彻底否定传统文化的主张而成为20世纪90年代的国学和国学教育热的先声。

---

① 黄书光，王伦信，袁文辉. 中国基础教育改革的文化使命［J］. 北京：教育科学出版社，2010：46.

② 黄书光，王伦信，袁文辉. 中国基础教育改革的文化使命［J］. 北京：教育科学出版社，2010：48.

③ 黄书光，王伦信，袁文辉. 中国基础教育改革的文化使命［J］. 北京：教育科学出版社，2010：49.

第四节 当代国学、国学教育的热象

与之前大为不同的是，自20世纪90年代至今，我国文化出现了一股热力持续不减的国学热现象。其热力可谓是盛况空前，“热得一塌糊涂”,① 以致有人说：“复兴国学的声音不绝于耳，俨然显学啦。”② 对于这种景况，还有人用“贞下起元”“一阳复起”“王者归来”来形容。与成为显学、“热得一塌糊涂”的国学热同向而行的是国学教育热。对于国学热、国学教育热的状况，可从以下几方面来了解。

一、学校的国学热和国学教育热

学校国学热以学校的国学教育热为载体，并主要通过学校的国学教育热得以彰显。因而以下梳理和阐述的学校国学教育热即学校的国学热，对学校的国学热的认识可以通过学校国学教育热来认识。

（一）基础教育学校的国学教育热

1. 基础教育学校的国学教育热遍及基础教育的各学段

自20世纪90年代以来，许多中小学自发地开设了反映传统文化的课程，“‘读经’、‘读古典诗词’恢复优良的道德教化传统，蔚然成风，不少中小学设有读《三字经》、《弟子规》、《论语》等等的有关课程内容”③。国学教育不仅热在中小学，而且也热在幼儿园，有的幼儿园也要求小朋友背诵《三字经》《弟子规》。开设国学课程的中小学、幼儿园数以万计。其中，中小学是基础教育各学段的国学教育的主阵地。在国学教育的这一主阵地，国学教育的形式可谓丰富多样。例如，除读经外，他们还举办祭拜孔子、开笔礼等活动。

基础教育的国学教育不仅热在体制内的中小学、幼儿园，而且还热及体制外

---

① 李零. 我所知道的马克思主义，共产党和中国传统文化[EB/OL].(2017－06－19). https://www.aisixiang.com/data/104731.html.

② 袁伟时. 制度领域传统文化没有发言权[EB/OL].(2014－05－09). https://www.aisixiang.com/data/74626.html.

③ 汤一介. 论儒学复兴：在纪念孔子诞辰2560周年学术研讨会的主题发言[EB/OL].(2018－08－31). https://www.aisixiang.com/data/112040.html.

的民办基础教育机构，“一大批以教授传统蒙学和儒家经典、普及儒家文化为主的书院、私塾和读经班在各地出现，如宜宾的中华经典读书班，苏州的菊斋私塾、复兴私塾，珠海的平和书院，行唐的明德学堂，吉林的长白山书院、莱州的王财贵经典幼儿园，以及重庆、深圳、徐州等城市和江西、湖南一些地方的类似民办教学机构；海口甚至开办了‘中华少儿读经网’。这些书院、私塾、读经班以及网站的出现及其教学的形式和内容，在社会上激起了很大反响，多家报刊和网站对此进行过报道和讨论”①。就这种体制外的国学教育热，至2014年，全国以“堂、塾、馆、院”命名的民办国学教育机构达三千多家。因而用“读经运动”来形容体制外的国学教育热都不为过，“这种源于基层自发的德育探索就像当年安徽小岗村的农村改革试验一样，代表了人民群众对于教育问题的反思与纠正，显示出基层民众可贵的责任意识和探索精神。”②

2．党和政府高度重视基础教育学校的国学教育

自20世纪90年代中期以来，党和政府一直高度重视和积极推动基础教育学校的国学教育。例如，“1995年3月，在第八届全国政协会议上，以赵朴初、冰心、曹禺、启功、夏衍等为首的九位全国政协委员向大会联合提交了《建立幼年古典学校的紧急呼吁》的正式提案，这一提案得到了党和国家相关部门的高度重视”；“1998年6月，团中央、少工委和中国青少年发展基金会联合启动了‘中华古诗文诵读工程’。此后短短数年间，该工程便得以在全国近三十个省、市、自治区的数千所中小学校开展起来”；“在2001年开始试点实施的基础教育新课程中，古典教育也同样受到空前重视。教育部制订的《基础教育课程改革纲要（试行）》把‘继承和发扬中华民族的优秀传统’作为重要目标之一，古代诗文作品在教科书中的比例有所增加，教学要求也有所提高”③；“2008年，中共中央宣传部、教育部、人力资源和社会保障部、中央文明办、民政部、文化部、国家广电总局、国家语委、解放军总政治部、共青团中央等共同启动了‘中华诵——雅言传承文明，经典浸润人生’系列活动，使青少年加深对民族精神和优秀传统文化的理解，在诵读中亲近中华经典”④。

---

① 任重，刘明．儒学复兴：继绝与再生［M］．北京：中国政法大学出版社，2012：237.

② 余敦康，成中英，牟钟鉴．关于在中小学专门设立中华经典课程的呼吁书［EB/OL］．（2014－04－14）．https://www.aisixiang.com/data/73930.html.

③ 杜钢．国学教育的基本问题论新［J］．教育学术月刊，2012（1）：11.

④ 于洁．师范院校学前教育专业开展国学经典教育的思考［J］．延边教育学院学报，2016，30（5）：73.

自20世纪90年代中期以来，标志党和政府重视国学教育的最为典型的是2014年3月26日教育部颁发的《完善中华优秀传统文化教育指导纲要》（以下简称《纲要》)。《纲要》强调了加强中华优秀传统文化教育的重要性和紧迫性，规定了国学教育的目标，即要以弘扬爱国主义精神为核心，从爱国、处世、修身三个层次概括凝练中华优秀传统文化教育的主要内容，通过家国情怀、社会关爱和人格修养三个层面的教育，培养青少年学生做有自信、懂自尊、能自强，高素养、讲文明、有爱心，知荣辱、守诚信、敢创新的中国人。《纲要》还确立了加强中华优秀传统文化教育的指导思想、基本原则和主要内容，提出了分学段有序推进中华优秀传统文化教育、中华优秀传统文化教育系统融入课程和教材体系、全面提升中华优秀传统文化教育的师资队伍水平、着力增强中华优秀传统文化教育的多元支撑、加强中华优秀传统文化教育的组织实施和条件保障等具体要求。

可以说，《纲要》的颁发，具有里程碑意义。它标志着政府对国学教育的高度重视，标志着国学教育已成为国家教育发展的战略，标志着国学教育的完全合法化和正式的建制化、组织化。以《纲要》颁发为标志，国学教育“不再是一种边缘、从属和补充的教育内容，不再只是学校一种自发选择的教育行为，而是肩负重托的极其重大的教育任务”①。

《纲要》颁发后不久，余敦康、成中英、牟钟鉴等学者组织发起了一次大规模弘扬国学、加强国学教育的签名活动。签名活动结束后，活动组委会发布了《关于在中小学专门设立中华经典课程的呼吁书》（以下简称《呼吁书》)。为深化国学教育的讨论和形成国学教育的共识，《呼吁书》提出的建议主要是传统文化教育应单设课程而不应碎片化，中小学传统文化教育应以经典教育为主而不能一味知识化，理性对待传统经典中的过时内容，组织专家编写传统经典学习教材，尽快开展国学经典师资培训是当务之急。②

由“专门设立中华经典课程”这一《呼吁书》标题的措辞和其建议的主要内容来看，《呼吁书》强调的是加强传统文化教育的经典课程教材建设及经典教学的重要性。在《呼吁书》上签名的有大中小学校长、大学学院院长、大中小学教师、在读研究生，以及体制外国学教育机构的负责人、教师，人数达304人。

---

① 方中雄．从国家文化战略布局出发思考中华优秀传统文化教育［J］．中小学管理．2017（8）：31－34．

② 余敦康，成中英，牟钟鉴．关于在中小学专门设立中华经典课程的呼吁书[EB/OL]．(2014－04－14)．https://www.aisixiang.com/data/73930.html．

继《纲要》的颁发，2017 年 1 月 25 日，中共中央办公厅、国务院办公厅印发了《关于实施中华优秀传统文化传承发展工程的意见》；2017 年 8 月 17 日，教育部印发了《中小学德育工作指南》；2019 年 3 月 11 日，教育部印发了《加强和改进中小学中华优秀传统文化教育工作方案》；2019 年 4 月 1 日，教育部办公厅印发了《禁止妨碍义务教育实施的若干规定》；2019 年 5 月 30 日，教育部办公厅发布了《关于做好 2019 年全国中小学中华优秀传统文化传承学校遴选工作的通知》；2019 年 6 月 6 日，教育部办公厅颁发了《关于开展 2019 年“少年传承中华传统美德”系列教育活动的通知》。这些权威性文件的颁发，充分彰显了政府对国学教育的持续和健康发展的重视。

3. 国学教育的中小学教材不断增加

为了实现国学教育的目标，国学教育的教材不断开发。例如，2011 年，江苏教育出版社出版了由我国著名教育学者黄济编撰的供中小学教师使用的《中华文化经典导读丛书》和《国学十讲》；2012 年，人民教育出版社出版了由中国国学文化艺术中心编撰的《中国传统文化教育全国中小学实验教材》；2015 年，浙江古籍出版社出版了以郭齐勇为总顾问的“国学基本教材”；2016 年，世界图书出版社出版了由广东第二师范学院中小学国学课程实验教材编委会编写的小学国学教育教材。时至 2016 年底，全国 25 个省、区、市共 500 多册省级版中小学传统文化实验教材已研发完毕并问世；另外，“自 2017 年秋季学期开始，由教育部统一编写的中小学语文教材开始在全国统一推行，标志着语文教材‘一纲多本’的时代终结。新编的语文教材一个突出的变化就是大幅度增加中国古代诗文的篇目数量，同时减少‘时文’的数量”①。总体而言，“当前，国内面向中小学学生的国学教材品类繁复，形式多样，内容丰富。从读者对象来看，有小学国学教材、中学国学教材。从阅读类型来看，有精讲细嚼型教材、吟诵背记型教材。从编著方式来看，有专题讲座型教材、经典赏读型教材。从编著目标来看，有义理感化型教材、审美熏陶型教材和交叉型教材”②。

基础教育学校对国学教育的重视还体现为很多中小学的课外活动以学生了解和学习传统文化为主题；研究如何加强、改进传统文化教育也普遍成为中小学教师教育科研的行政性和非行政性课题，如谢嘉欣主持的国家重点项目“中华优秀传统文化教育研究”、张瑞清主持的教育部重点项目“中国传统文化教育课程资源研

① 侯立兵. 国学教育与中小学教育改革 [J]. 广东第二师范学院学报，2018，38 (6)：3.

② 刘石泉. 当前中小学国学教材特点及编写建议 [J]. 广东第二师范学院学报，2018，38 (6)：15.

发与实践的实施研究”,[①] 便是研究如何加强和改进传统文化教育的行政性课题。

（二） 大学的国学教育热

国学教育不仅热在基础教育学校，也热在大学。这主要体现为以下几方面：

1. 大学纷纷成立国学研究和教育机构

进入21世纪以来，国内的许多大学相继成立国学研究和教育机构。例如，2002年11月，中国人民大学在全国大学开风气之先，成立了孔子研究院和中国传统文化研究中心，并于2005年在全国高校首先成立国学院，这标志着国学再次正式进入高等教育。继中国人民大学之后，“很多大学在四大文科（文、史、哲和考古）之外另起炉灶，设国学院、儒学院”[②]。例如，“2006年厦门大学国学研究院复建，立足于本土优势进行区域性特色研究；2009年清华大学国学院重新成立，以‘中国主体、世界眼光’为宗旨传承老清华国学院的学术精神；2010年武大在原有国学实验班基础上成立国学院。此外，还有一些地方性大学也相继创办国学教育与研究机构，如兰州大学的敦煌学研究所、湖南大学岳麓书院国学研究基地、安徽大学中国传统文化研究院以及首都师范大学国学传播中心等”[③]。除此之外，一些大学新成立的学院和实验班，虽然在名称上没有“国学”二字，但它们也以培养国学人才为目标，以国学为其专业课程的主要内容，如中山大学的博雅学院、北京航空航天大学的知行实验班、清华大学的新雅书院，便是如此；“据不完全统计，目前全国已有近30所高校成立国学院、国学研究院等机构”。[④] 这些大学的国学研究、教育机构或国学院，从理论和实践两个方面共同推进了大学国学教育的复兴。[⑤]例如，武汉大学、中国人民大学、复旦大学、南昌大学、郑州大学、深圳大学等高校的国学院形成了本科、硕士、博士的国学教育系统；而更多的大学的国学院，如北京大学、清华大学的国学研究院在培养

---

① 谭红樱，田穗．中小学开展中华优秀传统文化教育的研究综述［J］．重庆第二师范学院学报，2016，29（1）：155.

② 李零．我所知道的马克思主义，共产党和中国传统文化[EB/OL].(2017-06-19). https://www.aisixiang.com/data/104731.html.

③⑤ 李旭，白洁．反思与审视：我国大学国学教育的发展［J］．山西高等学校社会科学学报，2018，30（10）：57.

④ 梁涛．国学：传承传统文化的大学问［J］．北京航空航天大学学报（社会科学版），2020，33（1）：30.

国学专业博士生或博士后的同时，以国学研究为主。[①] 为了满足社会学习国学的需求，有的大学还开设了多门面向社会的儒学课程，[②] 如北京大学的哲学系、历史系、光华学院等院系和北京大学其他一些院系与外单位合作举办的国学讲习班，开设了多门与儒学相关的课程；修读国学讲习班课程的"学生来自各个方面，有来自媒体、企业界的，也有来自各种专业技术行业的，结果是有的同志在北大连续不断地参加国学班学习，参加一次不够，参加第二次、第三次，变成了五六年里不断在北大念国学班的常客。这个现象反映了整个社会对于民族文化补课、学习的一个强烈的需求"[③]。

2. 倡议将儒学设置为大学的一级学科成为热点话题

为提高国学教育的地位，在学科建设上，许多学者倡议将国学中的儒学设置为大学的一级学科。例如，2015 年 5 月在武汉大学召开的第四届全国大学国学院院长高层论坛上，专家们普遍强调国学学科建设的重要性，"与会学者普遍认为，由国家层面设立'国学'学科门类或一级学科有一定的合理性和紧迫性"；"中国现代的国学教学与研究，颇类似于西方的古典学领域。在西方，神学、古典学、东方学、汉学等综合交叉性学科各自的整体性得到了尊重。由此可见，即便从当代西方学术体系的视角，'国学'学科也有其设立的合理性"[④]。其中，郭齐勇认为："国学是中国文史哲的综合与交叉学科，特别是要解决现行学科体系中没有中国传统最重要的学科——经与经学的困难。西方的大学有古典学、经典诠释学，主要研究宗教经典的解释系统，而中国现行大学没有中国的最主要的经典的研究及人才培养，这是非常遗憾的。"[⑤]还有学者认为"在现代高等教育学科体系里没有一个一级学科能与儒学相对应或涵盖儒学，因而设立儒学为一级学科势在必行"；"设立儒学一级学科是'传''守''进''新'的客观保证"，"……儒学设立一级学科应是中国人在当代教育领域文化自觉与自信的见证"；"把儒学的研究和教学纳入现行教育体系，在高等学校设立儒学为一级学科，吸引优秀人才以儒学的研究和教学为专业，付出数十年'术业有专攻'的努力，必有收

---

①⑤　郭齐勇. 论国学教育：在第三届全国国学院院长会议上的主题发言[EB/OL]. (2014－10－18). https://www.aisixiang.com/data/78691.html.

②　汤一介. 论儒学复兴：在纪念孔子诞辰 2560 周年学术研讨会的主题发言[EB/OL]. (2018－08－31). https://www.aisixiang.com/data/112040.html.

③　陈来. 新世纪国学热的发展 [J]. 北京大学学报（哲学社会科学版），2011，48（6）：44.

④　郭齐勇. 大陆当前的国学热与书院热[EB/OL]. (2017－06－29). https://www.aisixiang.com/data/104895.html.

获；源源不断地培养儒学人才，输出儒学人才，使儒学发展事业后继有人。这就为儒学的发展繁荣提供了制度上的支撑和保障”；① 其中不少学者希望大学将儒学设立为一级学科的倡议能得到广泛支持并尽早实现。当然，也有人反对将儒学设置为大学的一级学科。例如，有人认为将儒学设为一级学科的主张是受西方现代学科分类体制的格式化的结果。② 与此不同，有学者反对将国学设为一级学科的理由是“国学范围太大了，如果国学作为一个一级学科，那么中国哲学、中国历史、中国文学所有这些学科都没了，都被你吃掉了”③。

3. 将国学经典学习作为通识教育的必要组成部分

郭齐勇不仅是大学国学教育的亲力亲为者，而且是整个大学国学教育的积极推动者。他指出：“体制内的教育要有更多的文言文、更多的名篇，我们希望大学生，无论是学人文社科的，还是学理工医科的，都能读一点《四书》和《史记》等。”④ 在他看来，“五经应成为大学通识教育的核心课程”，“少读鲁迅，多读四书，应该是中国传统文化地位扭转的一个标志”⑤。与郭齐勇的主张类似，姚中秋认为中国大学的通识教育应向中国古典开放。他说：“在当下讨论中国大学的通识教育，必须有中国文化的自觉，或者有中国文明主体性的自觉。也就是说，我们在当下的中国大学中开展通识教育，在我看来，应以传承中国文明作为自己的主要责任”；“以经典研读为中心的通识教育体系，应该是当代中国通识教育体系的典范。有这样一个通识教育体系，我们就可以弥补原有的技术性知识传授体系的缺陷，在它的基础上塑造出具有中国文明主体性意识的精英群体，这样一个精英群体不仅能够解决当下中国的问题，也能够解决世界所面临的重大问题”。⑥ 在这些主张的影响下，许多大学已将国学教育作为大学通识课程的组成部分。如今，以弘扬国学为目的的“通识教育在中国大学的正当性和必要性已经普遍得到了承认，而且已经成为国家政策”⑦。为了提高国学教育质量，一部分大学十分重视国学教材建设。例如，2015 年 6 月，国家行政学院与中国国学文化艺术中心联合推出了“全国领导干部国学教育系列教材”；“中国人民大学的

①② 黄体军. 儒学复兴的忧思来源［N/OL］. 齐鲁晚报，2016 - 08 - 07. https://epaper. qlwb. com. cn/qlwb/content/20160807/ArticelA09002FM. htm.

③ 秋风. 中国发展要立足儒家价值[EB/OL]. https://www. aisixiang. com/data/77631. html.

④⑤ 郭齐勇. 传统文化教育现状的反思：2013 年 12 月 18 日在武汉大学海峡两岸中华传统文化教育论坛上的讲话[EB/OL]. (2014 - 02 - 20). https://www. aisixiang. com/data/72430. html.

⑥ 姚中秋，李强，丛日云，等. 通识教育与文明复兴［J］. 学海，2013（4）：143.

⑦ 甘阳. 古典学和中国学术共同体[EB/OL]. (2020 - 01 - 01). https://www. aisixiang. com/data/119665. html.

‘985 工程’重大攻关项目‘国学经典解读系列’，自 2008 年起陆续出版了《〈论语〉解读》《〈史记〉解读》《〈诗经〉解读》等18 部教材，涵盖了经史子集、唐诗宋词和明清小说等主要国学经典”①。

论及大学的国学教育热，还有必要提及的是 2013 年中山大学新生入学时必须背诵《弟子规》才能注册一事。这一事件反映了中山大学格外重视本科生的国学素养。

二、社会上的国学热和国学教育热

社会上的国学热和国学教育热主要体现为以下几方面：

1. 祭孔成为国家的文化盛典

与过去的各种形式的文化激进主义运动对传统文化作决绝式的否定迥异，自 20 世纪 90 年代以来，“弘扬民族文化的各种活动或仪式此起彼伏，声势浩大”②；“被捣毁的‘孔老二’被重新树立，被打倒的‘孔家店’被重新修葺，被扫进‘历史垃圾堆’的‘孔孟之道’被重新肯认。在民间，儒学被视为中华民族的‘精神家园’或‘民族文化认同’的核心，以至于先出现了‘文化寻根热’，进而出现了‘传统文化热’和‘国学热’”③。这里所谓的“孔孟之道”得到重新肯定的标志性活动是许多地方兴起的祭孔大典。例如，2001 年 9 月 28 日，纪念孔子诞辰的祭祀大典在孔子故里山东省曲阜市孔庙举行。与往年祭祀大典不同的是，此次祭孔活动首次由政府举办，中央电视台面向全球直播。在所有的祭孔大典中，以 2005 年世界范围的祭孔大典最为典型。2005 年 9 月 28 日，孔子诞辰 2 556年，海内外 30 多处孔庙、文庙和孔子纪念馆都举行了隆重的纪念活动，中央电视台进行了全程直播。这次祭孔活动，“先是 4 月间十多位来自全国各地服膺儒学的人士身着深衣，按明代规制祭拜孔庙和孔林，开启了当代中国大陆首次由儒家学子自主举行祭孔仪式的先例。至 9 月 28 日孔子诞辰，山东曲阜文庙与河北正定、浙江衢州、甘肃武威、广东德庆、云南建水、上海、台北、香港等国内 18 个城市的文庙以及韩国、日本、越南、新加坡、德国、美国等国家 10 个城市的文庙同时举行祭孔活动，首次实现了‘世界文庙同祭孔’的盛典……”有

---

① 罗旭，刘广富. 当前境内外高校国学教育比较研究［J］. 山东农业工程学院学报，2018，35（3）：161.

② 陈晓平. 继承传统抑或固守传统?：从翟振明对刘小枫等人之学风的批评谈起［J］. 重庆理工大学学报（社会科学），2016，30（1）：85.

③ 程志华. 论近 30 年来儒学复兴的四个向度［J］. 东岳论丛，2017（10）：59.

人认为“这些活动在一定程度上反映了儒家传统在当代中国社会心理中的深厚底蕴以及理性自觉”①。

社会上对传统文化的重视，除了祭孔外，还体现为儒家文化在人们日常生活中的滥觞。例如，公交车、地铁、街头墙壁乃至建筑工地的围墙上，曾经一度都张贴着仁爱、孝悌、礼让等体现儒家伦理、道德的字样。

2. 社会各界一直关注和积极参与国学和国学教育热潮

面对国学热，社会媒体不甘寂寞，它们一直关注和参与国学热和国学教育热这股热潮，并且成为这股热潮的积极推动者。例如，主流媒体经常对体制外的书院、私塾、读经班的国学教育作连篇累牍的报道；《光明日报》等显赫报纸专门开辟了“国学版”；“央视的《百家讲坛》事实上变成‘国学’的‘独家讲坛’……”②；“在央视《百家讲坛》上，阎崇年讲清帝，刘心武讲《红楼》，易中天讲《三国》，于丹讲《论语》等”③；中央电视台和多个地方卫视制作了《中国汉字听写大赛》《汉语桥》《中华好故事》等10余档国学类电视节目；中央电视台还于2014年1月正式开通“国学频道”，每天24小时面向全国滚动播出。④ 其中，中央电视台的《中国汉字听写大赛》《中国成语大会》《中国诗词大会》等节目受到亿万观众的热捧，收视率屡创新高。网络也成为人们学习、交流国学的重要渠道。例如，“百度开辟‘国学频道’，新浪设立‘乾元国学圈’等”⑤。更为可观的是，现今互联网上已出现了一大批专门传播国学、儒学的网站。例如，在互联网上有国学网、中国国学网、中华国学网、当代国学网、京麓书院、立身国学网、儒学网、中华儒学网、原道儒学网、国际儒学网、中国当代儒学网、儒家经济文化网、中华少儿读经网，还有冠以如北京、云南、陕西、四川、河北、琅琊等地名的国学网，甚至有不少冠以人名的国学网。

从出版界的出版物来看，“大量的传统美德书籍、传统典籍在出版，可以说盛况前所未有。现在要买传统的文献、书籍非常容易，而且有多种版本推出来。加上电子技术发展，四库全书、二十四史和清史稿很多人的电脑上都有。网上查

---

① 任重，刘明. 儒学复兴：继绝与再生［M］. 北京：中国政法大学出版社，2012：237－238.

② 陈来. 新世纪国学热的发展［J］. 北京大学学报（哲学社会科学版），2011，48（6）：45.

③⑤ 李英华. 国学复兴与文化自觉［J］. 杭州师范大学学报（社会科学版），2010，32（2）：28.

④ 罗旭，刘广富. 当前境内外高校国学教育比较研究［J］. 山东农业工程学院学报，2018，35（3）：161.

找这些资料更易如反掌”①。

影视界也为国学热摇旗呐喊。例如，2009 年由胡玫导演的电影《孔子》搬上了银幕。

3. 国学成为学术研究的热点

一直以来，学术界对国学表现出极大的关注和热情，因而，国学成为学术研究的热点。这正如袁伟时所刻画的：“学术层面对儒学和其他传统文化的研究，早就不存在任何障碍；大批财政资金正源源不断注入这类项目。几个规模宏大、耗资巨大的整理典籍、研究古代文化的工程正在进行。夏商周断代工程、以《儒藏》为代表的文献整理和研究工作以及重修清史工程等等，乾隆时代编四库全书，望尘莫及!”② 这里所谓《儒藏》文献整理和研究工作是指 2002 年由北京大学、中国人民大学、四川大学发起的儒藏工程计划。这一计划获得 2003 年教育部的重大课题攻关项目支持，后来还获得国家社科基金的重大项目立项支持。③由此，学术界逐渐出现了国学经典汇编热。

自 20 世纪 90 年代以来，大陆学者在研究国学的过程中涌现的儒学主张，学术界将其称为大陆新儒学。大陆新儒学如今已有多种多样的不同形态，其“多样性甚至超过了儒学历史上出现过的任何一个学派林立的时代”④。如有哲学儒学、政治儒学、宪政儒学、制度儒学、公民儒学、生活儒学、自由儒学或儒家自由主义、文化儒学、价值儒学、民主儒学、民间儒学等；其中生活儒学的影响越来越大。⑤ 这些形态的儒学各自都涌现出了一批有影响的学者。其中，哲学儒学的研究者中最令人瞩目的有李泽厚、汤一介、张立文、蒙培元、牟钟鉴、陈来等学者。不同形态的大陆新儒学各自都发表和出版了一大批研究成果。包括教育学者在内的国学、国学教育研究者，发表和出版了一大批国学教育研究成果。在中国知网收录的文献中，仅自 2000 年至 2019 年以“国学教育”为主题词的期刊论文就多达 2 700 余篇。这说明，国学教育研究已经成为国学研究和教育研究的一个重要的热点领域。

4. 推进儒学的民间化活动方兴未艾

在儒家那里，“道不远人”；其所谓道，首先是“伦常日用”。例如，儒家礼

---

①② 袁伟时. 中国传统文化：辉煌·历史危机·现实危险[EB/OL].(2014-11-03). https://www.aisixiang.com/data/79562.html.

③ 陈来. 新世纪国学热的发展 [J]. 北京大学学报（哲学社会科学版），2011，48（6）：44.

④ 黄玉顺. 儒学之当前态势与未来瞩望 [J]. 孔子研究，2018（4）：17-21.

⑤ 李维武. 近十年文化保守主义的流变趋势及其特点 [J]. 人民论坛，2020（3）：58-61.

教是基于日常生活中的常理常情，首先是亲子之爱的血缘情感。而儒学要回归民众、民间的沃土，进入“伦常日用”的公共生活，应克服儒学“有本体无工夫”不足，或者说应克服儒学的伦理实践、个体修为与儒学在现代哲学上的概念推演、陈述之间的冲突。随着国学热的兴起，大陆新儒学的一批学者“力求整合各种力量、探寻各种渠道、采用各种方式，推进大众化运动”[①]。这方面，以牟钟鉴、王殿卿、颜炳罡、赵法生等在孔子的诞生地泗水县举办的尼山圣源书院和河南省建业集团举办的本源小区书院为典型。与有的以读书讲学、沉潜读书为中心的书院不同，尼山圣源书院和河南省建业集团办的本源小区书院，以多种途径、多种形式推进儒学的民间化。例如，尼山圣源书院“……努力培训青年学人，尤其在当地推动乡村儒学，颇有成效”；[②] “他们与山东省政府合作建设‘民间儒学’的实践与推广示范基地，为中国基层社会文化的振兴提供了可推广的经验模式；他们推出‘尼山书院 + 图书馆’模式打造了城市社区的儒学推广平台，为图书馆功能的拓展提供了一个成功的示范；他们出版的多种高质量的儒学普及读本，如《儒学小丛书系列》《儒家故事》《国学茶座》等为儒学在民间社会的普及打开了一条稳定开阔的渠道”[③]。本源小区书院让国学走进居民小区，“在小区办人文学堂、少年国学院、图书馆与义工中心，活动有声有色，且讲实效。有的一家几代人一块儿在此接受教育，而且非本小区的居民也可参与。该书院还培养推广国学的义工，主要对象是在读的大学生”[④]。

这说明尼山圣源书院和本源小区书院不是停留于夸夸其谈，做站在社会人群前边或上边指手画脚、颐指气使的“圣贤”，而是放下身段，将研经、讲经与关怀或基于仁爱的伦理实践相统一，和民众感同身受，和他们分享喜怒哀乐，躬身和他们一起从事于仁学实践。因而他们的所为是“知行合一”的圣学实践，并且他们的这种圣学实践方兴未艾。

5. 国学教育成为社会教育的热点

国学教育除了热在大中小学外，也热在社会上，社会各阶层、团体、社区办起了读古代经典的讲习班和讲座。[⑤] 例如，在江苏，“以连云港市企业文化学会

①③ 李维武. 近十年文化保守主义的流变趋势及其特点［J］. 人民论坛，2020（3）：58－61.

②④ 郭齐勇. 大陆当前的国学热与书院热［EB/OL］.（2017－06－29）. https://www.aisixiang.com/data/104895.html.

⑤ 汤一介. 论儒学复兴：在纪念孔子诞辰2560周年学术研讨会的主题发言［EB/OL］.（2018－08－31）. https://www.aisixiang.com/data/112040.html.

孔子学院为代表的社会力量举办国学培训方兴未艾，孔子学院充分发挥着江苏省社会科学普及示范基地作用，组织国学培训成效显著”，仅3年多时间，连云港的孔子学院“已举办88期培训班，培训人数1.8万人。连云港市孝文化研究会、东辛孔子学堂及一些文化公司、网站等开办国学讲座、普及国学、弘扬传统文化，从不同角度为国学教育做出了贡献”①。

就社会上的国学教育热，还有必要提及的是，一直以来，政府特别重视在国外建立传播中国文化特别是传播中国传统文化的孔子学院。2001年11月，中国第一所国外孔子学院在韩国汉城（今称“首尔”）举行挂牌仪式。随后，孔子学院在美国、瑞典、澳大利亚等国相继成立。现今，我国已在国外建立了600多所孔子学院。所以，一定意义上可以说，国学教育不仅热在国内，还热及国外。

三、国学热、国学教育热的特点

当代国学热、国学教育热呈现以下特点：

（一）以儒学为主

在国学热、国学教育热中，儒学是频率最高的词语，“热门的热门是儒学”②。这是由儒学在中国传统文化中的地位决定的。这用有的学者的话来说就是“不了解儒家，很难说他能够对中国的问题作出有重大价值的思考。套用一句广告语：不懂儒家，何以懂中国”③。既然儒学的地位如此之高，在国学热、国学教育热中，儒学成为热门的热门也就可想而知了。与之相应，儒家、儒教这些词语也成为国学热、国学教育热中频率较高的词语。

（二）遍布城乡

国学、国学教育既热在城市，也在热在农村。在城市有小区儒学和企业儒学。例如，小区儒学有上述河南省建业集团建立的以“感恩、尊重、给予”为理念的“本源小区书院”，④ 企业儒学有四川成都融信恒业投资有限公司“在企

---

① 臧蕾，张斓. 国学教育存在的问题与对策研究：以连云港市市民素质提升为视角［J］. 淮海工学院学报（人文社会科学版），2018，16（12）：116.

② 陈潄渝. 如此“儒学热”能解决现实问题吗？［J］. 哲学研究，1995（5）：3.

③ 干春松. 儒家不是还乡团[EB/OL].(2014-09-14).https://www.aisixiang.com/data/77549.html.

④ 郭齐勇. 近年来中国大陆儒学的新进展［J］. 广西大学学报（哲学社会科学版），2015，37（1）：8.

业文化建设中重视儒学的引领作用，融信员工每周集体诵读儒学经典著作，每周举行一次国学培训，学习儒学相关音像资料等，每季度邀请儒学专家对公司员工进行文化培训，并开展一次以儒学为主题的企业文化活动”①。在农村有农村儒学。例如，浙江省台州市路桥区桐屿村村民林箔珍自筹资金，建成祭学合一的“路桥黄给纪念馆”②。

（三） 政社结合

当代国学热呈民间社会组织与政府相互呼应、紧密结合的格局，形成了“上有领导宠，下有商界、学界、媒体捧”的局面。③ 就国学教育热而言，也不例外，下有民间社会组织积极举办读经的私塾、学堂、书院，上有教育职能部门的积极推动，形成了政（府）学（校）结合、上下联动的局面。

（四） 主体多元

这里所谓的主体多元，即投入国学热、国学教育热的社会机构和人员是多元化的。从机构来看，既有民间社会组织，也有政府部门；既有教育机构，也有研究机构；既有正规教育机构——学校，也有非正规教育机构，如书院、学堂等。从人员构成来看，既有政府人员，也有非政府人员；既有在职人士，也有退休人员；既有大中小学教师、学生，也有哲学社会科学研究者。例如，就书院的举办者而言，便是如此，“大体上有官办、商办、学者办、民办，或官学商或官学或商学或民学合办等多种。汤一介、王守常教授的中国文化书院是学者办的典型。岳麓书院、篔筜书院是官学合办的两种不同的典型”④。

（五） 众声喧哗

对于国学热、国学教育热，赞同者有之，反对者亦有之，可谓众声喧哗。

国学热、国学教育热的赞同者众多，可以说，曾经和如今仍活跃并积极投身于国学研究、国学教育实践领域的人士，都是国学热、国学教育热的高度认可、

① 郭齐勇．近年来中国大陆儒学的新进展［J］．广西大学学报（哲学社会科学版），2015，37（1）：2.

② 郭齐勇．近年来中国大陆儒学的新进展［J］．广西大学学报（哲学社会科学版），2015，37（1）：7.

③ 李零．我所知道的马克思主义、共产党和中国传统文化［EB/OL］．（2017－06－19）．https://www.aisixiang.com/data/104731.html.

④ 郭齐勇．大陆当前的国学热与书院热［EB/OL］．（2017－06－29）．https://www.aisixiang.com/data/104895.html.

高度赞同者。如陈来认为，国学热、国学教育热“对于中华民族复兴的进程，对中国现代化的深入开展，对社会和谐的实现，都是必然的，也是合理的、积极的，应当予以充分的肯定和支持”①；黄济认为，国学热、国学教育热这股热潮的出现，“是弘扬民族文化传统的一大好事，应当肯定。作为一个中国人，对于国学一无所知，或知之甚少，甚至有的还数典忘祖，无论如何也是说不过去的”②；“在‘国学热’兴起的过程中，出现了一些不同的见解和争议，也是好事”③。当然也有人反对国学热、国学教育热。丛日云、邓晓芒、袁伟时、刘绪贻、刘道玉等便是国学热、国学教育热的反对者。例如，丛日云说：“在我看来，一些文化保守主义者所做的，是‘挂前进挡眼睛却朝后看’，他们承认要搞民主法治宪政，但回头从传统社会中寻找资源，让孔子给我们当向导。也有的人，虽然声称要前进，但却挂着倒挡。这种教育与现实需要、社会发展的基本趋向相背离的作法是非常有害的。它会模糊我们真正的方向，会误导我们走入歧途。”④刘绪贻、刘道玉认为，“我们今天号召要深化改革，加大改革力度，但一边要提倡国学，这是相互矛盾的”⑤。这也就是说，在刘绪贻、刘道玉看来，儒学是今天阻碍深化改革的因素，因为“儒学历来都是保守的，是反对社会变革的。他们主张‘法先王’、‘吾从周’、‘述而不着’，都是保守的”⑥。不仅如此，儒学还是为专制统治服务的。刘绪贻系统地论述了儒学为集权专制服务的本质。他认为，作为传统文化的儒学不仅没有文化教育的价值，而且没有制度价值。他说：“我的观点很明确，用儒家思想治国不行，以儒家的价值观办教育也不行”；“既然近代工业化失败与儒学有关，那么现在又倡导国学又有何益呢？这不明明是开历史的倒车嘛”。⑦

有的人不仅反对现今的复兴国学和实施国学教育，而且认为现今的复兴国学和实施国学教育不会有好的结果，认为儒学不应该复兴，也不可能复兴。但无论怎样，赞同者与反对者两相比较，几乎呈一边倒的态势，即赞同者占大多数，因

---

① 陈来. 如何看待国学热［J］. 基础教育论坛，2012（9）：20.

② 黄济. 如何看待“国学热”？［J］. 教育科学论坛，2006（11）：1.

③ 黄济. 再谈如何看待“国学热”？［J］. 中国教育学刊，2008（1）：26.

④ 丛日云. 创造有灵魂的通识教育：通识教育与现代文明基本价值的传播［J］. 求知导刊，2014（2）：36.

⑤⑦ 王郢. 对“国学热”的反思：著名学者刘绪贻与刘道玉对话录之二［J］. 书屋，2014（8）：19.

⑥ 王郢. 对“国学热”的反思：著名学者刘绪贻与刘道玉对话录之二［J］. 书屋，2014（8）：18.

而赞同复兴国学、儒学、实施国学教育的话语呈强势。

与一味地赞同或一味地反对国学热、国学教育热者不同，有的人显得比较理性，即有的人对于儒学复兴运动的态度是既不反对，也不支持；他们在肯定传统文化、传统文化教育的同时，也指出了传统文化的不足。例如，有人在肯定弘扬传统文化的积极意义的同时，力陈了传统文化的三个方面的消极影响、弊端：一是传统文化强调安稳，在某种程度上阻碍了创造力的发展；二是传统文化提倡社会伦理，妨碍了自主和创造精神的发展；三是传统文化的泛道德化是不科学的。①

（六）热象与乱象相伴

国学、国学教育的热象与其他领域的热象一样，未能幸免热中带乱的问题。

就民国时期的国学教育，社会学家潘光旦曾指出："最近几年以来，因为少数学者的提倡，有所谓国学一门者出。但结果最多不过把先民的遗业，提出来成为一门学问，可以和别的学问并跻于学校课程之列。办新教育的人，也未尝把这种遗业认为和民族所以生存与立之道息息相关。读书的青年，既唯此种教育领袖的马首是瞻，平日选读一门国学，好比选读一门文学或化学一般，目的不在装门面便在求实用，自然更不了解这一层意义了。"② 现今国学热、国学教育热在一些人那里，也存在潘光旦在此言及的读经是为了"装门面""求实用"的现象；并且，现今国学热、国学教育热中的乱象远比潘光旦当年所言要严重得多，即存在泥沙俱下、鱼龙混杂的现象。例如，在社会上，有的被称为国学大师者将道家的"无为"解读为"尽量隐忍"，将"道"理解成了"存在即合理"，将天下"大治"视为"秦皇汉武时代"。再如，在学校，"有些学校企图通过某一方面的国学教育迅速形成一种办学特色"③；《千字文》《百家姓》《三字经》《弟子规》被奉为圭臬，而博大的《道德经》《论语》《大学》《中庸》等却被束之高阁；"某小学五年级学生把背诵的'老吾老以及人之老，幼吾幼以及人之幼'，解释为'活到老，学到老'"④。在有的培训机构和有的人那里，儒学是他们"获利"的工具，他们以国学为名号，招摇撞骗、诈骗钱财；有的商办、民办的民间书院

---

① 熊明．浅析中国传统文化中阻碍教育和谐发展的消极因素［J］．湖北第二师范学院学报，2010（1）：104.

② 潘光旦．忘本的教育［EB/OL］．（2017－05－01）．https://www.aisixiang.com/data/104169.html.

③ 侯立兵．国学教育与中小学教育改革［J］．广东第二师范学院学报，2018，38（6）：3.

④ 黄济．在中小学如何开展国学教育［J］．课程·教材·教法，2015，35（2）：15.

以盈利敛财为目的；还有的假借国学，将封建迷信思想死灰复燃，如社会上的“女德班”赤裸裸宣扬男尊女卑思想。

就上述国学热、国学教育热，有人盛赞“它结束了一个旧时代，而开启了一个新时代”①，我们终于迎来了国学复兴的春天，“……百余年来，儒学发展迎来了最好的时期，显示了儒学正强势归来”②。甚至有人将这种热象比作西方的文艺复兴。可以说，诸如此类的对国学、国学教育热的评价均非言过其实的溢美之词。但是由国学、国学教育热形成的中国传统文化复兴的局面，要堪比西方的文艺复兴，有赖于国学、国学教育的持续、健康地发展，而国学、国学教育的持续、健康的发展有许多需要进一步探讨和回答的问题。就国学教育而言，在笔者看来，要确保国学教育的持续、健康发展，需进一步探讨和回答的问题主要有：我们应实现怎样的国学教育价值？实现国学教育价值，我们应该克服怎样的错谬的文化观念？从正确的国学教育立场出发，国学教育的目标应是怎样的？实现国学教育的目标，国学教育的课程教材建设、课程教学应遵循的基本原则是什么？要确保国学教育的应有质量，应克服哪些不良现象？又应如何加强国学教育的师资队伍建设？

① 程志华. 论近30年来儒学复兴的四个向度［J］. 东岳论丛，2017，38（10）：56.

② 黄体军. 儒学复兴的忧思［N/OL］. 齐鲁晚报，2016-08-07. https://epaper.qlwb.com.cn/qlwb/content/20160807/ArticleA09002FM.htm.

第二章
国学教育的社会价值论

对于教育价值，总体上我们可从教育与社会发展的关系和教育与人的发展的关系两个维度来认识。就本论著言及的国学教育的价值，我们也可从这两个维度来认识。应该说国学教育的价值在《纲要》中已得以煊赫，《纲要》已对国学教育价值作了较为完整的表述。但受政策文本行述方式的限制，其表述的国学教育价值是概略性、断言式的，因而有必要从教育与社会发展的关系和教育与人的发展的关系两个维度，对国学教育价值进行学理上的探讨和阐述，从而使其成为议理式的和更加丰富、具体的。本章以下阐述的是教育与社会发展关系维度的国学教育价值，下一章阐述的是教育与人的发展关系维度的国学教育价值。

从教育与社会发展关系的维度来看，国学教育价值主要体现为增强民族文化的自主性、凸显中国式现代化的中国性、促进中国现代化的健康发展。

第一节　增强民族文化的自主性

这里所谓的民族文化的自主性，一方面是指一个民族有其民族自身的本位文化，或者说相对于其他民族，有本民族的自主文化；另一方面是指在一个民族自主的多元文化中，有其维系自我认同的主导性文化。

20 世纪 70 年代，台湾新儒家的代表人物方东美曾对当时台湾文化状况颇为不满，在他看来，台湾人存在严重的文化内在贫乏症。他说："近五十年来，中国文化、典章制度、学术，都有现代化的必要，可是他们把现代化只看成西方化，口喊西化，但是对于西化并非由西方的根源谈起，如：文学、艺术、哲学、宗教，只知道从外表去看，如：政治、经济、商业等，前辈学人对此应为负责，因为这使得近代青年一直觉得西方月亮比东方圆。西方学者固然只从外表看中国，充满误解，但中国学者自己不少人忘本，使得中国青年由文字起，到思想习惯，都有一种内在贫乏症。"① 方东美在此主要解释了文化内在贫乏症的含义，揭示了产生文化内在贫乏症的原因。在方东美看来，所谓的文化内在贫乏症，指的是由于我们对自身文化传统的遗忘而导致的文化失根状况，而其原因是中国学者在文化上西化，在文化上忘本。与方东美生活的时代的台湾社会一样，现今大陆也存在较为严重的文化内在贫乏症现象，甚至有过之而无不及，而文化上的西化也是导致大陆文化贫乏症的原因。

百多年来，为了救亡图存，改变中国的积贫积弱的面貌，在高潮迭起的各种文化运动中，弥漫着文化落后、文化失败、文化虚无的情绪。很大程度上，传统文化，特别是儒家文化被视为文化糟粕，传统文化被视为封建、专制、黑暗、落后的代名词而遭反复批判，人们竞相以批判质疑和颠覆解构儒教为能事，② 以致蔑视传统、鄙视传统甚至敌视传统积淀为百余年来中国人的深层文化心理。与此同时，我们在文化上却一路"向西"，模仿西方，不断增强西方文化在我国的存在。否定自身的文化传统和文化西化这两股势力形成合力，导致西方文化压制、僭越、替代了我们自身的文化传统，导致儒家剩下的只是几条被实证主义、实用主义、意志主义、生命哲学、康德哲学、现象学直至后现代主义等各式西方哲学用来附会、诠释的儒家"哲学"，"成为三五个大学教授的个人自言自语，成为现代教育体系和现代学术体系中以学科方式体制化存在的知识研究对象"③。就传统文化与日常生活的关系而言，社会日常生活出现了较为严重的与传统文化断裂的现象，包括儒家文化在内的传统文化成了博物馆中的一种遗存，只是破败地以碎片化的状态和身份进入社会日常生活；整个民族处于对传统文化的漠然、遗

① 蒋国保，周亚洲. 生命理想与文化类型：方东美新儒学论著辑要 [M]. 北京：中国广播电视出版社，1992：229.

② 任重，刘明. 儒教重建：主张与回应 [M]. 北京：中国政法大学出版社，2012：100.

③ 任重，刘明. 儒教重建：主张与回应 [M]. 北京：中国政法大学出版社，2012：80.

忘，甚或鄙薄、否定的状态，患上了严重的不知“我是谁”、自己从何而来的文化断根的文化内在贫乏症，在文化上成了立不起来的“空袋子”，一定意义上整个民族成为文化上神不守舍、心中无主、总是随风倒、没有文化自觉的民族。按台湾新儒家牟宗三的看法，这样的患上文化内在贫乏症的民族属国际游魂。他说：“吾华族有最独特最本源之慧命，不于此而讨安身立命，立宗定教，以自肯其大信，割截其根……，以数人家珍，是自卑自贱而甘于为国际游魂随风而飘荡者也。”① 这种甘于做国际游魂而随风飘荡的现象，在如今伴随经济全球化而出现的一定程度的文化全球化时代，变得更加严重了。

在文化全球化的影响下，一部分国人的头脑中产生了民族文化虚无主义和对西方文化的盲目崇拜，形成了一种唯西方马首是瞻、食洋不化的文化心态，② 患上了严重的“文化偏食症”；西方现代性整体的“断根性”正在修改着中国文化的“指纹”和改写着国人的心性；“文化失根”已然成为中国当代的严重的文化症候。③ 一定意义上，一部分国人的行为和思想都经过了“皈依”西方文化的洗礼。例如，一段时间以来，一部分国人从占有而不是从存在出发，狂欢于洋节之中，纵情于虚无之上，以致西方的“圣诞节”“情人节”“感恩节”“万圣节”等在中国大行其道；每当“圣诞节”，城市里的几乎所有年轻人和赶时髦的中年人，总是兴奋地过着“圣诞节”。“尤可痛者，在幼儿园、中小学校，教师为孩子们集体过‘圣诞节’、树‘耶诞树’、发‘耶诞礼物’、做‘耶诞卡’，更是无形中把一种外来的文化与异质宗教人为种植在毫无文化鉴别与宗教选择能力的孩子们的心灵之中”④。而中国人自己的传统节日却不受重视，以致一部分国人变成了黄皮肤、白心态的“香蕉人”，成了十足的“文化偏食”者。这虽然是文化集体无意识的结果，但也与商家唯利是图的推波助澜、大众传媒毫无头脑的炒作和误导密切相关，也和一些所谓的“文化精英”所主张的“只要是西方的就是文明和进步的”“只要是中国传统的就是愚昧落后的”思维模式密切相关。⑤ 但无论是何种原因，它们都为外国文化如基督教（或“耶教”）在中国的传播、大行其道起了推波助澜的作用。就基督教在中国的传播、大行其道的状况，有人曾指正道：“基督教在中国所占的比例越来越大，活动越来越频繁，信徒越来越多，

① 牟宗三. 五十自述［M］. 台北：鹅湖出版社，1990：107.

② 任重，刘明. 儒教重建：主张与回应［M］. 北京：中国政法大学出版社，2012：276.

③ 王岳川. 从“去中国化”到“再中国化”的文化战略：大国文化安全与新世纪中国文化的世界化［J］. 贵州社会科学，2008（10）：8－9.

④ 任重，刘明. 儒家回归：建言与声辩［M］. 北京：中国政法大学出版社，2012：120.

⑤ 任重，刘明. 儒家回归：建言与声辩［M］. 北京：中国政法大学出版社，2012：152.

影响范围越来越广"[①]；"现在上海等地印《圣经》，是每秒印一本，他们还觉得慢，恨不得是每秒印10本，巴不得全中国人手一本"[②]；用百度高级搜索引擎搜索"基督教"这一词条，"竟然蹦出一万多条来，其中大部分是中国省市甚至县乡镇办的耶教网站"[③]。再有，"据新华社报道，截至2009年，……中国基督教会累计印刷发行《圣经》7 000万册，成为世界上年印刷《圣经》最多的国家。家庭教会的人数要数倍于官方三自教会，保守估计，目前中国基督徒人数已经超过了8 000万。世界佛罗里达基督徒数据库（World Christian Database）估计，中国基督教徒人数高达1.11亿。美国《天主教国家纪事报》资深记者艾伦报道，中国基督徒人口还以每天1万的速度增长，预计到2050年将达到2亿以上，将成为超过巴西仅次于美国的第二基督教大国。中国社科院发布的2010年《宗教蓝皮书》指出，我国基督教徒数量近年来发展较快，自1993年以来信徒人数增长了将近3倍"[④]。正因为有如此多的耶教信众，以致我们可以发现这样一种现象，中国大地不时地响起《欢乐颂》的歌声。颇具讽刺意味的是，即使在曲阜这样一个号称"东方圣城"的地方，"在一般老百姓层面，基督教信仰的传播程度远大于儒学，呈现出越来越强大的传播态势，而儒学则日渐式微，……人们对外来基督教的认知远大于或者说清晰于对儒家文明的认知"[⑤]。曲阜的青年学生和全国其他地方的青年学生一样，忽视传统文化的学习，"青年学生已经几乎把所有的业余学习时间都花费在英语补习课上。在其他城市能够找到的各种名目的英语特长班、补习班在中华文化发源地都能找到。依据不完全统计，每一百位选择课外补习的学生之中至少有几十位都首选英文，剩下的百分之十选择数学、舞蹈、音乐等等能够促进孩子'全面发展'的课程。唯独忽略了如何学做人、如何孝敬父母的传统道德教育。这百分之十没有首选英语，不是不看重，而是因为他们的英语成绩好到不需要再强化学习。曲阜还有没有自觉学习孔子文化或其他中国传统文化的学生呢？不能说完全没有，曲阜有一家专门传授中国传统文化的学堂，开办半年来，有十多位青年学生参加了长期学习。但是，他们之中没有一名来自曲阜本地"[⑥]。在校学生修读中国历史课是传承中国传统文化的有效方式，但中国历史课对中国传统文化的传承效果甚微，因为"学生们对'历史'这门

---

① 任重，刘明．儒家回归：建言与声辩［M］．北京：中国政法大学出版社，2012：305.
② 任重，刘明．儒教重建：主张与回应［M］．北京：中国政法大学出版社，2012：152.
③ 任重，刘明．儒家回归：建言与声辩［M］．北京：中国政法大学出版社，2012：137－138.
④ 任重，刘明．儒家回归：建言与声辩［M］．北京：中国政法大学出版社，2012：291.
⑤ 任重，刘明．儒家回归：建言与声辩［M］．北京：中国政法大学出版社，2012：269.
⑥ 任重，刘明．儒家回归：建言与声辩［M］．北京：中国政法大学出版社，2012：307.

课普遍地缺乏兴趣。即使他们在上历史课时没有缺席，也不意味着他们真的喜欢上了历史，而只是表明，他们必须获得这门课的成绩。事实上，在应试教育的语境中，他们真正感兴趣的不是‘历史’，而是‘如何考历史’，不是了解历史的真相，而是获得历史这门课的成绩。一旦历史考试结束了，这门课成绩获得了，他们曾经使用过的历史课本也就会离他们而去。而学生们从历史课本上接受的、本来已经少得可怜的历史知识也很快地从记忆中被抹掉了。实际上，在日常生活中，到处可以见到的正是这些丧失历史记忆的年轻人"①。

笔者在大学任教多年，对于上述言及的文化忘本和西方文化盛行的现象，可谓感同身受。试列举如下：

就大学教师而言，即使一个有了一定的英语基础、已获得大学的任教资格者，也还总是要学习英语和参加英语考试。笔者评讲师、副教授时未获得博士学位，因而当年要晋级讲师、副教授，免不了要考晋级讲师、副教授的职称英语；评正教授时，笔者已获得博士学位，但仍须考晋级教授的职称英语。

就大学学生而言，本科生入学后，他们除了要在英语等外语类必修课、选修课上花费大量时间外，还要在考大学四级英语、六级英语、专业八级英语、“雅思”、“托福”上花费大量时间；无论什么专业的研究生招生，都须过英语笔试关；面试时，还要考核考生的英语口头表达能力；入学后，也还须修读、学习英语等外语课程。尽管他们的英语水平特别是读写水平提高了，但中文水平却很差，有的学生用中文写的文章简直可以用不堪卒读来形容，甚至有的中文专业的研究生也是如此。

无论哪个专业的本科生或硕、博研究生，无论他们撰写课程论文，还是撰写毕业学位论文，重点参考的，都是西方理论、西方文献，不是中文译著，就是外文原文；即使研究的是中国问题，他们重点参考的也是西方文献、西方经典，唯西方文献、西方经典是尊；他们有的几乎不读中国书，从不参考中国古代经典，似乎雅斯贝尔斯所说的轴心时代的文化中国根本无文化、无经典似的；他们“……对谈论和信奉西方文化所带来的各种价值信仰习以为常，而对传统文化产生了相当大的隔膜与排斥，并把它作为守旧落后的代表而不屑一顾”②；对他们中的有的人而言，谁论及“中国元素”，强调“中国经验”“中国文化身份”，谁就是封建保守，就给谁扣上“文化民族主义”“文化保守主义”的帽子；谁提及孔子，“马上教人联想起封建；提起四书五经，马上教人联想起迂腐刻板一概反之，说起

① 俞吾金. 人体解剖是猴体解剖的钥匙：历史主义批判［J］. 探索与争鸣，2007（1）：4.

② 任重，刘明. 儒学复兴：继绝与再生［M］. 北京：中国政法大学出版社，2012：101.

《圣经》《理想国》《纯粹理性批判》反倒是一种民主、博学的时尚”①。

与此同时，我也能感受到西方文化扑面而来的直接影响。自 2010 以来，本人每年多次赴澳门工会联合总会进修中心给澳门的在职教师上教育学等培训课程。每次上课结束时，都会有学生送《圣经》给我。所以，至今，在我的书架上，有详略不同、各种版本的圣经。在澳门上课之余，当我去大三八牌坊等澳门名胜闲逛时，当我回广州、经过拱北口岸澳门一侧时，总会见到有人向内地游客散发《圣经》，这给人以“耶教”意欲强势进入内地的印象。

我指导的学生大多数是不信教的。在少数信教的学生中，有的信仰基督教，有的信仰伊斯兰教，其中信仰伊斯兰教的学生最多，他们大多来自山西、河南两省。我与这些信仰伊斯兰教的学生一起吃饭，颇感为难，因为信仰伊斯兰教的学生不吃猪肉。但这些信教的学生从不过圣诞节。而那些不教信的学生，却热衷于过圣诞节。每当圣诞节平安夜，不信教的学生中总会有人送我一个苹果，寓意平安，也总会有不信教的学生向我发“圣诞快乐”之类的短信。而那些信教的学生，从不会在平安夜送苹果给我，也不会给我发“圣诞快乐”的短信。看来，不信教是大学校园里热衷于过圣诞节的学生热衷过圣诞节的原因。

上述文化失根、忘本的现象说明，我们必须更好地确立我们民族占支配地位的文化，必须增强我们民族文化的自主性。增强我们民族文化的自主性具有如下意义：一，增强我们民族文化的自主性是中国之为中国、中国人之为中国人的身份标志。世界上任何一个国家，都有一个主导性或占支配地位的维系本民族自我认同、标志自我身份的民族自主性文化。世界上其他国家如此，中国也应如此。中国之为中国，中国文化之为中国文化，必须以自主性文化的存在为前提②；确立我们民族自身的文化自主性，具有自身的自主性文化是维系中国人民族自我认同、中国之为中国、中国人之为中国人的身份标识。二，增强民族文化的自主性是我们赢得世人应有尊重的前提。一个没有自身文化自主性的民族是不可能赢得其他民族的尊重的。因为如果一个民族缺乏文化的自主性，那么就会沦落成一个单纯的生理意义的族群；甚至可以说，一个没有文化自主性、没有主体信仰的民族，就如同行尸走肉。这样的一个民族是不可能赢得其他民族的尊重的。而不能赢得其他民族尊重的民族，在国际上与他国交往时，最终“……就只会不断地听从于‘他者’话语，只能听从第一世界的权力声音而没有自己的发言权，在文

① 唐际齐，王宣标．今天，我们如何对待传统和经典［J］．中国图书评论，2007（6）：5.

② 任重，刘明．儒家回归：建言与声辩［M］．北京：中国政法大学出版社，2012：319.

化上成为永远无足轻重的‘沉默的一群’”①。反之，如果我们具有自身民族的自主性文化，那么，在与他国进行交往时，我们就能获得其他民族的尊重，“我们才可以和其他国家、特别是西方各国平等对话，共同为人类社会的健康合理发展作出贡献”②。三，增强民族文化的自主性有助于维护我国文化安全。民族文化失落必然导致民族失落。没有文化上的自我意识，或者说没有民族文化的自我认同，中国这样一个多民族的国家就会在全球化的浪潮和现代化的过程中被“化”掉。而增强民族文化的自我认同，就必须增强民族文化的自主性，增强民族文化的自主性是增强民族文化的自我认同，从而也是确保我国文化安全的必要前提。现今，“世界上越来越多的国家注意到文化安全的重要性。法国重视维护本国文化已为世人所知，就是主张多元文化的加拿大，也积极采取措施抵制他国文化对本国文化的冲击。文化安全和国家安全、经济安全、意识形态安全一样，都是最大的国家利益之所在”③。我们也不应例外，我们也应重视维护我们自身的文化安全，文化安全也是我们最大的国家利益所在。上述文化“香蕉”化现象已经对我国文化的自主性带来了严重的冲击和伤害，外来文化的强势进入，已使国家的文化安全堪忧。这说明对我们而言，维护文化安全有着现实的必要性。而要确保我国的文化安全，国人须文化觉悟、文化觉醒，或者说须增强国人的民族文化的自我认同。四，也是更为重要的，增强文化自主性是实现中华民族伟大复兴所必需。中华民族要实现伟大复兴，在如今经济渐已崛起的基础上，必须实现文化的复兴。没有民族文化的复兴，就“……不可能把中国建设成为真正的世界强国”④；“可以断言：文化的复兴是民族复兴的内在要求和重要组成部分；没有中华文化的复兴，就不可能出现真正的中华民族的伟大复兴”⑤。因为“民族的复兴必然要伴随文化的复兴，只有文化的复兴，一个民族才能真正屹立于世界民族之林”⑥；“从某种角度看，一个民族的复兴，虽然不一定以本民族文化的复兴为

---

① 王岳川. 从“去中国化”到“再中国化”的文化战略：大国文化安全与新世纪中国文化的世界化［J］. 贵州社会科学，2008（10）：9.

② 章剑锋. 不要把儒家“意识形态化”：专访北京大学儒学研究院院长、中华孔子学会会长汤一介［J］. 南风窗，2011（2）：97.

③ 王建辉. 新闻出版与文化安全［J］. 出版科学，2002（4）：1.

④ 任重，刘明. 儒家回归：建言与声辩［M］. 北京：中国政法大学出版社，2012：267.

⑤ 杨淦. 中华文化复兴的理性思考［J］. 艺术教育，2008（2）：16.

⑥ 梁涛. 国学：传承传统文化的大学问［EB/OL］.（2018－11－12）. https://www.aisixiang.com/data/113355.html.

前提，但最终以本民族文化的复兴为最高标志”①。增强民族文化的自主性既是实现文化复兴的基本动力所在，也是文化复兴的根本体现。

所以，我们应走出集体文化无意识，增强和挺立中国文化自主性。而要增强中国文化的自主性，我们应尊重和继承自己的文化传统，“没有自身文化传统的延续性就无从认同文明的本土主体”②。而要尊重、继承自己的文化传统，必须加强对中国传统文化的学习。如今，加强对中国传统文化的学习，具有“收拾迷乱之人心、恢复民族文化之信心的时代意义”③，具有增强文化认同、民族自我认同和文化自主性的时代价值，或者说有助于增强国人“对中国文化的认同和皈依，进而增进国人对中华民族的归属意识，为中华民族的伟大复兴提供厚实的文化基础和强大的精神动力”，有助于“……唤醒和促进国人对中国文化的价值担当和身体力行，为建设一个和谐美好的社会而不懈努力，为人类文明做出中国人应有的贡献”④。只有重视传统文化的继承和复兴，才能赢得最大范围的文化认同，形成最大程度的文化共识，从而发挥增强文化自信、文化自主性和将今天的中国文化建设立足于我们自身的深厚历史文化传统之上的积极作用，这样，我们才能真正实现中华民族的伟大复兴。

要尊重自己的文化传统，增强文化自主性，必须增强对儒家文化的认同。“一般说来，代表民族文化核心价值的象征物都必须具有历史性、神圣性、庄严性和高贵性，往往能够激起民众发自内心的关爱精神和自豪热情，从而最大化地凝聚起社会生存和生活必不可少的情感或思想的资源，展示符合生命本质的人生要求与文化理想”⑤。对我们而言，具有历史性、神圣性、庄严性和高贵性的，代表我们民族传统文化核心价值的象征物非儒家文化莫属。因为“中华民族的民族精神自古以来就体现在儒学中，儒学是中华民族的民族精神最集中的载体”⑥，是中国传统文化的根、干；以儒家文化为根干的“国学是我们的精神家园，是我们安身立命之所在。她与我们民族的成长发展是伴随始终的，是无法割裂、摆脱

---

① 任重，刘明. 儒家回归：建言与声辩［M］. 北京：中国政法大学出版社，2012：161.

② 王岳川. 从“去中国化”到“再中国化”的文化战略：大国文化安全与新世纪中国文化的世界化［J］. 贵州社会科学，2008（10）：7.

③ 任重，刘明. 儒家回归：建言与声辩［M］. 北京：中国政法大学出版社，2012：31.

④ 任重，刘明. 儒家回归：建言与声辩［M］. 北京：中国政法大学出版社，2012：94.

⑤ 任重，刘明. 儒家回归：建言与声辩［M］. 北京：中国政法大学出版社，2012：282.

⑥ 任重，刘明. 儒学复兴：继绝与再生［M］. 北京：中国政法大学出版社，2012：9.

掉的”[①]；她“对中华民族性格和民族精神的形成起到了最重要的塑造作用，对中国社会的影响力也最为重大，居于中国传统文化核心地位”[②]。并且，“儒教是盛世、治世而非衰世、乱世的最优治理方案和最佳文化选择”[③]。所以，“如果我们人为地把中国民族曾经赖以生存和发展的根斩断，那么中华民族的复兴就没有可能了”[④]。不仅如此，在当今，“儒教的价值观和海内外华人的价值观具有一致性，最有利于增加中华民族的凝聚力”[⑤]。因而通过继承传统文化以增强民族文化的自我认同和民族文化的自主性，应以继承儒家文化为主。忽视作为中国传统文化的根干，一定程度上，中华民族就会丧失自己的民族精神，中国人的灵魂就会四处飘荡，无所归依；一定意义上，中华民族就会成为一个没有民族精神的民族，就会成为一个没有民族文化身份、没有自己民族文化特质的民族；“在这种情形下，中华民族就成了一个不知道‘我是谁’的民族，一个‘精神分裂无所适从’的民族，一个民族内聚力日益弱化的民族”[⑥]。当然，强调继承以儒家文化为根干的中国传统文化，并不意味着否定时代文化精神，但“在当下西强古弱的悬殊背景下，只有放大传统文化的声音，才能保持各精神要素之间的平衡，新价值、新文化才可能既适于中国土壤，又合于时代需要”[⑦]。

而增强文化自主性，应发挥国学教育的作用。“西方文化对儒家传统的最大挑战在于‘形而下’而非‘形而上’，怎样使儒家的‘游魂’在社会实践中找到契合点，在普通大众中重新生根、发芽，才是儒家可能复兴的关键所在”[⑧]。此处所言及的“形而上”，即学术思想、理论，“形而下”即社会实践。儒家思想可能复兴的关键是通过社会实践使儒家思想在普通大众中重新生根、发芽，而国学教育是儒家思想在普通大众中重新生根、发芽的基本途径。这正如干春松所言：“……建立起一套了解传统、了解中国人、了解文化心理的教育课程和教育体系，是很有必要的，有必要让所有的人都认识到我们曾经产生过隔膜的传

---

① 梁涛. 国学：传承传统文化的大学问[EB/OL].(2018－11－12).https://www.aisixiang.com/data/113355.html.

② 任重，刘明. 儒教重建：主张与回应 [M]. 北京：中国政法大学出版社，2012：84.

③⑤ 任重，刘明. 儒教重建：主张与回应 [M]. 北京：中国政法大学出版社，2012：87.

④ 汤一介. 论儒学复兴的现代意义[EB/OL].(2018－08－31).https://www.aisixiang.com/data/112017.html.

⑥ 任重，刘明. 儒学复兴：继绝与再生 [M]. 北京：中国政法大学出版社，2012：9.

⑦ 任重，刘明. 儒家回归：建言与声辩 [M]. 北京：中国政法大学出版社，2012：113.

⑧ 陈勇. 关于把儒家定义为“宗教”的现实意义[EB/OL].(2018－06－17).https://www.aisixiang.com/data/110691.html.

统。"① 通过建立这样的教育课程和教育体系，以使年轻一代对自己的文化有"自知之明"，"明白它的起源与发展，懂得它的内容与特色，明了它的地位与作用，认同它的精神与价值，开创它的新的内涵与意义"②，从而"消减中国文化自卑主义，排除自我虚无的文化幻象，建立自己的文化自信和文化自觉"③，确立民族文化的自主性。否则的话，我们只能成为国际游魂。这正如牟宗三所说："不能通过历史陈迹而直透华族文化生命之源，不得谓能接通华族之慧命。接不通慧命，不得谓为有本之学，其学亦不能谓为真实之中国人，其为中国人只是偶寄之习气之存在。其偶寄之习气之存在是中国的，而其意识观念，即其义理之性情一面，则是非中国的。非中国的，中国不受。但他亦不能是真实之英国人、德国人或美国人，是则英美德法等亦不受也。此为不能做主之存在，夹缝中之存在，甚至为国际之游魂。"④ 为了不沦为国际之游魂，"现在已经到了为儒学游魂造一个体的时候了"⑤。而再造这样一个体，使游魂获得安居之所，使文化的内在贫乏不再贫乏，祛除年轻一代的文化上的"香蕉"化，无论怎样都离不开加强国学教育或中国优秀传统文化教育，"加强中华优秀传统文化教育，是坚定中华文化自信，构建中华优秀传统文化传承体系，推动文化传承、转化、创新的重要途径"；"中华优秀传统文化能不能得到认同，能否不断焕发出生命力，能否面向未来得以创造性转化和创新性发展，从根本来说，都取决于我们能否有效地对儿童和青少年做好中华优秀传统文化教育工作"⑥。有学者认为，要确立中国文明的主体地位，必须先存在儒教文明的"活体"⑦，或者说必须使儒教文明在现实中获得有效的实现机制。2014 年，《纲要》的颁发意味着以儒家思想为主的传统文化的继承已有了体制性的学校教育这一"文化活体"、有效机制；因而，较以前，我们增强文化自主性，更有力量了。一定意义上，学校教育、家庭教育、社会教育对传统文化继承都可视为增强文化自主性的"文化活体"。但学校

---

① 干春松. 儒家不是还乡团[EB/OL]. (2014-09-04). https://www.aisixiang.com/data/77549.html.

② 李英华. 国学复兴与文化自觉 [J]. 杭州师范大学学报（社会科学版），2010，32（2）：28.

③ 王岳川. 从"去中国化"到"再中国化"的文化战略：大国文化安全与新世纪中国文化的世界化 [J]. 贵州社会科学，2008（10）：7.

④ 牟宗三. 五十自述 [M]. 台北：鹅湖出版社，1992：105.

⑤ 赵法生. 当代儒学向何处去？[EB/OL]. (2014-02-20). https://www.aisixiang.com/data/72444.html.

⑥ 方中雄. 从国家文化战略布局出发思考中华优秀传统文化教育 [J]. 中小学管理，2017（8）：31-34.

⑦ 任重，刘明. 儒学复兴：继绝与再生 [M]. 北京：中国政法大学出版社，2012：319-320.

教育这一“文化活体”是增强文化自主性的主渠道，是主导性“活体”。因而学校教育更应以增强文化自主性为应然取向和自觉承担。

第二节　凸显中国式现代化的中国性

我们知道，我国正处于社会转型期。我国社会转型的目标是由前现代社会转向现代社会，实现国家现代化。而国家的现代化是以文化现代性价值为导向、实现文化现代性价值的过程。这里所谓文化现代性价值，指的是“以理性主义和人本主义两大精神为支柱所构筑的价值观念体系”①。“个体主体性、理性、人道、民主、法制、平等等为现代社会所倡导的文化观念、价值体系，其中理性主义、个体主体性是文化现代性的核心规定”②。但文化现代性不为西方所特有，而为人类社会所特有。这正如汤一介所说：“……西方社会是‘自由为体、民主为用’，我认为这不是西方社会特有，是人类社会特有，人类社会要进入现代社会就应该是这样。”③ 依此而论，“‘现代性’（modernity）并不是一个民族国家（nation）概念，而是一个时代概念。不论中国还是西方，都已经或正在发生由前现代社会向现代性社会的时代转型，这是人类社会历史发展的必然趋势。正因为如此，发源于西方现代化过程中的‘自由’‘平等’‘民主’‘法制’等现代价值，也被纳入了我们的‘核心价值观’”④。不仅如此，“……诸如市场经济、民主法治、科学技术，乃至自由、人权等价值观念，仍是中国现代化建设的重中之重”⑤。这决定了我国社会转型是“朝着现代化的方向走，经济上朝着市场经济的方向走，政治和社会朝着民主、法治的方向走”⑥；“基本方向是要建构一个基于民权的现代性的民族国家”⑦。

---

① 陈嘉明. 现代性与后现代性［M］. 北京：人民出版社，2001：173.

② 吴全华. 教育现代性的合理性［M］. 广州：广东人民出版社，2009：12.

③ 章剑锋. 不要把儒家“意识形态化”：专访北京大学儒学研究院院长、中华孔子学会会长汤一介［J］. 南风窗，2011（2）：97.

④ 黄玉顺. 论阳明心学与现代价值体系：关于儒家个体主义的一点思考［J］. 衡水学院学报，2017（3）：彩插5.

⑤ 李英华. 国学复兴与文化自觉［J］. 杭州师范大学学报（社会科学版），2010，32（2）：29.

⑥ 孙立平. 关键的问题是明确国家的方向感［EB/OL］.（2017－08－25）. https://www.aisixiang.com/data/105654.html.

⑦ 黄玉顺，杨虎. 儒学与生活：黄玉顺教授访谈录［C］. //杨永明. 当代儒学：第八辑，桂林：广西师范大学出版社，2015：301.

可能有人会认为，现今全体国人奋斗的目标是实现中国梦，实现中华民族的伟大复兴，而不是实现现代化。但实际上却不然。因为“国家现代化，一个更具历史感的表述是‘中华民族伟大复兴’”①。这也就是说，国家现代化与中华民族伟大复兴、中国梦的价值理念是一致的，中华民族伟大复兴是国家现代化的另一种表述而已。正因为如此，杜维明于1980年代所说的“中华民族发展至今，所面临的最为迫切的挑战，是怎样建立一个康壮的、有生命力的现代文化”②，对我们今天而言，仍然是贴切的。而文化现代性价值的实现或现代化，不是一元的、线性化的，而是多元的、复调的；不是抽象的，而是具体的，即文化现代性价值的实现，无论哪个国家，必须充分重视自身的国情；就我们而言，也是如此，必须从中国的国情出发。只有这样，我们的现代化才是康壮的、有生命力的现代化。这里的中国的“国情既包括中国的现状，也包括中国的历史和文化传统”③。这就意味着实现现代化，必须与民族国家和地区的文化，包括传统文化相结合，立足于自身的传统文化。“任何民族成功的现代化，必然是而且主要是在本民族的思想资源的滋养下成功的。这样的现代化才不致是无本无根的现代化”④，这是因为文化“传统不仅不只是过去的陈迹，而且是掌握当前现实和开拓将来无穷可能的基础。传统意识是现代人认识和了解现在以达到批判现在和创造将来不可或缺的条件”⑤。我国作为非西方国家，现代化进程是被现代性的潮流所“裹挟”进来的，是一种“外源或外诱的现代化”（modernization from without）。但是，中国的社会背景与西方国家实现现代化的背景不同，这决定了中国的现代化不会走西方的老路，“而是要在借鉴与创新、继承与发展、传统与现代的复杂张力中，探索符合中国实际的现代化道路”⑥。因而，中国现代化有别于西方资本主义的现代化，它是中国特色社会主义的现代化，它有独特的民族历史文化传统和传统意识，更有不同于西方发达国家的特殊矛盾；实现中国现代化，必须立足于我国的国情，必须将现代化与我们自身的传统文化结合起来，以使我

---

① 葛剑雄. 不能脱离现代来谈传统文化［N］. 长江日报，2014-05-08（15）.

② 岳华. 儒家传统的现代转化：杜维明新儒学论著辑要［M］. 北京：中国广播电视出版社，1992：139.

③ 袁行霈. 国学的当代形态与当代意义［EB/OL］.（2016-11-03）. https://www.aisixiang.com/data/101937.html.

④ 郭齐家. 从孔学的“人论”看儒学的现代价值［J］. 开放时代，1995（2）：42.

⑤ 岳华. 儒家传统的现代转化：杜维明新儒学论著辑要［M］. 北京：中国广播电视出版社，1992：306.

⑥ 徐春. 人的发展论［M］. 北京：中国人民公安大学出版社，2007：147.

国现代化有着自身的精神支柱。“虽然中国进入现代社会不得不以学习西方开始，但是中国现代化的完成，又必定是以更新固有传统结束。任何一种外来文化，都只有植根于传统才能够成活，而一种在吸收、融合外来文化过程中创新传统的能力，恰又是一种文明具有生命力的表现”①。而中国传统文化中的儒家文化是中国传统文化的主流、动源，“假如这个文化动源的主位性保持不住，则其他那些民主、科学等都是假的，即使现代化了，此中亦无中国文化，亦只不过是个‘殖民地’的身份”②。正是在此意义上，张君劢认为：“儒家思想的复兴并不与现代化的意思背道而驰，而是让现代化在更稳固和更坚实的基础上生根和建立。”③这意味着我们要实现现代化，我们应立足于传统文化、儒家文化。而立足于传统文化，意味着我们应将文化现代性与我们的传统文化相结合，“寻求将儒家传统与现代文明价值结合起来，探索两者之间的融通”④，或者说通过儒学等传统文化的创造性转换以实现传统文化与现代性文化的接榫。

无疑，国学教育是传统文化得以继承的必要条件、桥梁和基本途径。国学教育对传统文化的继承，不是为继承传统文化而继承传统文化，而应有其社会之用，即通过继承传统文化，活化传统文化，为文化现代性与传统文化的接榫提供可能，为文化现代性在我国的发展凸显现代化的中国性、加大中国文化基因、增强国人文化自主性奠定基础。可以说，这是教育与社会发展关系维度的国学教育价值的一个基本取向。当然，这不是说，现实的社会生活本身是与文化传统无关联的；一定意义上，传统文化，包括儒家的价值、观念、生活方式弥漫于社会生活的各个侧面和层面，已经变成了我们的文化基因，它积极参与造就了我们的现实生活和我们的主体自身；⑤ 可以说，“我们每天都生活在自己国家的文化传统之中，并以自己的言谈行为显示着这个传统的或优或劣的特色。而国学作为固有文化传统深层的部分，已经渗进民众的心灵，直接间接地参与现代生活”⑥。但

---

① 谢志浩. 大学：反思与重建[EB/OL]. (2017-09-27). https://www.aisixiang.com/data/106240.html.

② 郑家栋. 道德理想主义的重建：牟宗三新儒学论著辑要［M］. 北京：中国广播电视出版社，1993：28.

③ 张君劢，程文熙. 中西印哲学文集（上）［M］. 台北：台湾学生书局，1981：596.

④ 黄玉顺. 大陆新儒家政治哲学的现状与前景[EB/OL]. https://www.aisixiang.com/data/104258.html.

⑤ 姜义华. “弘扬传统”应避免排外主义和儒学宗教化[EB/OL]. (2017-09-25). https://www.aisixiang.com/data/106121.html.

⑥ 袁行霈. 国学的当代形态与当代意义［J］. 马克思主义研究，2008（10）：72.

通过国学教育继承和活化传统文化，可以壮大传统文化在现实中的存在。因而，国学教育是增强国人文化自主性、凸显中国现代化的中国性之举。并且，国学教育通过继承、活化传统文化是凸显中国式现代化的中国性的最根本、最有效途径。

第三节　为中国现代化的健康发展奠基

美国诺贝尔经济学奖获得者诺斯将社会制度划分为正式约束制度与非正式约束制度，或者称之为有形制度与无形制度。前者是指政府法律、市场与企业规则等，后者是指道德规范、宗教和社会习俗等。在他看来，只有当有形制度与无形制度相互"匹配"，并有效发挥作用，一个社会的制度结构才能正常运转。当社会发生制度变迁时，有形制度的变迁与无形制度的变迁具有不同的性质和特点。有形制度的变迁往往是突变的、非连续的、强制性的，并且是刚性的、回旋余地较少的，因而有形制度的变迁会打破现有社会制度的平衡；而无形制度的变迁则是渐进的、连续的、非强制性的、富有弹性的和留有余地的。当有形制度发生变迁时，如果无形制度保持不变，则无形制度会阻碍有形制度的变迁，削弱有形制度变迁所带来的效果；当无形制度能够随有形制度的变迁而变迁时，则会减小有形制度变迁带来的社会冲击，使社会变迁显得更为连续，并修正有形制度变迁导致的社会非均衡状态。主导西方古代社会的文化传统有两个，即希腊理性文化传统和希伯来宗教文化传统，简称"两希传统"。西方现代化可以说是希腊理性文化传统的胜利。但作为现代性的发端，"'文艺复兴'从来没有试图消灭希伯来传统，其结果是两希传统在西方社会内部形成了新的结构关系，从而奠定了西方近代崛起的制度结构基础"①。这也就是说，由两希传统在西方社会内部形成的新的社会结构关系奠定了西方社会现代化的基础，这一基础的形成说明希伯来宗教文化传统这一无形制度发挥了应有的作用，并且它是与建立在源于古希腊理性文化传统的唯理主义基础上的有形制度相匹配的。

近代以来，在西方文明的冲击下，世界上大多数国家都接受了西方的有形制度。② 就亚洲而言，二战后，"一些东亚国家或地区成功地引进了西方的有形制

---

① 任重，刘明．儒学复兴：继绝与再生［M］．北京：中国政法大学出版社，2012：45.

② 任重，刘明．儒学复兴：继绝与再生［M］．北京：中国政法大学出版社，2012：48.

度，而在道德规范和精神方面保持了原有的（或许做了某些变革和修正的）文化”[1]，即他们保留了他们自身的无形制度。已然实现现代化的发达国家——日本便是如此。“日本文化的现代化过程，是传统的日本文化和外来文化不断交织、融合的过程”；“日本民族在不断兼容外来文化的同时，对传统文化又保持始终不变的传承与尊崇”；“日本现代化的历程表明，它们采取积极的态度继承和发扬本国传统中优秀的东西，并在此基点上，努力学习和吸收其他国家文化的优秀成果，对自己的传统进行创造性地转化。日本在现代化进程中，最终避免了欧化主义和国粹主义两种错误偏向，并致力于培养国民对传统的自信心，同时也没有忽视传统中封建性的深层积淀，逐步实行传统的自身完善，建立起‘和洋文化’的‘冲突·融合’的文化模式，以之推动现代化，保证现代化根植于传统的土壤上”。[2] 日本在从传统向现代化转型时，既吸收了西方文化，又保留了东方的传统和日本自己的民族的文化传统，并且，以文化传统为根本，而不是以西方文化为根本。这说明，日本的现代化是尊崇和传承文化传统，并将文化传统这一无形制度与西方现代化的有形制度相结合的结果。日本如此，东南亚的韩国、马来西亚、新加坡也不例外。这都昭示受儒家文化滋养的社会并不需要先经过文化的自我革命、否定自身的传统文化而完全能够实现现代化。这种现象正如史学家英格尔斯在《人的现代化》一书中所说的：“从历史发展上看，现代化倾向本身就是人类传统文明的健康的继续和延伸，它一方面全面吸收以往人类历史创造的一切物质和精神财富，另一方面又以传统所从来未曾有过的创造力和改造能力，把人类文明推向一个新的高峰。诚然，现代化过程必然使人们与某些传统的生活和习俗诀别，但从一种新的意义上讲，现代人比传统人更能真正维护、珍惜和保存传统。这是由于，现代人对周围世界采取理智思考的态度，现代化正是去理解传统的思想遗产，而不是去迷信。”[3] 与世界上大多数国家一样，我国一定意义上也接受了西方现代化的有形制度。例如，市场经济制度、现代法律制度、现代企业制度等。但我国现代化的健康发展，应有与引进、习得的外来的有形制度相匹配的无形制度。长期以来，我们“学习和引进的有形制度似乎一直没有太大争议，有争议的只是引进什么样的西方有形制度。但在无形制度方面，却没有一致的意见。有的认为应用希腊传统替代儒学传统；有的认为应用希伯来传统替代儒

① 任重，刘明．儒学复兴：继绝与再生［M］．北京：中国政法大学出版社，2012：44.

② 唐际齐，王宣标．今天，我们如何对待传统和经典［J］．中国图书评论，2007（6）：8.

③ 徐春．人的发展论［M］．北京：中国人民公安大学出版社，2007：517－518.

学传统；有的认为应保持儒学传统”①。就这三种选择，原发型现代化国家和日本、韩国、马来西亚、新加坡等后发型现代化国家的有形制度和无形制度的内在关联性、统一性、自洽性决定了第三种选择是适合我们的。因为第一种选择“……无异于用唯理主义破坏传统，最后成为‘礼崩乐坏’的原因；第二种选择在历史中曾经作过试探，但以失败告终”②。“东亚诸国家的事实似乎也告诉我们，以本土的无形制度与外来的有形制度匹配，要优于‘全盘西化’。西方的有形制度与儒学传统的无形制度构成的制度结构，有可能产生出超越两希传统结构的力量。由于这种结合，外来的有形制度更容易在本土‘生根’，这一有形制度更能有效地运转。因而，中国大陆的制度结构，似乎应该是部分的西方的有形制度与儒学传统的无形制度的结合”③。这也就是说，儒家文化传统是与我们已然习得的西方的有形制度相恰切的、有效的无形制度，同时也是有利于实现国家现代化的无形制度，至少是与有形制度相恰切的、有效的无形制度之一。因为儒家文化传统这一无形制度与现代化的有形制度在核心逻辑上具有一致性，有暗合之处；儒家价值观可以融合现代化的有形制度，可与有形制度相容共进。之所以这样说，又是因为“伦理共识”是一个健康的社会、族群不可或缺的文化土壤或社会文化背景，而儒学是道德至上主义学说，儒家经典“四书”正是孕育中华民族的“伦理共识”的基本经典。她的道德规范是中国人历史悠久的共同的道德规范，她的伦理道德主张是中华民族的伦理共识，因而在社会层面，她能够“满足社会秩序、伦理、文化、心灵的需要，建设社会的精神文明”④。但实际情形却如前文所述，儒家这一无形制度被严重破坏，不断进行的“文化革命”把中国现代化的道路的不畅归咎于儒家思想，认为作为无形制度的儒家传统文化和现代化难以结合，两者存在尖锐冲突。⑤“文化革命”革去了儒学传统，以致儒学思想几无立锥之地，结果是社会的有形制度和无形制度均被唯理主义主导。尽管十一届三中全会及其后续的一系列思想解放举措为市场经济的发展开辟了道路，但我国的现代化总体上却缺失相应的较为充分的道德条件的支撑，以致我国现代化一定程度上成了物质文化一端肥大，而精神文明一端瘦小的不相协调的现代化。这种现代化的状况说明，我国的现代化应大力加强价值信念、道德规范等方面的无形制度的建设，只有这样，我国的现代化才可能是全面的、更健康的现

①② 任重，刘明．儒学复兴：继绝与再生［M］．北京：中国政法大学出版社，2012：48.

③ 任重，刘明．儒学复兴：继绝与再生［M］．北京：中国政法大学出版社，2012：49.

④ 陈来．儒学能为现代化提供适当的人文环境［N］．北京日报，2018-07-09（13）.

⑤ 任重，刘明．儒学复兴：继绝与再生［M］．北京：中国政法大学出版社，2012：263.

代化。建设无形制度，无疑需要伴随文化现代性发展、现代化建设而生成的新道德。但建设无形制度、发展社会主义精神文明，更需要复兴与现代化的有形制度相契合的包括儒家道德在内的中国传统文化道德。就此，梁启超在《新民说》中曾说：

道德者行也，而非言也，苟欲言道德也，则其本原出于良心之自由，无古无今无中无外，无不同一，是无有新旧之可云也。苟欲行道德也，则因于社会性质之不同，而各有所受。其先哲之微言，祖宗之芳躅，随此冥然之躯壳，以遗传于我躬，斯乃一社会之所以为养也，一旦突然欲以他社会之所者养我，谈何容易耶？窃尝举泰西道德之原质而析分之，则见其得自宗教之制裁者若干焉，得自法律之制裁者若干焉，得自社会名誉之制裁者若干焉。而此三者，在今日之中国能有之乎？吾有以知其必不能也。不能而犹云欲以新道德易国民，是所谓磨砖为镜、炊沙求饭也。吾固知言德育者，终不可不求泰西新道德以相补助，虽然，此必俟诸国民教育大兴之后，而断非一朝一夕所能获。而在今日青黄不接之顷，则虽日日闻人说食，而已终不能饱也。况今者无所挟持以为过渡，则国民教育一语，亦不过托诸空言，而实行之日终不可期，是新道德之输入，因此遂绝望也。①

梁启超在此强调的是“行道德”不能盲目因袭西方道德或所谓新道德，而应根据社会习俗、文化、制度的不同而因时制宜、因地制宜；就中国的道德建设、道德教育而言，因时制宜、因地制宜来“行道德”，主要应依据中国的传统道德。这给我们以这样的启发，即我们在此所言及的我国现代化所需要的无形制度的建设，也主要应依据中国传统道德。而要依据传统道德，就必须复兴传统道德。而中国传统道德的复兴，无论如何离不开国学教育。因为通过国学教育，正可强化中国传统道德等无形制度，使中国传统道德成为国人认同、奉行的共识性道德，从而促进我国现代化更健康发展。

通过国学教育，不仅可使儒家道德成为国人认同、奉行的道德，而且还可发挥对治传统文化的糟粕而发挥其促进现代化的健康发展的作用；也就是说，国学教育继承传统文化，具有内在之好。这里所谓的内在之好，是指通过国学教育继承传统文化，既有利于指导、援助社会正面，也有利于治疗、拯救社会负面。这里所谓国学教育对社会负面的拯救，即国学教育有利于对治传统文化的糟粕或所

① 梁启超. 新民说：少年中国的国民性改造方案［M］. 郑州：中州古籍出版社，1998：178－179.

谓“封建遗毒”。传统文化的糟粕或“封建遗毒”是阻碍现代化的因素。因而，要更顺利地实现现代化，在文化上必须摆脱残留于现实中的传统文化的糟粕或“封建遗毒”。而要摆脱或对治现实中的传统文化的糟粕或“封建遗毒”，需发展文化现代性，通过发展文化现代性来抑制传统文化的糟粕。但是，仅仅通过发展文化现代性来抑制传统文化的糟粕是远远不够的；要对治现实中的传统文化的糟粕，还须发扬优秀传统文化；“只有在去除儒学不合时代的内容的同时，理直气壮地正面肯定其对于现代社会生活价值的精神和原理，使之合法化地作用于国民教育和文化建设，才能重建统一的国民道德与稳健的国民精神，走向合理的现代社会”①。就此，杜维明说得更为明确，他认为：“对于在中国社会中长期存在的封建意识形态，我们若仅仅依靠从西方带来的开放的心灵、自由主义精神、人权意识来进行照察、解冻，恐怕很难彻底。我们必须把优良的传统发扬出来，才能对治那些丑恶传统，否则根本无法对治。”② 这也就是说，解铃还须系铃人。而这里的解铃者是传统文化，就是儒家文化所招致的“封建意识形态”，“解铃的是儒家，是它惹出来的麻烦，你若想找个解决的办法，一定要内在于这个传统本身，找到它的源头活水”；“要对治现实中的封建遗毒，以及儒家传统经过中国社会各种复杂的人际关系的调和所发展出来的弊病，还要依靠儒家的理想性”③。通过国学教育继承儒家思想、包括儒家的理想性或其道德理想主义，有助于对治传统文化的糟粕。“要想根本摆脱封建遗毒，非要发扬文化认同的精神不可，要想发扬文化认同的精神，也必须彻底批判封建遗毒”④。而国学教育通过继承、发扬优秀传统文化，不仅有助于增进人们的文化认同，而且有助于发挥传统文化对治传统文化糟粕的功效，进而有助于现代化的健康发展。

---

① 陈来. 二十世纪中国文化中的儒学困境［J］. 浙江社会科学，1998（3）：31.

② 岳华. 儒家传统的现代转化：杜维明新儒学论著辑要［M］. 北京：中国广播电视出版社，1992：84.

③ 岳华. 儒家传统的现代转化：杜维明新儒学论著辑要［M］. 北京：中国广播电视出版社，1992：118.

④ 岳华. 儒家传统的现代转化：杜维明新儒学论著辑要［M］. 北京：中国广播电视出版社，1992：57.

第三章
国学教育的人的发展价值论

第二章从国学教育与社会发展关系维度考察的国学教育的增强民族文化自主性、凸显中国式现代化的中国性、促进中国现代化的健康发展的价值，属文化国学教育的社会价值或国学教育的外在价值。全面、深入地认识国学教育价值，除了应从国学教育与社会发展关系的维度出发，还应从国学教育与人的发展的关系维度出发。

从国学教育与人的发展的关系维度考察的国学教育价值，属国学教育的内在价值或国学教育的本体价值。实现国学教育的本体价值既是教育的育人性本质的客观要求，也是实现国学教育的外在价值的基本前提，国学教育的外在价值的实现是建立在其内在价值的实现的基础上的，是其内在价值的衍生和抟化。在笔者看来，从教育与人的发展关系的维度来看，国学教育价值在于对治个体主体性的过度发展和发挥传统文化的立德、成人的作用。

第一节　对治个体主体性的偏盛发展

在强调复兴包括儒学、儒教等传统文化的人士那里，普遍认为中国传统文化在人文价值、人文教育上具有优越性和独特性，并强调将传统文化作为人文教育的内容加以继承和发扬，进而使社会道德得以拯救和个体道德、人格得以健全。陈漱渝把传统文化教育的这种作用概括为“用儒家的理欲观来扼制享乐主义”“用儒家的义利观来扼制拜金主义”“用儒家完善主体道德的思想来培养‘四有新人’”① 三个方面。赵法生认为“教化的缺失和道德的崩溃已经成为当代最为紧迫的问题”②。因而，在赵法生看来，传统文化教育是十分必要的，复兴传统文化的最为重要的目的是拯救社会道德。他本人作为尼山书院的创办人，创办尼山书院正是为了在乡间复兴儒家伦理、道德，以拯救农村的社会道德。

依笔者的目力所及，就传统文化、传统文化教育与当前社会道德建设和个体道德、人格发展之间的关系，阐述得最多的要数武汉大学的郭齐勇教授。在他看来，现今的教育不仅应重视成才教育，而且应重视成人教育。他认为“……仅有成才教育是不够的，成才教育忽略了我们作为完整的人、健康的人所必需的一些素养，它在人格养成方面几乎是空白”；为了使学生成人，现今教育应向注重道德人文教化的中国传统的教育学习，因为“我国传统教育是大系统的教育，是道德人文教化，包括今天我们所说的家庭教育、社会教育、学校教育及其综合”③。既然要向中国传统的教育学习，那么就应将国学作为重要的资源。在郭齐勇看来，国学教育是博雅教育，并且它不是道德说教，不是填鸭式的，而是春风化雨式的。国学当中有很多修身成德、培养君子人格的内容。例如，“国学中的具有平民化与草根性特点的谚语——‘勿以善小而不为，勿以恶小而为之’；‘老吾老以及人之老，幼吾幼以及人之幼’；‘积善之家必有余庆，积不善之家必有余殃’。这些过去‘百姓日用而不知’的言行轨范可以成为今天人们日常生活的言行轨范，也可以成为今天我们培养儿童的日常人伦和行为规范的教育内容”；而“诗章经典传递人性最崇高、普遍、共通的情感。在一个人文理想与价值信仰缺失的时代，讨论经典阅读，其意义不言而喻”；他强调要“让丰富多样的中国古典文献，如五经四书、先秦诸子、六朝与唐宋文选、宋明理学、历代家训家书中，有更多内容进入语文教材，特别是应当有蕴藏着人文价值、人性教养的内容，诗教、书教、礼教、乐教的内容。教师们悉心指导中小学生夫学习。我们提倡熟读或背诵经典文本的范文教学，精读，有题解、赏析、联想、思考与练习。在精选出的千姿百态的古典名篇范文中，在诵读、赏析的过程中，让学生们学习

① 陈漱渝．如此“儒学热”能解决现实问题吗？［J］．哲学研究，1995（5）：3.

② 赵法生．当代儒学向何处去？［EB/OL］.（2014－02－20）. https://www.aisixiang.com/data/72444.html.

③ 郭齐勇．护持精神命脉　加强人文教化［EB/OL］.（2014－04－11）. http://theory.people.com.cn/n/2014/0411/c40531－24878212.html.

含蓄幽默的语言风格，情理合一的审美趣向，民胞物与的胸怀志向，己立立人、己达达人的价值意识，让孩子们逐渐领略祖国文化真善美合一的生命智慧与境界，并通过深层阅读与作文，提高学生的思维能力与口头、笔头表达能力，能思想、能言说、能写作。只有经典教育才能给人以原创性"①；"让学生在点滴中有所收获并自己体验，如诗教、礼教、乐教等"②。大中小学的国学教育"应以中国文化的核心价值观（五常、四维八德）为主，并以寓教于乐的方式进入体制内的教育系统中去。体制内的教育应当以中国文化为主体与本体，否则'文化认同''文化自觉''文化自信'就无从谈起"；而要将国学作为重要的资源，儒学显得特别重要，因为"……儒学的安身立命之道可以丰富我们的人生，提升我们的人格，活化性灵……儒家精神对21世纪社会与人生之负面的治疗和拯救，肯定会起着愈来愈大的作用"③。

由以上学者对传统文化教育与社会道德建设和个体道德、人格发展的关系来看，他们不仅强调传统文化的人文价值对于社会和个体道德的正向提升的作用，而且强调传统文化教育对社会和个体道德、人格的补偏救弊的功效。而这种补偏救弊根本上是为了对治由文化现代性、教育现代性滥觞所导致的人的发展的去精神化及由此所导致的各种社会和个体道德问题，或者说是为了对治文化现代性、教育现代性的"坏病"。这种强调传统文化、传统文化教育的对治作用的对治论，绝非空穴来风。

自国人"睁眼看世界"的百多年来，国人持续不懈地努力奋斗的目标是实现国家的现代化，因而"到了今天，事实上，西方现代文明的价值已经根深蒂固地成为我们的价值，成为我们的传统"④。但"值得注意的是西方文明，尤其是现代西方文明所代表的这个典范，即以动力横决天下，已变成世界上广泛接受的基本价值。所以我们了解到的所有在现代文明有积极意义的价值，都是现代西方所创造的"，但是这个典范却又把人类带到了自我毁灭的边缘；⑤ 尽管"现代西

① 郭齐勇．护持精神命脉　加强人文教化[EB/OL]．(2014-04-11)．http://theory.people.com.cn/n/2014/0411/c40531-24878212.html.

② 郭齐勇．让国学经典进中小学课堂："国学基本教材"总序[EB/OL]．(2013-09-23)．https://www.aisixiang.com/data/67909.html.

③ 郭齐勇．从孔学的"人论"看儒学的现代价值［J］．开放时代，1995（2）：42.

④ 岳华．儒家传统的现代转化：杜维明新儒学论著辑要［M］．北京：中国广播电视出版社，1992：386.

⑤ 岳华．儒家传统的现代转化：杜维明新儒学论著辑要［M］．北京：中国广播电视出版社，1992：389.

方文明所创造出来的价值也变成我们的价值，这没问题，但是它所造出的祸害现在也是我们的祸害”①。这里所谓发端于西方的启蒙理性或文化现代性发展造出的祸害，即由文化现代性的自反性而产生的现代性“坏病”。

启蒙理性倡导的文化现代性是抵抗文化前现代性的产物，其文化现代性思想成就是反对前现代性的蒙昧主义、专制主义的结果。文化现代性的社会实践，“它让个人从上帝的奴仆变成自己的主人并从等级束缚中解脱出来，使个人成为具有‘自我意识’、‘自由意志’的真正主体，使人的个性得以张扬，个人能力得到充分发挥。这种个体主体性的发挥，造就了近现代科学技术的发展、物质财富的剧增、政治生活的民主，造就了高度发达的工业文明，造就了资本主义的现代化”②。但现代性的滥觞却是自反性的，患上了现代性的“坏病”。文化现代性的社会实践促进了个体主体性的发展，促进了个体自由，“但是，这种个体主体由于缺乏约束机制而发展成为‘放任’的主体、盲目的主体、自发的主体。这种主体用‘以自我为中心’的利己主义态度对待自然、社会。在人与自然的关系上，孤立的个体主义只关心‘自我’的利益，不关心‘我’之外的他人的利益、整体的利益、长远利益。在人与人的关系上，孤立的个体主体缺乏与其他主体的交往和社会约束，必然造成个人行为的自觉性和整个社会发展的无政府状态的矛盾。这一方面是人与自然的张力失度，各种全球性的危机接踵而至；另一方面是人与人之间的张力失度，在新的技术专制制度下‘人同人相异化’，人与人的疏离性、敌对性充斥于世。个人主义已经成为现代社会中各种问题的根源。‘个体主体’的过分张扬、‘类主体’的缺位，正是造成当今人与自然、个体与类深刻矛盾和对抗的根源。人在追求‘独立’的‘单向度’发展中，造成了人与自然、人与他人之间的极端对立，从而使自己深陷于因自身发展状态不完善而带来的种种生存危机的困境之中，前者使人类反省到人对自然价值认识的缺失，后者使人类反省到人对人自身价值认识的缺失”③。现代性的“坏病”对我们而言，其病症主要体现为工具理性的驰骋，“……个人主义、功利主义、拜金主义、消费主义的大幅度扩张”④，以及由此而形成的人们生活上的物质欲望、享乐主义的亢奋，“金铁主义”“物质势力”的嚣张，道德虚无主义的盛行，优雅、正直、超脱的式微。在此情形下，不是精神与伦理，而是物质和实力呈强，人们一

---

① 岳华. 儒家传统的现代转化：杜维明新儒学论著辑要［M］. 北京：中国广播电视出版社，1992：390.

② 徐春. 人的发展论［M］. 北京：中国人民公安大学出版社，2007：129.

③ 徐春. 人的发展论［M］. 北京：中国人民公安大学出版社，2007：129－130.

④ 陈来. 儒学能为现代化提供适当的人文环境［N］. 北京日报，2018－07－09（13）.

切以是否实用为取舍，为了目的而不择手段；“许多人在人文精神的追求上显得苍白无力，对理想信念、生存意义、生命终极关怀等命题的追问失去兴趣。而信仰生活的失落使人生缺乏精神目标；畸形都市化的生活扭曲了人与人、自然之间的协调与交融；功利意识的扩展也会导致人与人间感情的淡漠；失去对生存意义的追求，更是丧失了人文精神的精髓”①。这导致庸俗之风成为浸润人心的主流，功利压倒伦理、道义，信仰空虚、人文价值失落、生命荒谬、人际关系疏离和人与自然紧张对立。尽管追求富强与精神文化建设都是国家的根本，但人们有的只是对物质乌托邦的憧憬与想象，唯物质力量之万能是从，经济人俨然取代了伦理人而使人成为物化的存在；物质性幸福与精神性幸福、个人主义与利他主义、富强与文明严重失衡；“对力的推崇、对能力的赞许和对强者的膜拜，成为这个竞争时代最嘹亮的声音”②。工具理性与形式理性本应服从和服务于价值理性与实质理性，但人们已经卷入到德国社会学家马克斯·韦伯所说的理性化笼罩的铁笼中，生活在由工具理性编织的没有理想的世界，在这个世界，“制度要求规范化、一体化，谋求理智化的速度与效率，但却没有精神与道德的内容。因而，这个理智化体现的是机构的理性，而不是人性”③；在这个世界，“工具理性与形式理性具有了自身的权能，自我做主而为自身服务”，“……工具理性与形式理性跻身成为世界的主宰，严重破坏了人类理性应当有的平衡。其结果就是工具理性与形式理性一派偏盛，而价值理性与实质理性严重失落，由此造成技术统治、人性异化、意义丧失等问题”④。在这个世界，价值观念体系陷入了严重危机，一种相当普遍的倾向是：“利益成为了当今时代的最高价值。为追逐利益，有人泯灭良知、藐视律法……。许多人奉行着丛林哲学、实践着禽兽伦理学，唯利是图，无法无天”⑤；“中国自己所固有的非宗教化的人之本、人之情、人之义，竟在一定程度上为物之本、物之理、物之成所压抑、所支配。……追逐利益最大化的拜物教……无条件地取代以人为本、以人情、人性、人义为本的中国文化传统”⑥；

---

① 徐春. 人的发展论［M］. 北京：中国人民公安大学出版社，2007：291－292.

② 许纪霖. 现代性的歧路：清末民初的社会达尔文主义思潮［EB/OL］.（2017－07－03）. https://www.aisixiang.com/data/104975.html.

③ 任重，刘明. 儒学复兴：继绝与再生［M］. 北京：中国政法大学出版社，2012：71.

④ 刘长城. 儒学德性传统的文化特征［J］. 山东省青年管理学院学报，2005（6）：121.

⑤ 黄玉顺. 我们时代的问题与儒家的正义论［EB/OL］.（2013－11－24）. https://www.aisixiang.com/data/69832.html.

⑥ 姜义华. “弘扬传统”应避免排外主义和儒学宗教化［EB/OL］.（2017－09－25）. http://www.aisixiang.com/data/106121.html.

“由于过分注重金钱和感官享受，致使身心失调、人格分裂，造成自我身心的扭曲，已成为一种社会病”①。对物的占有性倾向在个人的心灵结构中起主导作用，主体性的生产性倾向或创造性远不如其对物的占有性倾向。

尽管产生上述现代性坏病的原因是多种多样、十分复杂的，但教育难辞其咎。因为一定意义上教育所培养人的是怎样的，社会也就是怎样的；一定意义上，现代性的“坏病”、祸害、其自反性的结果是教育现代性的坏病所导致的，教育现代性的坏病是现代性坏病的诱因，至少是其诱因之一。之所以这样说，是因为教育由前现代教育转向现代教育的古今之变的大端是使“人的教育”降低成了“工具的培训”。在人被作为“工具的培训”对象的现代教育那里，它“见器不见人”，② 它是去精神化的，“学校的科学教育是去精神化的，人文教育也是去精神化的；它们存在严重的知性化、技能化倾向，它们忽略了人的存在，忽略了对学生精神生命的提升，它们由一种基于信念的活动，变成了一种简单的技术行为、技术操作；为了人的教育（education for man）、自由教育（liberal education）变成了单纯的技术教育（technical education）、技术训练。于是，学生成了问题人（problematic man）”；尽管“精神的发展与学生的内在生活方面有关，学生由此而获得对其个人的深刻顿悟，这对他们有持久的价值”，“但是，如今学生的教育生活、他们的心灵却是荒漠化甚至石漠化的；学校俨然成了精神的飞地，成了一块价值、意义晦暗的地带”③；《管子・牧民》中说：“仓廪实而知礼节，衣食足而知荣辱”，但现今仓廪实、衣食足与知礼节，特别是与知荣辱之间存在巨大反差。尽管教育首先应成就的是人的文化素质、道德意识，然后才是知识和技能的掌握，但教育的现实却是后者僭越了前者，其结果是使人丧失了“‘人之为人’的基本属性，以及由此导致公民培训的败坏、劳动力培训的异化”④。在公民和劳动力的培训那里，德性日益丧失了其内在价值，“一切只是从

① 汤一介．论儒学复兴的现代意义[EB/OL]．(2018-08-11)．https://www.aisixiang.com/data/112017.html.

② 柯小刚．当代社会的儒学教育：以国学热和读经运动为反思案例［J］．湖南师范大学教育科学学报，2016，15（4）：36.

③ 吴全华．人的本性与教育的人性放逐［J］．华南师范大学学报（社会科学版），2009（6）：25.

④ 柯小刚．当代社会的儒学教育：以国学热和读经运动为反思案例［J］．湖南师范大学教育科学学报，2016，15（4）：39.

生存竞争出发，看其具有多少提高生存竞争力的实用价值”①。在方东美看来，这种培训公民和劳动力的教育是一种只把人往下教而不把人往上教的教育；它以“能力”为中心，其目的是把受教育者培养成讲事功、讲效率、具有适应环境能力的人，把人培养成雄心勃勃、气势逼人的强者；它忽视对学生进行包括传统美德在内的美德教育，学校和家长希冀的不是受教育者的温良恭俭让的品质，而只是他们的强烈的进取心、强大的竞争力；它培养了一批批工具理性发达而缺乏价值理性者，因而“‘成功’成了青年大众最流行的价值取向，而‘高尚’已经成了过去的文化符号”②。尽管“现代教育取代传统教育是历史的必然，而且也取得了举世瞩目的成就，但这并不能掩盖中国现代教育日益明显的缺陷，即朝着越来越专业化、技术化、工具化、商品化、功利化的方向发展”③。

因而，要解决人的发展问题，使人成为人，必须疗治教育现代性发展所导致的去精神化现象。而疗治教育现代性发展所导致的去精神化现象，“需要有一个新的人文主义的出现”④，以形成与教育现代性的偏盛发展有着对列之局的对治的力量。而能够发挥对治教育现代性发展而产生的去精神化、去道德化、去美德化的新人文主义，对我们而言，儒家人文主义应是其必要构成，“现代社会‘人的问题’的凸显，昭示儒学具有超越时空的强大生命力”⑤。儒家人文主义或其心性之学的价值理念正是马克斯·韦伯主张的用来抵制工具理性的价值理性，“……正可以适应现代社会对于道德规范与精神文明的要求，以改善社会的伦理生活与精神生活，而使现代化趋向文化上平衡、结构上合理、伦理上合宜的发展，为现代化工程确立适当的人文环境。所以儒学对现代化的作用主要不是工具意义上的助推，而是坚持倡导与现代化市场经济相补充、相制约的伦理价值和世界观”⑥。这种伦理价值和世界观“可以对治工具理性与形式理性的偏盛，拯救价值理性与实质理性的失落这一人类面临的根本问题”⑦；“它可以开阔我们的精神空间，避免价值的单元化和平面化，避免现代化所预设的价值目标的片面性

---

① 许纪霖. 现代性的歧路：清末民初的社会达尔文主义思潮[EB/OL].(2017-07-13). http://www.aisixiang.com/data/104975.html.

② 陈来. 儒学美德论［M］. 北京：生活·读书·新知三联书店，2019：484.

③ 李英华. 国学复兴与文化自觉［J］. 杭州师范大学学报（社会科学版），2010，32（2）：29.

④ 岳华. 儒家传统的现代转化：杜维明新儒学论著辑要［M］. 北京：中国广播电视出版社，1992：114.

⑤ 郭齐勇. 从孔学的“人论”看儒学的现代价值［J］. 开放时代，1995（2）：42.

⑥ 陈来. 儒学能为现代化提供适当的人文环境［N］. 北京日报，2018-07-09（13）.

⑦ 刘长城. 儒学德性传统的文化特征［J］. 山东省青年管理干部学院学报，2005（6）：122.

和负面性，批判工具理性的恶性膨胀”①。教育只有秉持儒家人文主义精神，才能成为对治教育现代性乃至社会整体的现代性坏病的力量。这是因为从学理上看，“儒家既不是狭隘的个人主义，也不是一种极端的集体主义，而是一种己立立人的人格主义”；她的己立立人的人格主义所主张的“是那些以道德、美学、政治和精神整合以及社会群体作为人生导向的人格”②；与基于希腊理性主义传统的唯理主义将个体从群体中抽绎出来而使个体成为与他人无涉的原子化个体主张不同，儒家“……把人格成长置放于个人的社会群体环境当中”，③ 或者说它将个体置于社会关系中，强调个体利益与他人、社会的利益的一致性，强调个体对于群体发展所承担的义务，强调以现实存在的群体的人为价值主体，承认和推重人与人的共同命运，④ 重视群体的凝聚力和个体的历史责任感、使命感；“它在培养人的历史责任感、历史使命感方面，在培养人的整体意识和群体凝聚力方面，具有重要作用。中国传统道德的核心及其一贯的思想，就是强调为社会、为民族、为国家、为人民的整体主义思想”⑤。儒家的这些思想主张有助于个体“从主体性的误区——小我一己的狂妄中走出来，远离虚无与小我”⑥。

就儒家伦理、道德的社群性、社会性或把个体道德的成长置放于社会群体的环境中来看待，陈来作了相应的阐述。针对梁启超基于对道德的私德与公德的划分而将儒家的仁义礼智信这些个人道德或“道德之德”视为个人对自己的道德或私德的主张，陈来认为这种“把个人道德仅仅定义为对自己的道德是有问题的”⑦。在他看来，“其实中国古代的个人基本道德多数是联系着对他人的态度”，“完全脱离社会生活的个人修养在儒家是少有的”⑧，“中国传统文化中的主要道德都与他人有关，是涉及他人的道德。中国人最重视的五伦：君臣、父子、兄弟、夫妇、朋友，所要求的伦理道德都是关系伦理，而不是纯粹的只涉及个人自

---

① 郭齐勇. 从孔学的“人论”看儒学的现代价值［J］. 开放时代，1995（2）：42.

② 任重，刘明. 儒学复兴：继绝与再生［M］. 北京：中国政法大学出版社，2012：257.

③ 李弘祺. 学以为己：传统中国的教育（上下）［M］. 上海：华东师范大学出版社，2017：399.

④ 姜义华. “弘扬传统”应避免排外主义和儒学宗教化［EB/OL］.（2017－09－25）. https://www.aisixiang.com/data/106121.html.

⑤ 刘长城. 儒学德性传统的文化特征［J］. 山东省青年管理干部学院学报，2005（6）：123.

⑥ 王岳川. 从“去中国化”到“再中国化”的文化战略：大国文化安全与新世纪中国文化的世界化［J］. 贵州社会科学，2008（10）：13.

⑦ 陈来. 儒学美德论［M］. 北京：生活·读书·新知三联书店，2019：32－33.

⑧ 陈来. 儒学美德论［M］. 北京：生活·读书·新知三联书店，2019：33.

身的道德，孝悌忠信亦然”①。总体而言，“在中国文化中，个人不是原子，而是社会关系连续体中的关联性存在一方，因此，注重关系的立场必然不是个人本位的立场。它主张在个人与其他对象结成的关系中，人不是以权利之心与对象结成关系，而是以责任之心与对象结成关系。个人与他方构成关系时，不是以自我为中心，而是以自我为出发点，以对方为重，个人的利益要服从责任的要求。人在世界上的生存不是个体的独立生存，一定是在群体之中的生存，人的道德实现也一定要在社群生活中实现。中国文化的主流思想不强调个人的权利或利益，认为个人价值不能高于社群价值，社会远比个人重要，而强调个人与群体的交融，个人对群体的义务，强调社群整体利益的重要性。这些都明确体现了社群安宁、和谐与繁荣的重要性，强调了个人对社群团体和社会的义务，也强调了社群和社会对个人的优先性和重要性，这些也都是儒家人伦的主要内容”；因为“儒家所理解的个人，是人伦关系中的个人，离开了人伦关系就无所谓个人，个人的价值要在人伦关系中才能实现”②；“在关系构成‘人’这一理解上，道德在这些关系间得以生长”。所以，儒学拒绝这样的观念，即“人是自主的个体，基于自身的自主性，人可以独立于其语境化的环境而得以被准确地描述、分析和评估”③。“从儒学史来看，儒家是坚持独立人格的”④，但是，“儒家所理解的独立人格，也总是针对那些影响意志的外在因素。因此，儒家所理解的独立意志、自由意志，是指独立、自由于‘威武’‘富贵’这些因素，不受影响，而不是主张绝对的个人主义。也因此，儒家提倡独立人格，但不是独立于道德原则、独立于社会价值、独立于社群利益的绝对个人意志，反而，在儒家看来，人格是与社会利益统一的，是与道德法则统一的，人伦与人格是统一的；儒家认为人格尊严与道德德性密切关联，人伦实践是完成独立人格的条件。另一方面，儒学强调‘自作主宰’，但这是强调修身的主体性和自主性，这与儒家注重社会取向的价值是不同角度的主张，因此，这种修身的自主性不是价值上对于社会人伦的独立性。独立于社群、疏离于德性的人不可能拥有真正的独立人格，也不能体现人格尊严”⑤。例如，在孔子那里，“仁就是一个根本的人己关系原则，这也是当今世界伦理运

---

① 陈来. 儒学美德论［M］. 北京：生活·读书·新知三联书店，2019：36.

② 陈来. 儒学美德论［M］. 北京：生活·读书·新知三联书店，2019：315.

③ 安乐哲. 儒学和杜威实用主义：关于“成人”的对话［EB/OL］.（2020－02－10）. https://www.aisixiang.com/data/120085.html.

④ 陈来. 儒学美德论［M］. 北京：生活·读书·新知三联书店，2019：313.

⑤ 陈来. 儒学美德论［M］. 北京：生活·读书·新知三联书店，2019：314.

动宣告的，为全世界各宗教所共同肯定的基本道德原则金律”①。再如，在《孟子》《中庸》的“仁者人也”那里，也一样，“……‘人也’的‘人’是‘人我’之人，即指‘他人’”②。

对于儒学的“人我”之人，当代美国哲学家安乐哲也有着相应的解读，他认为：

> 儒学的“仁”是“consummate persons”（完美的人）或‘consummate conduct’（完美的行为），而“‘仁’在这里必然是复数形式，因为正如‘仁’这一汉字本身结合了‘人’（person/s）和数字‘二’这一事实所暗示的那样，在儒学传统中，我们需要彼此以成为‘人’。”
>
> 儒学和杜威的“人”的观念都源自“关系”（association）事实。我们作为人类所做的一切——身体的、心理的、社会的、环境的——均是相互作用的和协作性的行为。无人可以孤独行事。“人”根深蒂固地是叙事中的叙事，“人”是“事件”而非孤独的“物件”——是交织在一起的历史，而非罐子里的玻璃球。这种关系事实的必然结果是，关系性（relationality）有着首要的地位。关系性——我们在家庭和社群中的角色以及参与自然界中活动的角色——是一阶的抽象，而我们所推定的离散性（discreteness）则是我们所做的二阶抽象。这种共有的内部关系学说意味着“人”有着关系的特殊结构，因此“人”本身就是由这些角色和关系构成的。
>
> 人们常常用到的一些儒学术语，例如“知行合一”以及“体用合一”，表达了一种整体化的世界观。其中，理论化的哲学工作源于实践并且必须在实践中得到验证。
>
> 在关系构成“人”这一理解上，道德在这些关系间得以生长。③

从儒家个体的道德修身功夫的角度来看，也是如此，儒家的道德修身功夫修的是“人我”之人。“宋明理学的修身功夫如体验未发、体认良知、静坐收心，不与社会生活直接联系，近于纯粹的精神修炼，但大多数修身功夫，虽然其修身的过程可能不直接联系社会生活，但所修之道如仁义礼智是与社会行为和他人关

---

① 陈来. 儒学美德论［M］. 北京：生活·读书·新知三联书店，2019：366.

② 陈来. 儒学美德论［M］. 北京：生活·读书·新知三联书店，2019：328.

③ 安乐哲. 哲学和杜威实用主义：关于“成人”的对话［EB/OL］. http://www.aisixiang.com/data/120085.html.

联的，而且还需要事上磨炼。所以，也不能说修身都是私德”[①]。或者说，宋明理学强调的“体验未发、体认良知、静坐收心”等道德修身工夫而成就的道德，也不纯然是个体性的。

简言之，儒家文化在价值理性上，在伦理、道德上，强调的是群体本位，而不是个体本位。但儒家不是不重视个体利益，“儒家思想一方面注重群己关系，他人与社会乃构成自我实现不可或缺的场域，但从另一方面来说，儒家传统中的个人并没有消融于群体之中”[②]；“儒家既肯定个体与社群的密不可分，同时又突显独立人格，在深入社群的同时成就自我，自我对社会构成一种既内在又超越的关系”[③]。

国学教育藉由儒家经典中所体现的先贤的价值理性、意志，藉由儒家人文主义弘扬的“公益”“同情”“理”“责任”“客观理性”“社群伦理”等价值，正可以用来对治现代性的偏盛发展。对由现代市场经济与商业化趋势所导致的个人主义、功利主义、拜金主义、消费主义，“……儒学的价值理性正可以适应现代社会对于道德规范与精神文明的要求，以改善社会的伦理生活与精神生活，而使现代化趋向文化上平衡、结构上合理、伦理上合宜的发展，为现代化工程确立适当的人文环境”[④]。这用安乐哲的话来说就是“儒学中基于关系构建的‘仁’”[⑤]提供了一种强有力的取代个人主义的方案；儒学可在“心灵的滋养、情感的慰藉、精神的提升、道德的指引方面，为当代市场经济社会中的中国人提供主要的精神资源，可在引导心灵稳定、精神向上、行为向善、社会和谐等方面发挥重要的积极作用”[⑥]。这用杜维明的话来说就是“……复兴儒家人文主义，才使得由民主和科学所带来的问题，有可能得到解决”[⑦]。儒家的社群主义为我们提供了一种超越西方自由主义、个体权利至上的个体本位主义的选择。当然，这里发挥对治教育现代性坏病的国学教育，就其与儒学的关系而言，除了古典儒学，还应有梁漱溟、熊十力、唐君毅、牟宗三、方东美、徐复观等新儒家建构的新儒学的助缘。因为他们建构的新儒学正是要打破理性化的铁笼，“为生活在理性化铁笼

① 陈来．儒学美德论［M］．北京：生活·读书·新知三联书店，2019：33．

②③ 任重，刘明．儒学复兴［M］．北京：中国政法大学出版社，2012：259．

④ 陈来．如何看待儒家文化与中国传统文化［J］．中国哲学史，2018（1）：24．

⑤ 安乐哲．儒学和杜威实用主义：关于“成人”的对话［EB/OL］．（2020－02－10）．https://www.aisixiang.com/data/120085.html．

⑥ 陈来．儒学美德论［M］．北京：生活·读书·新知三联书店，2019：24－25．

⑦ 杜维明．儒家传统的现代转化：杜维明新儒学论著辑要［M］．北京：中国广播电视出版社，1992：300．

中的人带来信念与热情，提供理想与希望”①。在此，国学教育藉由传统人文主义发挥矫正现代性坏病、对治个体主体性的偏盛发展的作用，既是批判性的，也是建设性的。“当代社会的儒学教育作为一种批判性的社会建设实践，其批判性体现在对工具化培训的抵抗，其建设性体现在通过对工具化培训的批判，而且是通过一种渗透到现代培训体系内部的潜移默化式的实践批判，帮助当代社会把‘工具培训’提升为‘人的教育’，从而取得更好的培训成果”②。

有人认为以儒家文化为主体的中国传统文化是道德本位的，因而有其不合理之处：

> 中国文化具有道德中心化倾向。伦理道德性在中国传统文化结构中具有中心地位，在世俗社会中，伦理原则成为普遍的文化规范。所谓“德”，超越了道德规范，具有政治等方面的其他涵义，还取得本体论的哲学地位。道德中心倾向导致中国文化注重实用理性，轻视科学理性；重义轻利，崇德贱力。这种倾向强调人的道德本质，主张以理性节制感性，忽略了人的感性本质的一面。登峰造极之时，要求人们以道德来约束、压抑自己的欲望，从而否定了人的自由本性，甚而把人降为道德的奴隶。道德中心的传统文化，使中国成为礼仪之邦，使中国人民成为有强烈道德意识的民族，避免了社会的大动荡；但另一方面，道德中心文化又给封建专制蒙上面纱，使封建礼教成为麻醉人民的毒药、维护残酷统治的工具，在一定程度上使国民精神柔弱、萎缩，并造成人性的虚伪。③

这里指证的以道德为本的传统文化的不合理论之处，可以说都与中国传统文化的道德中心化倾向无关，都是延续近代以来的“文化革命”的理路而污名化中国传统文化的道德中心倾向、道德本位论的结果。这种污名化之举出现在20世纪80年代的文化热时，问题是不大的。因为那时的文化热总体上是为了呼唤真正的现代化的到来。所以，这种污名化具有与实现现代化的美好愿望相匹配的真诚性和历史合理性。但今天我们如果仍然将这里指证的不合理之处视为不合理的，那显然是错谬的。在现代性在我国的发展已出现较为严重的自反性问题的当今时代，这里指证的以道德为中心的中国传统文化将伦理原则作为普遍的文化规

---

① 任重，刘明. 儒学复兴：继绝与再生［M］. 北京：中国政法大学出版社，2012：11.

② 柯小刚. 当代社会的儒学教育：以国学热和读经运动为反思案例［J］. 湖南师范大学教育科学学报，2016，15（4）：39.

③ 黄书光，王伦信，袁文辉. 中国基础教育改革的文化使命［M］. 北京：教育科学出版社，2001：47.

范、重义轻利、以理性节制感性，正可用来疗治现代性的坏病。另外，此番言论中所谓的以道德为本位的中国传统文化是不合理的观点，是站不住脚的。因为就成人与成才而言，成人是本；就美好社会、美好生活而言，无论什么时候，道德都是根本。如果我们一方面指证现实道德问题很严重，另一方面又反对儒家的道德本位，那是十分吊诡的。

但国学教育借由传统人文主义发挥对治教育现代性发展的去精神化、去美德化的批判作用和通过批判作用所发挥的建设性作用，应是功能性的。理性、个体主义、自由、公平、正义、博爱、民主、尊严、宪制、法治等是文化现代性倡导的主要价值。在这些价值中，个体主义申张的人的个体主体性不仅是专属文化现代性的，而且是文化现代性的核心，而“走向‘现代性’是任何民族都无法抗拒的世界潮流、历史趋势和文明走向”①。尽管改革开放以来，国人的个体主体性得以较大程度地发挥，但个体主体性的充分发展在我国还远未是普遍的现实，还是我国教育的未竟事业，发展个体主体性仍是我国当下，甚至今后相当长一段时间文化教育的主要任务和推动教育改革与发展的动力，发展个体主体性、发挥个人精神的作用仍然是我国现代化的目的性和动力性因素。因而，从发展人的个体主体性、实现现代化的目标出发，我们应将弘扬传统人文主义的国学教育视为制衡个体主体性过度发展的矫治性因素、解毒剂，或者说国学教育的目标方位应是功能性或手段性的，“儒学教育的批判性并不体现在反对现代公民培训和劳动力培训，而体现在不满足于把教育降低为纯粹工具性的培训”，就国学教育与现代教育的关系而言，它只是“帮助你，但不讨好你；批评你，但是爱你”②。在它那里，并不主张“善优先于权利”和读经优先于公民培训，它只是要发挥“以义制利”的作用，即用“以义为上”“见利思义”的原则来疗治只讲利、不讲义、唯利是图、私欲膨胀、损人肥己、道德沦丧的现代性坏病；它不是将权威经典教育置于个体理性启蒙教育的前面，或者说不是视权威经典教育对于康德式启蒙教育具有优先性，更不是以权威经典教育取代、否定个体理性教育。

作为功能性的国学教育是为了帮助教育回归“人的教育”“人的养成”，扶正个体主体性的过度发展，成就个体的健康人格。这也就是说，国学教育将传统文化视为防止个体主体性过度发展的制衡因素，个体主体性过度发展的“诤

---

① 黄玉顺，杨虎．儒学与生活：黄玉顺教授访谈录［C］//杨永明．桂林：广西师范大学出版社，2015：301.

② 柯小刚．当代社会的儒学教育：以国学热和读经运动为反思案例［J］．湖南师范大学教育科学学报，2016，15（4）：39.

友”，而不是僭越个体主体性发展。任剑涛认为，“因应于现代变局来制定现代中国的建构方案，可能才是真儒的态度。而为了反对现实，去逆转或者拿出一个古典方案来倒转现代，并由此确认自己的儒家立场，这确实就会遭遇一个真儒与伪儒之辨的问题：如果一个人对现代本身持坚决反对态度，人们就有十足的理由说你是伪儒；一个人以支持现代的立场来对治现代的弊端，来谋划现代的发展，才是真儒的态度”；对于当今的中国来说，“国家大局的改变就在眼前，儒家能不能解放个人、解放法治、解放社会，能否围绕自由、民主、法治展现其重视人类基本价值、重视人的平等权利，正是声称的儒家之被确认为真儒的基本判准”①。任剑涛在此把是否因应于现代变局来制定现代中国的建构方案和是否以支持现代的立场来对治现代性的弊端，作为区分真儒与伪儒的标准；同样，我们也可将这样的标准视为区分真国学教育与伪国学教育的标准，即将以反对和否定现代的立场的国学教育视为伪国学教育，将以支持现代的立场来对治现代性的弊端的国学教育视为真国学教育。

但无论如何，传统人文主义只是对治教育现代性的去精神化、去美德化、去道德化的措施之一，对治教育现代性的去精神化、去美德化、去道德化，不能完全仰仗传统文化、儒家思想。我们不能幻想只要打开传统文化的“锦囊”就可以完全治愈教育现代性和现代性的坏病。对治教育现代性的坏病，除了应通过国学教育发挥儒家人文主义的作用外，我们还可借鉴其他的思想资源。例如，我们还可依凭后现代主义来对治教育现代性的坏病。对治教育现代性的去精神化，需要反思教育现代性，而后现代主义恰是站在后现代的文化立场来反思现代性、现代化的。因而借鉴后现代主义反思、批判现代性的工具理性、历史理性、主观理性等方面的思想主张、思维方式，有助于反思和对治现代性和教育现代性。

第二节　发挥传统文化的立德、成人的作用

从教育与人的发展关系维度审视的国学教育价值，除了应以对治教育现代性的坏病或个体主体性的过度发展为取向外，还应以实现传统文化的育人价值为取向。实现传统文化的育人价值是国学教育对治教育现代性坏病的内在要求和基本途径。国学教育只有实现了其立德育人的价值，才能祛病除弊，才能从根本上疗

① 任剑涛．现代变局与何以为儒［EB/OL］．(2018－10－10)．https://www.aisixiang.com/data/112751.html.

治教育现代性的坏病。这也就是说，藉由传统人文主义的国学教育不仅仅是功能性的，或不仅仅是手段性的，国学教育除了是手段性的外，它还是目的性的。它的对治作用或它的功能性、手段性意义，根本上是通过实现其目的性的育人价值来实现的。上述国学教育对治教育现代性发展的去精神化或个体主体性的过度发展是通过传统文化内化于受教育者个体而形成受教育者个体的更好的人格形态来实现的。

有人认为，现今社会人心不古、“礼崩乐坏”，出现了既有的道德规范、伦理规范、经济规范、家庭规范、行业规范等社会规范体系正在坍塌、正在被解构，社会日渐陷入“失范”的乱象；① 社会道德已严重至不是是否遵守道德的问题，“而是已经没有道德标准了！中国人已不知什么样的行为是道德行为了”②。诸如此类的对社会道德现象的诋诟，无疑是对社会道德现象的忧愤表达；但诸如此类的言论，可以说是言过其实的。当下社会道德不是如有的人所讲的那样，“礼崩乐坏，学绝道丧”。总体而言，我国社会道德水平比以往更高了，至少比改革开放前更高了。现今的社会道德的状况可以说是小恶不少，甚至层出不穷，但没有如激进年代因“无法无天”所导致的社会大恶。但无论怎样，也不能小觑社会的种种小恶。任何时候，社会道德越好，社会就越和谐，人们的生活质量也会更高，会更加幸福。

而要提高社会道德水平，既应加强法治建设，也应加强社会道德建设。现代社会是法治社会。这里的法治是相对于德治而言的。德治强调的是人们的行为应受道德规范的约束，而法治强调的是任何个人与组织的行为都应约束在宪法与法律之下。为体现法治的文化现代性要求，应依法治国，社会治理应法治化。社会治理的法治化是改善社会道德的重要途径。但社会治理的法治化只能视为改善社会道德的途径之一，并且这一途径并非规范人们行为的最佳途径。首先，尽管在法律完备，且严格执法的情况下，社会总体上能守住其道德底线，但是，制定法律、实施法治的速度，总是会滞后于社会变迁、如技术发展而产生的恶行。其次，法治尽管能约束人的行为，但会形成“井水不犯河水”“相安无事”的人与人之间的关系，会造成人心隔膜、人际疏离。所以，仅仅依凭法治，不足以涵养社会道德，更难提高社会道德水平。要涵养和提高社会道德水平，除了应注重法治外，还应重视社会道德建设或道德教化。社会道德建设与法治都是为了克服个

---

① 黄玉顺. 我们时代的问题与儒家的正义论[EB/OL].(2013 - 11 - 24). https://www.aisixiang.com/data/69832.html.

② 任重，刘明. 儒教复兴：继绝与再生［M］. 北京：中国政法大学出版社，2012：7.

人行为的任意性，并且，两者相互依赖、相辅相成，此正所谓“仁义无道法不行，道法非仁义不成”[①]。这意味着社会道德建设对改良社会道德是不可或缺的，并且社会道德建设对于解决社会道德问题具有独特的优势。法律“……虽然有国家暴力机器的加持而凛然不可冒犯，但其实却极其脆弱，不论是废止一部旧法律还是颁布一部新法律，长则数年，短则几个月就可以完成”；而道德“……虽然依赖于人们的自觉和道德良心而看起来极其柔软，但极其耐久，数十年甚至数百年内都难有大的变化”[②]。正因为道德具有这样的独特优势，要解决社会道德问题，我们应在注重法治建设的同时，加强社会道德建设。而要通过社会道德建设，解决社会道德问题，提高社会道德水平，包括儒家思想在内的传统文化无疑是重要的助缘。

英国伦理学家麦金泰尔指出，在西方，“‘启蒙时代’所制定的‘现代社会的道德谋划’，即由启蒙理性所建构的对社会所有人、所有区域、在所有的时空架构下都行之有效的普遍伦理，已被证明彻底失败”；“现代社会把传统美德伦理丢掉了，这是导致整个现代社会道德处于危机之中的根本原因”[③]。而唯一可行可期的道德重建方式是回归传统，重新找回传统美德伦理。[④] 麦金泰尔所谓的“回归传统，即回到以亚里士多德为代表的古典美德伦理学传统”[⑤]。就我们而言，当今也面临如西方一样的由文化现代性发展而导致的道德危机，而这种道德危机，一定意义上可以归结为人伦的失序或去美德化，可归结为我们把传统美德丢掉了。因而改善社会道德，同样有必要继承、借鉴、回归传统美德。

作为中国传统文化主体的儒家文化是道德本位主义的，是道德之学，是成己和成人之学。例如，钱穆将传统文化中的儒学重点概括为“不是知识的完成，而是人的完成”；“儒学是以人的完成为重”[⑥]。再如，杜维明指出，儒家的中心关切是自我的课题，[⑦] 是处于社会关系中的自我的道德发展和完善，它的一个鲜明

---

① 任重，刘明．儒学复兴：继绝与再生［M］．北京：中国政法大学出版社，2012：131.

② 陈壁生．从文明比较到经学研究：读吴飞《现代生活的古代资源》［EB/OL］．(2018－10－13)．https://www.aisixiang.com/data/112809.html.

③④ 万俊人．传统美德伦理的当代境遇与意义［J］．南京大学学报（哲学·人文科学·社会科学），2017，54（3）：144.

⑤ 万俊人．传统美德伦理的当代境遇与意义［J］．南京大学学报（哲学·人文科学·社会科学），2017，54（3）：143－144.

⑥ 吴展良．第三期中华文明的经典体系与经学的建构［J］．文化纵横，2017（4）：76.

⑦ 岳华．儒家传统的现代转化：杜维明新儒学论著辑要［M］．北京：中国广播电视出版社，1992：362.

特色是超越自我与社会、神圣与世俗、人世与天道以及政治事务与宗教关怀之间的藩篱。① 就儒学作为道德之学和成己、成人之学的特色，我国当代大陆学者也有诸多阐述。例如任剑涛认为："儒家本末论题强调的是修身：'自天子以至于庶人，壹是皆以修身为本。'"② 学者韩星认为，儒教的基本特征是"以人文理性为核心，以圣贤人格为楷模，以道德精神为依归的信仰体系，主要包括学校教育、社会教化，以及必要的宗教性礼仪形式"③。此方面，学者王达三作了更为全面的阐述。他认为儒教的特色在于儒教是人文教、道德教、教化教。他说："儒教的第一大特色在于儒教是'人文教'。"④ 但与基督教等宗教不同，"儒教不信仰超越的、主宰的、人格化的神，而是认为人是世界和历史的主人，人的命运掌握在自己的手中而不是神的手中。因此儒教的根本主张是尊重人、爱护人、培养人，或者说人的价值和尊严是儒教最根本的出发点和归宿点"；"儒教的第二大特色在于'道德教'。儒教之所以张扬人文精神、尊重人的价值，是因为儒教认为人之所以为人，人之所以宝贵，人之所以不同于禽兽，不是因为人有理性、有智慧，而是因为人有道德"⑤。

儒学作为道德之学和成己、成人之学，因与现今的时间间距，一部分内容已不合时宜，但她也具有普遍性；也就是说，儒学的内容有"变"的部分，也有"常"的部分。所谓"变"的部分，就是儒学已不适合于当今时代而需要变革、调整的部分，如儒家伦理中的地方性、历史性的角色伦理；所谓"常"的部分就是儒学中具有永恒价值的内容，⑥ 如儒家伦理中具有普遍化性格的德性伦理。尽管儒学存在如《六德》将圣智仁义忠信对应夫、妇、君、臣、父、子六职或对应于一类特定的社会角色的角色伦理而使六德具体化、特殊化，⑦ 从而限制了德行的普遍性意义的现象，但是，这不是儒学的主导思想，⑧ 儒家道德更多的是永恒性、普遍化的德性伦理或常道，这些常道的智慧之光和其思考的问题和思考

---

① 杜维明. 东亚价值与多元现代性［M］. 北京：中国社会科学出版社，2001：153.

② 任剑涛. 现代变局与何以为儒[EB/OL]. (2018 - 10 - 10). https://www.aisixiang.com/data/112751.html.

③ 韩星. 以儒为主，多元整合：对秋风《一个文教，多种宗教》一文的商榷［J］. 天府新论，2014（3）：37.

④ 任重，刘明. 儒教重建：主张与回应［M］. 北京：中国政法大学出版社，2012：92.

⑤ 任重，刘明. 儒教重建：主张与回应［M］. 北京：中国政法大学出版社，2012：93.

⑥ 余敦康，成中英，牟钟鉴. 关于在中小学专门设立中华经典课程的呼吁书[EB/OL]. (2014 - 04 - 14). https://www.aisixiang.com/data/73930.html.

⑦ 陈来. 儒学美德论［M］. 北京：生活·读书·新知三联书店，2019：468.

⑧ 陈来. 儒学美德论［M］. 北京：生活·读书·新知三联书店，2019：479.

问题的方式、理念是万古常新的。[①] 体现儒学义理价值的“圣人之道”是“常理之道”“万世法”，“虽然今天的中国发生了巨大变化，儒学的根本精神和价值并没有发生变化，仍然能适应今天已经变化了的当今中国”[②]。例如，儒家的仁、义、礼、智、信、忠、恕、孝、廉、毅、和、恭、俭、让等德目，都是具有永恒价值的“常理之道”；儒家将仁理解为“己所不欲，勿施于人”，这使其获得了普适的伦理意义，使其成为超越了特殊社会关系的、具有普遍性的道德原则；儒家的天下观念、大同理想等“都应是万世不易的法则，是人类社会通达至康庄大衢的必由之路”[③]。儒家的“关于和谐的思想；关于天人合一的观念；关于忧国忧民的情操；关于尚善的态度和通过修身养性以达高尚人格的追求；关于敬业乐群的意识，以及‘先天下之忧而忧，后天下之乐而乐’的人生准则；关于整体思维的思想方法等等”[④]，都值得我们大力弘扬；它的“讲广爱、重民本、守诚信、崇正义、尚和合、求大同等核心思想理念，自强不息、敬业乐群、扶危济困、见义勇为、孝老爱亲等中华传统美德，社会和谐、鼓励人们向上向善的思想文化内容等，它不仅适用于历史，也适用于今天，不仅适用于中国人，也适用于全世界”；儒家提出的“天下为公”“世界大同”（《礼记·礼运》）、“修己以安人”“修己以安百姓”《论语·宪问》、“乐以天下”“忧以天下”（《孟子·梁惠王上》），都可以用来树立学生的社会责任感。[⑤] 儒家施行的克己（或克制自己不当与过分的欲望）、求己、志道、思诚、笃信、笃行、居敬、虚心、涵养、慎独、自省、自讼、改过等修身功夫，是个体修身、立德、成己的具有普适性意义的方法。

对于包括儒家道德在内的传统道德的普遍性、永恒性，梁启超的观点颇为独特。梁启超在《新民说》一书中说：“伦理或因于时势而稍变其解释，道德则放诸四海而皆准。”[⑥] 在他看来，如尊崇君主、容纳多妻等属伦理范畴，它们往往是与特定社会组织结构相关联，是随社会和历史变化而改变的，而“道德是一般的人格品性，如忠之德目、爱之德目，是不随社会历史变化而改变的”[⑦]，或者

---

① 汤一介：论儒学复兴的现代意义［EB/OL］.（2018－08－31）. https://www.aisixiang.com/data/112017.html.

② 任重，刘明. 儒学复兴：继绝与再生［M］. 北京：中国政法大学出版社，2012：5.

③ 任重，刘明. 儒学复兴：继绝与再生［M］. 北京：中国政法大学出版社，2012：107.

④ 袁行霈. 国学的当代形态与当代意义［J］. 马克思主义研究，2008（10）：72.

⑤ 黄济. 在中小学如何开展国学教育［J］. 课程·教材·教法，2015，35（2）：14.

⑥ 梁启超. 新民说：少年中国的国民性改造方案［M］. 郑州：中州古籍出版社，1998：180.

⑦ 陈来. 儒学美德论［M］. 北京：生活·读书·新知三联书店，2019：130.

说“道德不受进化论规律所支配，道德的根本原则不会进化，道德对应的具体事项即节目会在历史上变化，但道德本身或根本原则不会变化。不仅如此，在他看来，道德的根本，古今、中外是一致的。治心、治身作为道德修养的要法也不会随时代变化，在今日仍然是有意义的”①。他在《德育鉴》一书中进一步指出：“窃以为道德者，不可得而变革者也。近世进化论发明，学者推而致诸各种学术，因谓即道德亦不能独违此公例。日本加藤弘之有《道德法律进化之理》一书，即此种论据之崖略也。徐考所言，则仅属于伦理之范围，不能属于道德之根本也。若夫道德之根本，则无古无今、无中无外而无不同。”② 正因为他认为道德是“不可得而变革者”，是放诸四海而皆准的，因而他强调“维持当下社会的道德只能是传统的道德”③。

长期以来，道德的历史性、阶级性观念，对我们来说，似乎已牢不可破。的确，随着历史的变迁，道德会有损益而使其具有历史性；道德也会因社会利益集团的不同而使道德具有阶级性；但道德除了具有历史性、阶级性外，还具有永恒性和普遍性，因为人性是不变的，即人的情欲、理智、自由意志是不变的，这决定了道德具有永恒性。时过境迁，传统文化固然存在与时代不相契合之处，但我们不能说中国传统农业社会的社会架构和政经体制已经消失了，与之相结合的价值观念、道德原则、道德规范就完全不适合今天的工业化、城市化社会了。工业化、城市化社会与农业社会一样需要人有着作为人的道德；农业社会的许多道德原则同样适合今天的工业化、城市化社会，乃至未来社会。作为人文教、道德教的儒家道德，仍具有时代意义，仍具有适合当今时代的普遍性。我们既应正视儒家伦理、道德的历史性、阶级性、地方性，也应肯认其永恒性、普遍性。这用黄济的话来说，就是“全部‘四书’，给了我们进德、修业和修己、安人的智慧和功能，是取之不尽、用之不竭的宝贵财富”④。

强调将儒家伦理、道德的对现今社会道德建设的助缘，除了因为其是普遍性的人文教、道德教外，还因为其具有整全性、鲜明的实践性、超越性等优长：

（1）儒家道德、伦理具有整全性。从私德与公德的关系来看，儒家道德、伦理的整全性体现为其道德体系既包括私德，也包括公德。中国古代涉及个人的基本道德直接看来属私德范畴，但是，其大多数是联系着对他人的态度的，完全

---

① 陈来．儒学美德论［M］．北京：生活·读书·新知三联书店，2019：148－149．

② 梁启超．德育鉴［M］．北京：北京大学出版社，2011：4－5．

③ 陈来．儒学美德论［M］．北京：生活·读书·新知三联书店，2019：130．

④ 黄济．在中小学如何开展国学教育［J］．课程·教材·教法，2015（2）：7．

脱离人们的社会生活的个体私德在儒家是少有的；[1]“儒家对人际交往的德性，既有关于自我成就，又同时有关于成就他人，所谓关乎自己之德性与关乎他人之德性乃二而一，人我并非对立”[2]。例如，“在中国古代道德人文中‘对自己的义务’和‘对他人的义务’是合一的而不是分立”[3]；孔子提出的仁，既是对自己的义务——克己，又是对他人的义务——爱人；所以，“孔子的仁既是私德，又是公德，或既有私德的性质，又有公德的意义”[4]。

儒家伦理、道德的整全性，从心行关系来看，“心行不二”是其基本立场。中国古代思想很少脱离人的内在品质讲人的道德行为，也很少脱离人的道德行为讲内在于人的内在品质，“中国古代的‘德’字本身就兼有德性和德行之义”[5]，并且在中国古代的德性之德那里，人的行为的道德性质与人的道德性质是合一的；在德之德行那里，人的道德性质和人的行为的道德性质也是合一的。[6] 就儒家而言也是如此。在儒家伦理学那里，十分重视人的德行，如儒家道德强调成己者应成人、成物，安己者应安人。但儒家将德性或人的内心品质视为成人、成物、安人等德行持久的内在依据和可能，所以，“儒家的伦理学，明显地不限于道德行为，而关注德行、人格和实践的功夫”；[7] 在儒家伦理学中，“德行和德性两方面是结合的”[8]。这也就是说，“……儒家伦理不仅讲内在品质，亦用德行彰显品质，集品质以呈现人格。所以在儒家传统中，特别是先秦儒学中，应该做什么与应该成为什么样的人，是合而不分的。同时，成为什么样的人不是着眼于个别道德行为与原则，而是通过叙述指明整体的人。因此这个整体的人格也就不只是道德的人格，而是完满的理想人格”[9]。先秦儒学的孔孟学派在心行关系上皆主张道德的“心行不二”。例如，就孔子而言，“原则、义务、美德是一致的”[10]，“孔子及其门徒的德行论不仅讲德行，而且关注道德心理，关注德行如何从内在心性发形于外在行为，并且以‘仁内义外’为代表，关注德行发生的不同内外根源。因此孔子的后学，一派如‘德行可象’所代表的，注重呈现，如

---

① 陈来．儒学美德论［M］．北京：生活·读书·新知三联书店，2019：33.
② 陈来．儒学美德论［M］．北京：生活·读书·新知三联书店，2019：25.
③ 陈来．儒学美德论［M］．北京：生活·读书·新知三联书店，2019：35.
④ 陈来．儒学美德论［M］．北京：生活·读书·新知三联书店，2019：18.
⑤ 陈来．儒学美德论［M］．北京：生活·读书·新知三联书店，2019：353.
⑥⑩ 陈来．儒学美德论［M］．北京：生活·读书·新知三联书店，2019：291.
⑦ 陈来．儒学美德论［M］．北京：生活·读书·新知三联书店，2019：293－294.
⑧ 陈来．儒学美德论［M］．北京：生活·读书·新知三联书店，2019：355.
⑨ 陈来．儒学美德论［M］．北京：生活·读书·新知三联书店，2019：287.

行为、气度、气象、态度，注重在已发的方面；另一派注重未发的德性、品质，注重德行的内在根源。后一派也就直接导致了孔门向人性论的发展，以说明德行的人性基础”①。再如，“由孟子学派代表的儒家很注重从德性展开为德行的身心过程”②。

简言之，儒家的德行论既包括了个人品格德行、人伦伦理德行，也包括基本道德德行；既包括基础德性（好学与知礼），又包括核心德性（仁）；既包括角色伦理，也包括德性伦理；既强调德行要求和道德规范，又注重普遍意义的德行和德性；“既重视美德也重视原则，既重视德性也重视德行，既重视道德也重视非道德，既重视私德也重视公德，既重视道德境界也重视超道德境界”③。

（2）儒家道德、伦理具有鲜明的实践性。儒家道德的心行不二的统一性集中体现在儒家强调知行统一上，或者说集中体现在其主张的实践智慧与实践行动的统一上。“在儒家的立场上，实践智慧是伦理德性，也是道德知识，故实践智慧必须包含着知行合一的方面”④。但相较于实践智慧的知，儒家更加注重由实践智慧的知向实践智慧的行动的转化。“古代‘德行’的观念不区分内在和外在，笼统地兼指道德品质和道德行为，重点在道德行为”⑤；“……儒家的实践智慧必须强调践行的意义”⑥。例如，《中庸》的“博学审问慎思明辨笃行”或“五之堂”，以“笃行”为旨归；“北宋新儒家以‘实践之学’为宗旨，南宋儒学的特征被称为‘默然实践’”⑦。就儒家的实践智慧以实践为重点，用梁漱溟的话来说，就是“儒家之为学也，要在亲切体认人类生命之极高可能性而精思力践之，以求践形尽性”⑧。由此可见，儒家道德思想不是知识论，不是空头的理论，它遵循的不是逻辑法则，而是实践法则；儒家道德在本质上是修养功夫，⑨“它追求的是圣贤人格，这种人格无法仅仅通过抽象理性思辨来达到，也无法通过佛道式的出世修行来完成，圣贤人格只能在人伦道德实践中磨炼”，⑩ 或者说“它

① 陈来. 儒学美德论［M］. 北京：生活·读书·新知三联书店，2019：301.

② 陈来. 儒学美德论［M］. 北京：生活·读书·新知三联书店，2019：286.

③ 陈来. 儒学美德论［M］. 北京：生活·读书·新知三联书店，2019：300.

④ 陈来. 儒学美德论［M］. 北京：生活·读书·新知三联书店，2019：348.

⑤ 陈来. 儒学美德论［M］. 北京：生活·读书·新知三联书店，2019：347.

⑥⑦ 陈来. 儒学美德论［M］. 北京：生活·读书·新知三联书店，2019：346.

⑧ 中国文化书院学术委员会. 梁漱溟全集：第七卷［M］. 济南：山东人民出版社，1993：159.

⑨ 赵法生. 儒家超越思想的起源［M］. 北京：中国社会科学出版社，2019：260.

⑩ 赵法生. 儒家超越思想的起源［M］. 北京：中国社会科学出版社，2019：286.

须在人的道德践履中完成"[①]。

（3）儒家道德、伦理具有超越性。儒家伦理的超越性，在早期儒家孔子的君子论那里，就有了较充分的论述。孔子的君子论的重点不是最基本的行为是"正确"的、还是"错误"的，不是人的行为最起码的准则和道德义务，[②] 而是"高尚"的德性和德行，[③] 强调的是高于普通道德的高尚的人格典范。因为"……孔子所关心的是一个整体人生的问题。他所关心的不是某一个具体的行为，而是什么是美好的人格？什么是理想的人格？美好的人格如何体现？什么是美善的行为？什么是理想的人生？人生的准则是什么？人生的理想境界是什么？"[④]

孔子的君子论所阐发的高尚的或超越性道德，集中体现在《论语》中。"如果人的行为可以分为道德、不道德、非道德、超道德的话，则《论语》中大量的语句都体现着比基本道德要求更高的人生理想，包含着'超道德'（超义务）的性质"[⑤]。例如，在《论语》中，孔子"以'君子……'的大量语句来论述士君子的人格、准则、理想，这才是孔子道德思想的根本特征。这些论述不以德性条目的形式表达，而是以人生教导的形式表达什么是好的行为、好的境界、好的理想、好的人格。这是好的问题，而不仅仅是德性，德性伦理只是美善，是人生哲学的一种表达。在这个意义上，孔子伦理学虽然包含了承继传统而来的德行论面向，但其整个思想已经超越了至少是狭义的德性伦理的形态"[⑥]。

孔子说"君子谋道不谋食……忧道不忧贫（《论语·卫灵公》）"，"士志于道，而耻恶衣恶食者，未足与议也（《论语·里仁》）"，这都表明君子是具有超越性道德的，"即君子是以'谋道''忧道'为终极关怀的"[⑦]。这说明在《论语》中，孔子的"君子……"的表述是在"应该成为什么人"的意义上对崇高理想的倡导。他倡导的不是基本的道德义务，而是如圣人和英雄般的超义务行为、德性、人格理想。

儒家道德观的超越性还体现为在区分行与德之行基础上对德之行的重视。这体现在《五行》中。

"行"即一般的德行，即道德的行为，侧重于行为的实现；而"德之行"虽

---

① 赵法生．儒家超越思想的起源［M］．北京：中国社会科学出版社，2019：252.

② 陈来．儒学美德论［M］．北京：生活·读书·新知三联书店，2019：423.

③ 陈来．儒学美德论［M］．北京：生活·读书·新知三联书店，2019：369.

④ 陈来．儒学美德论［M］．北京：生活·读书·新知三联书店，2019：367.

⑤⑦ 陈来．儒学美德论［M］．北京：生活·读书·新知三联书店，2019：368.

⑥ 陈来．儒学美德论［M］．北京：生活·读书·新知三联书店，2019：375－376.

然也是德行，但主要是指从内心之德发出的道德行为，故称“德之行”。一个人做一件道德的行为，但不一定是出自道德的动机，不一定出自其内在的品质德性，这只是“行”；只有出自内在的仁义礼智圣而做出的仁义礼智圣行为才是“德之行”。内在的仁义礼智圣是德性，发形于外的行为才是德行，所以竹简《五行》的作者显然很重视德性对行为的内在动力作用，重视区别行为的内心动机。一个行为如果发自于内心之德，才是德之行，用竹简作者的话，即“形于内谓之德之行”。如果一个行为不是发自于内心之德的自觉要求，那就只是一般的行，故说“不形于内谓之行”。①

于是君子之所以为君子，不仅是行德、有德行，而且其德行都是发自于内心的德性，故云“五行皆形于内而时行之谓之君子”②。“儒教最大的理想是所有的人成为道德高尚的‘仁者’‘君子’乃至‘圣人’，而且认为人的内心深处都有崇尚道德的动机和成为‘仁者’‘君子’乃至‘圣人’的可能。但大多数人的内心经常为欲望所遮蔽，因而需要开导和教育。儒教把这种工作称为是‘化成天下’，即‘教化天下’”③。

上述儒家思想中具有普遍性和具有整全性、实践性、超越性优长的道德主张，在今天要成为个体成德、成人和提高社会道德水平的重要的助缘，须发挥国学教育的作用，即“要在今天恢复‘仁义礼智信’道德，就要恢复儒学的权威，用儒学的道德来教育中国人，包括教育中国的儿童和成人，让中国人认识到儒家道德就是不可须臾而离的‘伦常日用之道’，这种‘伦常日用之道’是克服中国社会道德危机的根本解决之道”④。而教育的文化属性决定了国学教育能够发挥以儒学道德育人作用。教育既是一种社会文化现象，同时，教育的社会职能在于借助文化、以文化为媒介来影响、培养人，在于将外在的客观文化内化于受教育者，从而使外在的客观文化主观化，在教育者身上人格化，即所谓文化化人，包括通过文化化人以德。对我们而言，教育通过文化化人以德可以仰仗的文化资源可谓丰富、多样，古今中外的文化都可以作为文化化人以德的资源；就传统文化资源而言，包括儒家人文主义在内的中国传统文化，无疑应成为教育的文化化人、化人以德的首选。我们唯有回归儒家，“才能重获化人之文，重建仁义礼

---

① 陈来．儒学美德论［M］．北京：生活·读书·新知三联书店，2019：464.
② 陈来．儒学美德论［M］．北京：生活·读书·新知三联书店，2019：465.
③ 任重，刘明．儒教重建：主张与回应［M］．北京：中国政法大学出版社，2012：93.
④ 任重，刘明．儒学复兴：继绝与再生［M］．北京：中国政法大学出版社，2012：8.

智”[①]。这种回归的目的即在于“立足于经典，把修身做人当成不可动摇的核心”[②]，使受教育者更好地立德成己、修身做人。我国自近代以来，社会道德建设和道德教育注重的是公民道德，与此同时却忽略善人的品德，即忽视个人道德，甚至取代、压抑、取消个人道德，并相应地忽视社会公德，使公民道德和社会公德、个人道德三者失去应有的平衡，[③] 而“忽略善人的品德，只注重公民道德，正是现代社会道德危机的根本原因之一”[④]；“因此，恢复个人道德的独立性和重要性，并大力倡导社会公德，是反思当代中国道德生活的关键”[⑤]。如前所述，儒家道德体系既包括私德，也包括公德，它是私德与公德的统一。因而实施国学教育，立足于富含私德与公德思想的儒家经典，能强化或补益受教育者的私德和公德，实现公民道德和社会公德、个人道德三者在受教育者个体身上的大致平衡。不仅如此，回归传统，以儒家的道德思想为助缘，还能发挥改造现今学校德育的作用。当学校教育将儒家文化作为文化媒介来影响人的时候，现今的学校德育才是以自身的社会道德资源为基础的，因而学校德育的目标和内容才是更合理的，学校德育才是更本色化的，才是真正的德育化的，效果才是更好的。

以传统文化为助缘，实施国学教育，不仅是更好地使受教育者修身做人、立德成己、确保社会基本伦常和改造学校德育的前提，而且是培养伟岸人格、树立道德典范、确保社会成为有道德理想引领的社会的前提。“现代的道德观就是只致力于建立最基本的道德规则，人对自己的要求只是不违反道德规则”[⑥]。这是导致最基本的道德规则或底线道德频繁地被突破而导致道德沉沦、社会道德危机的重要原因。这意味着“对于道德来说，应该需要英雄、需要道德精英和模范来示范引领”，“每一个社会都必须树立自己的道德典范、人格典范”[⑦]。对于我们来说，也不例外，我们也需要道德精英和模范，也需要道德典范、人格典范，或者说也需要道德的航向、道德的引路者，以提振道德和为社会开辟理想的生活境界。“而古代的道德观标杆较高，它致力于美满的人生，美好的人格”[⑧]。因而国学教育通过上文述及的早期儒家的君子论所倡导的崇高人格和后期儒家的以人性善为前提的人皆可为尧舜、以圣人为则、追求成圣、至善、圆善的道德理想主义

---

① 任重，刘明. 儒学复兴：继绝与再生［M］. 北京：中国政法大学出版社，2012：22.

② 韩星. 高校传统文化必修课的核心是修身做人［N］. 光明日报，2017－09－26（2）.

③⑤ 陈来. 儒学美德论［M］. 北京：生活·读书·新知三联书店，2019：80.

④ 陈来. 儒学美德论［M］. 北京：生活·读书·新知三联书店，2019：7.

⑥⑧ 陈来. 儒学美德论［M］. 北京：生活·读书·新知三联书店，2019：435.

⑦ 万俊人. 传统美德伦理的当代境遇与意义［J］. 南京大学学报（哲学·人文科学·社会科学），2017，54（3）：146.

来影响人，可培养怀抱成仁、至圣的道德理想、追求大德者，从而为社会树立道德典范、道德引路人。

在此主张国学教育通过儒家的人皆可为尧舜和以圣人为则、追求成圣、至善、圆善的道德的理想主义来影响人，可能在有的人看来这是激进的，而由此激进的教育主张可能会导致社会专制甚或极权，或者说可能会为社会专制甚或极权提供人格基础。显然，强调成圣、至善、圆善的道德教育总体上是一种基于儒家的人性善的人性论主张。这在刘军宁教授看来可能会导致用强制手段改造人性。因为在他看来，人性恶、人性善的人性论都会滋生政治和文化教育上的极权、专制等不良后果。首先，性恶论可能会导致用强制手段改造人性。他说："……性恶论可能意味着人性本来就是恶的，所以，对待人只能以毒攻毒，而不应有任何怜悯之心"，纳粹的种族灭绝便来自于性恶说。① 其次，在刘军宁看来，与性恶论一样，性善论也可能导致用强制手段改造人性。他认为："性善论是一个狡计而已。"② 他说："性善论中所隐含的是，人必须向善。这种必善的逻辑为统治者以求善为借口来改造（实则是扭曲）人性提供了理论上的正当性和合法性。性善论通过把人性道德化，成全了善的狡计：以动机而言，强调性善是可取的；但是，以结果而言，强调实然的性善会放松对人（尤其是统治者）作恶的可能保持必要的警惕和制度上的预防。而强调应然的善则有可能导致在提升人性中使用强制手段"，③在他看来，礼教杀人便来自于性善论。④并且，性善论具有某种伪合理性，"即使有事实表明人在本性上并非像性善论所断言的那么善，但要求人们行善的主张总不会有什么过错吧？要人行善本性本身当然没有过错，但却并非每一种让人行善的手段都是合乎道德的"⑤。

但是，刘军宁教授的这种有关性善论可能会导致用强制手段改造人性的看法是一种抽象的推论。如果我们依照其抽象的推论来看待今天我们强调的以性善论为前提的成圣、至善、圆善的道德教育，那么这与现今的语境不符。因为现今法治条件下的以人性善、人性恶为前提的教育都与专制、极权不甚相关。奥地利心理学家阿德勒在其《个体心理学》中对社会道德的工具化现象与追逐权力之间的关系做了分析。在他看来："一般人似乎都在通往社会情怀的道路上，历史上所有知识分子与宗教起义，为了反抗权力斗争；人类共同生活的逻辑向来如此，但这种共同生活的逻辑常因人类的权力欲而受到摧残。固有的社会规范、基督教义及摩西十诫，一次又一次落入渴求权力的社会阶级与团体手中，他们运用精巧

①③④ 刘军宁. 保守主义［M］. 北京：东方出版社，2014：68.

②⑤ 刘军宁. 保守主义［M］. 北京：东方出版社，2014：67.

诡诈的计谋彻底滥用人类最神圣的理念，以便将社会情怀源源不绝的力量与创造的成果，都沦为其权力野心的利用工具。因此，社会情怀起不了作用，无法为人类带来福祉。”① 他还说：“人类必须过群体生活的必要性及真相，都被那些精心塑造权力法则，以及内心深处总想要‘颠倒黑白、混淆是非’的人所扭曲。那些嗜权力如命者就是藉此管道以逞其剥削社会情怀的恶行。社会情怀从原本的目标本末倒置为手段，被迫成为民族主义与帝国主义服务的工具”②；“使用权力达成目的往往易使双方都得不到好处。使用权力不会带来祝福。在权力政治中，手握权力者看似赢得追求者，但其实这些追随者都是对立者，而且也是沉溺于权力的人。在那些并未显示出反对立场的追随者当中，常可能发现对立者。那些未握有权力的人，总是静候反叛的时机”③。可以说，阿德勒在此论及的权力欲摧残社会情怀及由权力欲生发的野心家将社会情怀工具化，由嗜权如命者剥削社会情怀、社会情怀由原本的目标倒置为手段而导致的极权主义乃至军国主义等，都是由于对权力的追逐缺乏法律约束使然。如今，我国政治是以法律为主治的政治，社会治理是以法治化为目标的，因而不可能会导致如阿德勒所说的社会情怀和社会道德被野心家利用而成为实现其极权主义的工具，因而以儒家人性善的人性论为依据的包括道德理想主义教育在内的国学教育，在政治上是安全的。以儒家人性善的人性论为依据的国学教育在现今语境下，不仅在政治上是安全的，而且在教育上是更有价值的，它能更好地使人成德。陆九渊曾说：“孟子曰：言人之不善，当如后患何？今人多失其旨。盖孟子道性善，故言人无有不善。今若言人之不善，彼将甘为不善，而以不善待汝，汝将何以待之？”（《语录》）尚明在《中国人学史》一书就此评论道：“值得注意的是，陆九渊认为孟子的性善论是权宜的说法，用意在鼓励人自重，使不要自暴自弃，以免后患，而当时学者却不能领悟孟子的这番用心。”④ 孟子言性善究竟是否为权宜的说法，可以说如今难以追溯，但较之于性恶论，教育从性善论或如陆九渊所说的言人无有无善出发，对于提高有德者的德性水平，对于使缺德者有德，效果肯定会更好。这似乎为教育的一条铁律。儒家基于人无有无善的人性论，把圣人视为人的最高类型，强调以圣人为师，以圣人为则，把学为圣人作为人生理想、终极关怀，意在使人们在立足于自身的同时，“有一个高出于自身的理想的道德境界，这样有助于抵抗浊流，

---

①②③　安斯巴可 H，安斯巴可 R. 阿德勒个体心理学［M］. 黄孟娇，鲍顺聪，田育慈，等译. 台北：张老师文化事业股份公司，2017：448－449.

④　尚明. 中国人学史：古代卷［M］. 北京：对外经济贸易大学出版社，1995：292.

发扬正气，提高人的道德水平”①。我们现今不正是需要以理想的道德境界来激励人而提高人的道德水平吗？

当然，这里强调道德教育的儒家道德或李泽厚所谓的宗教性道德的重要性，并不意味着否定“现代社会性道德”。自由、平等、独立、人权、民主和宽容、妥协、合作、相互尊重、价值中立等“……应该承认它们也是道德”②，应把它们视为“现代社会性道德”。对我们的道德教育而言，“现代社会性道德”也是重要的，因而应重视对受教育者进行“现代社会性道德”教育。但由“现代社会性道德”建构的现代文明并不等于美好生活本身，并不是美好生活方式，它只是为我们美好生活提供了最好的外在条件，美好生活的更实质的内容是靠古代德性来填充的，美好生活离不开对古代德性、古典智慧的信仰；“……当现代文明——也就是西方文明进入中国之后，中国同样建立起‘现代’的基本架构：民族国家、科学、民主等等，但光有这一架构，无法建设对一种美好的生活方式，最重要的是自身的文明传统所塑造的美好生活的理解”③。因而，“不止于理性、Kant（康德）和现代社会性道德，而是加上情理结构、儒学宗教性道德即孔夫子的‘范导和适当构建’，才能有更理想的‘共同善’和‘好生活’”④。

需要说明的是，本章阐述的国学教育对治个体主体过度发展的价值属国学教育在个体发展上的消极价值，国学教育立德、成人的价值属国学教育的积极价值。第二章第三节阐述的为中国现代化的健康发展奠定基础这一国学教育价值是通过本章论及的国学教育对治教育现代性的坏病和发挥传统文化的成人作用来实现的；国学教育对治教育现代性坏病和发挥传统文化的成人作用是中国现代化的健康发展的必要条件。换言之，有利于现代化健康发展的无形制度的建设需要通过国学教育对治教育现代性的坏病和培养与有形制度相适应的有道德的人来实现。

---

① 肖万源，徐远和. 中国古代人学思想概要［M］. 北京：东方出版社，1994：215.

②④ 李泽厚：回应桑德尔及其他［EB/OL］.（2014－01－08）. https://www. aisixiang. com/data/71265. html.

③ 陈壁生. 从文明比较到经学研究：读吴飞《现代生活的古代资源》［EB/OL］.（2018－10－13）. https://www. aisixiang. com/data/112809. html.

第四章 实现国学教育价值的文化观念论

国学教育既具有重要的社会价值，又具有重要的个体发展价值，或者说既具有传承传统文化的价值，又具有经典育人的价值。但就目前语境而言，国学教育的实施和健康发展，绝非顺遂，它会遭遇种种阻碍；其中错谬的文化观念是实施国学教育和国学教育健康发展的最大的阻碍。本章要阐述的是确保国学教育顺遂实施和健康发展应当祛除的两个主要文化观念，即为了移除实施国学教育的绊脚石，应克服文化激进主义；为了确保国学教育的健康发展，或者说国学教育的实施不至于伤害其自家性命、自毁前程，应克服文化复古论的文化保守主义。

第一节 要确保国学教育的顺遂发展，须克服文化激进主义

由前文述及的文化立场的国学教育价值可知，对我们而言，国学教育是好事。但好事要被视为好事，应克服对传统文化的激进主义立场。克服否定传统文化、进而否定国学教育的文化激进主义是确保国学教育价值顺利实现的基本前提。

这里所谓文化激进主义，是指在中国发展道路的选择上，一方面

主张全盘西化，另一方面否定自身的传统文化。全盘西化和否定自身的传统文化两者在文化激进主义那里是一体两面、互为因果的关系。正因为文化激进主义否定自身的传统文化，才主张全盘西化；反过来说也一样，正因为主张全盘西化，才否定传统文化。在风起云涌的中国现代思想史上，文化激进主义或程度不同的西化论是主流。这种作为主流的文化激进主义影响至今。这体现为对待现今的国学热和国学教育热，有的人把传统文化视为农业文明的产物和封建专制主义意识形态，认为以儒学为主体的传统文化一无是处而对其一味地否定，“他们低视中国传统文化而仰视西方文化，认为中国传统文化到了现代社会，基本上都成了过时落伍的东西，没有西方文化尤其是现代西方文化优越，在当代中国社会的发展中，不仅无益反而有害，必须予以革除摒弃”①。例如，有的启蒙主义者、自由主义者从肤浅的现代主义出发，视西方文化为普世文明，并恶名化地解释传统文化，把儒家看得一无是处，认为中国古典没有任何意义，力图切割自身的文化传统与现今社会发展的关系，无视传统文化与日常生活交融的客观现实，认为“面对所谓‘物欲汹汹’，面对所谓的‘人心不古’，一些大儒小儒（包括一些来历不明者）好事一般地出来开药方，认为孔子的‘仁智礼义信’、认为朱熹的‘格修齐治平’可以修复动荡无序的社会、可以拯救焦躁不安的灵魂，可以以此治国治心”② 等，完全是一厢情愿的。在他们看来，“国学的核心思想是忠君……现在的忠君的思想不仅是不道德的，而且是反动的”③。他们认为中国古典没有任何教育现代人的意义。因而，提倡和实施国学教育同样是不道德的、反动的。例如，有人以民国时期的教育总长蔡元培颁布的《普通教育暂行办法》中规定的“小学读经科一律废止”为依据，坚决反对现今学校要求学生读经的做法。④

正如笔者在第一章所论，在国学热、国学教育热的热潮中，赞同传统文化教育者占绝大多数。但是，这只能说是在显性层面，在隐性层面，则应另当别论。因为在隐性层面，即使那些口头上赞同国学教育者，其理智和情感并不一定就真正认同传统文化和国学教育；在隐性层面，他们也许是否定传统文化、反对国学教育的文化激进主义者；另外，迄今为止，在显性层面，仍有不少人全盘否定中华传统文化和国学教育。因而，为确保国学教育价值的实现，警惕对待国学教育

① 韩东屏. 应按功能类别评说中国传统文化——分而后总：中国传统文化的当代价值与世界影响力[EB/OL].(2017-11-23). https://www.aisixiang.com/data/107004.html.

②④ 刘大桥. 我们为何对儒学说“不”[EB/OL].(2015-01-28). https://www.aisixiang.com/data/83226.html.

③ 刘绪贻，刘道玉. 对“国学热”的反思：著名学者刘绪贻与刘道玉对话录之二[EB/OL].(2014-09-15). https://www.aisixiang.com/data/77922.html.

的文化激进主义并不是无谓之举。而要警惕并克服否定中华传统文化、国学教育的文化激进主义，我们需要在文化观念和思维方法上从激进辩证法转向保守辩证法，对传统文化抱以同情的了解与温情的敬意，运用理性的逻辑分析方法分析传统文化，克服对待传统文化的实用理性。

一、从文化的激进辩证法转向文化的保守辩证法

克服文化激进主义，从而传统文化能得到应有的尊重，国学教育的价值也得以顺遂实现，在文化观念和思维方法上，我们应由斗的辩证法转向和的辩证法，或者说，应由激进辩证法转向保守辩证法。

西方近代以来的历史观是线性思维主导下的进步主义历史观。这种历史观认为，社会历史是不断进步、发展的过程，是高级文明不断代替低级文明的过程。从这种进步主义的历史观出发，文化、文明的发展过程被看作是以新汰旧、不断进步的过程，例如工业文明、工业文化代替农业文明、农业文化的过程。百多年来，受西方进步主义的历史观或社会线性进化论的影响，在我们的社会意识中酝酿出了可以称之为“激进辩证法”的观念和思维方法。这种观念和思维方法支配下的文化观，强调不同历史时期文化差异的绝对性、文化的历史断裂性和文化转化的绝对性；它将社会历史事实强硬塞入社会形态史观的某种既定理论框架，认为站在比古代人先进的现代高位审视传统文化是天经地义的事情；① 尽管它可能标榜自己多元、宽容和思想自由，但它强调新即好，认为自己早已真理在握，剩下的只是如何去充分实现它手握的新的真理，因而它不尊重他们眼中的非真理思想主张的生存权；在它那里，“无论人类在古代历史上有什么伟大的思想创造和物质文化、制度文化建树，它都不过是已然落后的、誓将被取代的一个阶段而已”②。在对待中华传统文化的儒学时，它“……对儒学做粗率的封建意识形态定位，将其作为奴隶主阶级（早期儒学）与封建地主阶级（战国以后的儒学）的主张加以批判。并将之作为固化了的古代思想观念对待，拒绝承认它的当下活力以及超越时代限制之外的普适意涵”③。这也就是说，它将儒学视为已然退出历史舞台的阶级遗留物或“博物馆遗存”，把儒学当作伴随中国古代社会始终的、完全过时的古代意识形态，④ “强调中国古代就是一种落后的封建专制主义

①② 任剑涛. 当经成为经典：现代儒学的型变［M］. 北京：社会科学文献出版社，2018：125.

③ 任剑涛. 当经成为经典：现代儒学的型变［M］. 北京：社会科学文献出版社，2018：127.

④ 任剑涛. 当经成为经典：现代儒学的型变［M］. 北京：社会科学文献出版社，2018：114.

机制：作为古典意识形态的儒家，是反动落后的奴隶阶级和封建地主阶级的精神观念，是为封建专制政治服务的政治思想。作为古典制度建构，是一套服从于皇权专制、缺乏任何现代性含义的反动统治体系”①。因而对作为古典意识形态的儒家“……进行严格的批判和超克，不仅是理所当然的事情，而且是担当文化使命的表现”②。

与激进辩证法的思维方法不同，保守辩证法的思维方法不否定不同时空文化的差异性，但它强调对立面的统一，即它“不强调转化，不强调一方压倒另一方。……重视对立面的统一，知道有对立，但重在统一。以一方对另一方的让步来建立一方对另一方的服从，从而建立统一”③。但是，保守辩证法主张的这种统一，“并不是为了‘守旧’和‘复古’，相反，保守辩证法提倡的，是对过去、现在和未来连续性的承认”④。由这种“连续性的承认”的思想方法出发，保守辩证法不是绝对主义，而是历史主义地看待传统文化；它“……从中国的历史和现实出发，来理解中国，解释中国，并在过去和现在生长出的脉络中，定义未来的可能性”⑤。

将激进辩证法与保守辩证法两相比较，不难发现，前者是否定国学教育、阻碍国学教育实施的“辩证法”，而后者是坐实国学教育的辩证法，是确保国学教育得以顺遂实施的辩证法。因而，为确保国学教育的顺遂实施和促进国学教育价值的实现，我们应由激进辩证法转向保守辩证法。

二、能同情地了解传统文化，并具有对传统文化的温情的敬意

文化激进主义之所以否定传统文化和国学教育，其根源在于以西方为典范、以西方为模式来对中国传统文化进行削足适履式的简单判断，即用西方民主、科学、自由等价值来衡量、裁度中国传统文化。它不仅认为中国传统文化只是与农业社会的经济、政治相适应而过时的，而且认为中国传统文化先天不足，中国传统文化里没有出现科学与民主，并且，自由与儒家的价值势不两立，从而由中国传统文化不可能开出如希腊式的科学和民主。对文化激进主义者来说，“传统社会中所有被理解为自由障碍的观念或制度，都可以或者首先被归咎于儒学。有人

---

① 任剑涛．当经成为经典：现代儒学的型变［M］．北京：社会科学文献出版社，2018：354.

② 任剑涛．当经成为经典：现代儒学的型变［M］．北京：社会科学文献出版社，2018：126.

③④⑤ 传统文化研究课题组．我们今天如何面对中国传统文化［EB/OL］．(2014－01－23)．https://www.aisixiang.com/data/71729.html.

甚至断言，儒家连权利的概念都没有，哪还有什么自由思想可言”①。这种激进主义在二十世纪二三十年代以陈独秀、胡适、傅斯年等人为代表。他们“指责孔教礼法不合现代生活，强烈要求把标志现代学术文化的科学、民主精神引入中国，并宣言哪怕是断头流血，也在所不辞”②。他们一方面认为在传统文化那里，“……一无所有，而列举说起来，则除了打板子，辫发，缠足，太监，抽鸦片外，再无可列举”③；另一方面，他们“……斥责儒家传统并没有开出希腊式的民主和科学因而空泛地判定儒学是一种知性不足的道德说教”④。因而，在他们看来，中国若无外力推动，则无法更新、发展。与斥责儒家传统并没有开出希腊式的民主和科学不同，近年来在有关如何批判地继承传统文化的论辩上的一种提法是如何善于将中国传统中的科学性、民主性的因素提取出来，并加以发扬。与这个提法相行不悖的是如何彻底消除封建遗毒。这种认识属于典型的将中华传统文化与科学和民主同构的认识。而这种把中华传统文化规定为与科学和民主同构的认识，“正是用西方现代文化的典范来评价中国传统文化。结论是可以预期的：值得继承的优秀传统，经过知识社会学的大力发掘之后，还是微乎其微的”⑤。所以，这种主张仍属否定传统文化和否定国学教育的文化激进主义的主张。

文化激进主义者之所以会用西方现代文化的典范来评价中国传统文化，是因为他们在思维方式上将先入为主的文化范畴强套于传统文化，犯了“时代倒置的谬误”（anachronistic fallacy）。⑥ 而激进主义者之所以会犯“时代倒置的谬误”，

---

① 陈少明. 儒学与自由：一个仍然有待商讨的问题［J］. 华东师范大学学报（哲学社会科学版），2019，51（2）：2.

② 黄书光，王伦信，袁文辉. 中国基础教育改革的文化使命［M］. 北京：教育科学出版社，2001：13.

③ 郑家栋. 道德理想主义的重建：牟宗三新儒学论著辑要［M］. 北京：中国广播电视出版社，1992：84.

④ 岳华. 儒家传统的现代转化：杜维明新儒学论著辑要［M］. 北京：中国广播电视出版社，1992：314.

⑤ 岳华. 儒家传统的现代转化：杜维明新儒学论著辑要［M］. 北京：中国广播电视出版社，1992：250.

⑥ 这里所谓的“时代倒置的谬误”是杜维明在《孔子仁学中的道学政》一文中论及今天人们对待孔子的思想时提出的一个概念，其意为如果我们用今天的文化价值标准来审视孔子的思想，断言孔子的思想存在先天不足，那就是用今人的标准来强制古人，因而是对孔子的误读、误识。（见杜维明. 儒家传统的现代转化：杜维明新儒学论著辑要［M］. 北京：中国广播电视出版社，1992：427.）

是因为激进主义对传统文化采取了“弱者政策”。这里所谓的“弱者政策”是相对于“强人政策”而言的。“强人政策”是指为了加强自己文化的信念、文化意识和对自己文化的感受，用自己文化中的精华来与其他文化（特别是敌对文化）中的弱点比高低。例如，19世纪的法国知识分子在进行法德文化比较时，“常常自觉或不自觉突出法国文化的精彩一面，藐视德国文化”①。尽管“五四以来的西化论者在比较中西文化时，也采取了‘强人政策’，可是他们所用的‘强人政策’却和一般的运作程序恰恰相反，也许可以说是地道的‘弱者政策’：用中国文化的糟粕和西方文化的精华进行比较，为的是寻找出自己文化的劣根性。胡适以缠足娶妾和抽鸦片为国粹，鲁迅把自私、敷衍、无聊、妥协、愚昧、狂傲、庸俗、陈腐等等社会心理中的‘奴性’部分归结为国民性，应是较有象征意义的两个例证”②。在文化上实施这种“弱者政策”的结果是认为传统文化中的精华非常少，糟粕却非常多，或者说“……我们能够看到那些可以继承的东西就显得非常之少，而这种‘少’，反过来更加强了我们的一种信念，即传统文化中确实没有什么可继承的东西”③。例如，中国传统文化中的“民本思想和民主制相比，显得非常薄弱，科学技术也是如此。况且古文非常难读，这些东西要继承也困难”④；在激进主义者的“弱者政策”那里，中国传统文化不仅没有什么可继承的东西，而且其糟粕、劣根性正是导致中国人的愚昧和中国社会落后的根源，进而他们激进地、情绪化地批判和彻底否定传统文化。

因而，要克服激进地、情绪化地对待传统文化的现象，其基本前提是应具有把传统文化当成一个需要继承的历史遗产来加以肯定的意愿，对经典应该有同情的了解和温情的敬意，而不是情绪化地舍避、否定传统文化。所谓同情的了解和温情的敬意，指的是从历史主义出发来审视传统文化，用真正的历史眼光，从世界文明的历史意识出发，从探求、发掘的角度来看待中国传统文化，将中国传统文化作为一个整体，全面了解古代思想家的文化传统与时代背景，充分同情、尊重这一传统的内在发展思路。“任何一国的国民，对其本国以往的历史应该略有

---

① 岳华．儒家传统的现代转化：杜维明新儒学论著辑要［M］．北京：中国广播电视出版社，1992：85.

② 岳华．儒家传统的现代转化：杜维明新儒学论著辑要［M］．北京：中国广播电视出版社，1992：245.

③ 岳华．儒家传统的现代转化：杜维明新儒学论著辑要［M］．北京：中国广播电视出版社，1992：86－87.

④ 岳华．儒家传统的现代转化：杜维明新儒学论著辑要［M］．北京：中国广播电视出版社，1992：137.

所知，尤必附随一种对其本国以往历史之温情和敬意"①。但是，"我们应该充分意识到，要进入古人的领域，作同情的了解，并不是件很容易的事。首先，我们要在时间上回到古代，但更重要的是，我们应努力在思想层次上达到古人的水平。例如，就先秦儒家而言，孔子、孟子都代表着中国哲学史的高峰，他们和我们在思想层次上有高低之分，我们要达到他们的层次，理解他们的学说，非得经过相当的奋斗才行。所以我们不能一开始就骂他们、批判他们、和他们吵架，而应该先听，听他们说什么，了解他们的问题和问题性。只有从这个角度入手，同时不放弃自己批判的权利，才能进行一些比较深入全面的反思。这是一种科学的方法，是一种人文学的科学方法"②；并且，"……同情的了悟和系统的理解不但在时间序列上应当占先，而且在精力的分配上也应当占多。因为先入为主的归类以及隔靴搔痒的衡断都是我们研究儒家心性之学的大敌。只有达到相当程度的了解之后我们才能判断适中，才有批评的资格"③。例如，对于孔子这样一位圣哲，"仅仅将他作为理性解剖的对象是远远不够的，要真正理解他，我们还必须深入他的内心，去探究他的情感世界，去寻找他人格背后的信仰支撑，唯有如此，孔子才会向我们敞开他的全部丰富性，以他的真实面目显现于我们面前"④。否则的话，就易于完全以现在、后人的文化价值否定包括孔子在内的过去、前人思想的价值。显然，在对待传统文化时，同情的了解与温情的敬意有助于转变一味地否定传统文化的激进主义态度和立场，有助于肯认传统文化的合理内核。

激进主义之所以不能同情地了解传统文化，是因为他们忽视传统文化，如忽视儒家思想与封建王权专制制度之间的分疏，只强调两者的亲缘性、和谐性，进而将儒家文化视为封建专制的帮凶。毋庸讳言，封建王权制度与儒家思想确有联系，"但并不表示说儒家就是支持皇帝搞独裁、搞专制。事实上，儒家始终认为自己与政统之间存在着紧张关系……。在儒家看来，精神的领袖始终只能是孔子，即便君王、朝代发生了改变和更迭，即便实际的领袖一直在变，但是精神的领袖就只能是孔子。所以，孔子拥有一个特殊的地位。在某种程度上，他有超越于某一个王朝皇帝的地位。而其中孔子与君王之间的紧张关系，大家就看不到，或者大家愿意选择性地漠视。儒家的批评者们痛骂儒家一直强调'三纲五常'，

---

① 钱穆. 国史大纲：修订本［M］. 北京：商务印书馆，1996：扉页.

② 岳华. 儒家传统的现代转化：杜维明新儒学论著辑要［M］. 北京：中国广播电视出版社，1992：61－62.

③ 岳华. 儒家传统的现代转化：杜维明新儒学论著辑要［M］. 北京：中国广播电视出版社，1992：38.

④ 赵法生. 儒家超越思想的起源［M］. 北京：中国社会科学出版社，2019：179.

但是却始终不愿意对儒家的不屈和抗争性进行半点正视”①。我们知道，启蒙运动后，尽管西方世界由于政教分离，教权不再执掌政权，但宗教领袖仍是政权不断更迭中的民众的精神领袖。犹如西方国家政教分离后的宗教领袖，孔子始终是两千多年皇权更替中的儒家和整个社会的精神领袖。对于把包括儒家思想在内的中国传统文化视为封建专制的帮凶这一现象，牟宗三曾批评道：“儒释道三教怎么会帮助极权专制呢？这种误想、联想太过甚了。”② 他认为，包括儒家在内的中国传统文化因道德性和宗教性决定了其与政治的分疏：

儒家讲成圣贤，道家讲真人、讲成至人，佛家讲成佛，讲成菩萨，这都是重个人修养的向上发展。在向上发展的方向中，对列之局是出不来的，所以中国人喜欢讲“天地万物一体”、“物我双亡”。在第一关上，喜欢讲“首出庶物”，把自己爱出来，“先天而天弗违”。依儒家讲，此乃是先见本体，有如禅宗所说的“截断众流”、“涵盖乾坤”。先把主体透出来，这是讲圣贤学问、往高处讲的一定方式；这是讲道德、宗教，不是讲政治，更不是要每个人都要做皇帝。可是一般人不了解这个分际、分寸，而说凡讲透显主体者都是在帮助极权专制。所以首先得把问题的分际弄清楚，讲道德、宗教不同于讲政治，不可相混。③

就中国传统文化注重个人修养的伦理性、宗教性，杜维明也作了揭示。在他看来，“由于儒家思想和帝制中国密不可分，因而帝制的解体必然会导致儒家的没落”“现代中国在社会和经济结构上的无情变迁，必也无可避免地导致儒家价值系统的瓦解”④ 等诸如此类的看法是错误的，或者说因政治和经济结构的变迁而必然会导致儒家价值系统的瓦解、儒家没落的理由是不能成立的。因为“儒家思想既不只是一种政治的意识形态，也不只是一种社会经济的伦理，而主要是宗教性哲学（religious philosophy）的传统”⑤。将儒家思想还原为农业立国论（agranrianism）、家族主义或官僚主义的说法，“那是忽略了其伦理宗教的性格

① 千春松：儒家不是还乡团[EB/OL].(2014-09-04).https://www.aisixiang.com/data/77549.html.

②③ 郑家栋.道德理想主义的重建：牟宗三新儒学论著辑要［M］.北京：中国广播电视出版社，1992：26.

④⑤ 岳华.儒家传统的现代转化：杜维明新儒学论著辑要［M］.北京：中国广播电视出版社，1992：523.

(ethicoreligious character)"①。

所以，要对传统文化产生同情的了解、温情的敬意，理智上应认取其超越政治的道德性和宗教性；在此基础上，将儒家思想等传统文化与封建王权专制制度、帝制中国作应有的分疏。

三、运用理性的逻辑分析方法处置传统文化

克服对待传统文化的激进主义，对传统文化除了应有同情的了解和温情的敬意外，还应以理性的逻辑分析方法来处置传统文化，或者说我们应将情感认同与理性认识结合起来，做到情理融贯。这里所谓的理性的逻辑分析方法，指的是一种严肃地检讨和理性地批判传统文化的思维方式，它以内在于传统文化的逻辑来认识传统文化，辨析传统文化的正确与错误、精华与糟粕，然后取其精华而去其糟粕。这要求我们"操戈入室"（所谓操戈入室之操戈，即操理性的逻辑分析之戈），进入传统文化的内部，认真阅读、学习传统文化经典，研探传统文化的究竟。"面对各种人文思想，我们首先必须'进去'。……看看它到底会在我的身心性命之中引起怎样的共鸣"②；"如果我们不内在于传统本身的逻辑性来把握它的菁华，而用一些完全疏离而外在的标准来把握它、评价它，那么你能够找到的菁华当然不会很多，进而使你死心塌地地认定：传统已经失去了继续存在的理由，甚至满怀悲愤地表示：我们如果有勇气面对西方的挑战，……我们就应该割断和传统的联系，不管是在理智上还是情感上，否则，中国就永远站不起来"③。而进入传统文化内部，用内在于传统文化本身的逻辑来把握传统文化的精华，其基本前提是不能"束书不观"。可以说，"束书不观"是导致激进主义者贬斥、否定传统文化的关键所在，是他们排斥传统文化惯常使用的"杀手锏"；激进主义者由于"束书不观"，不顾传统文化内容本身，往往从传统文化的外部就将其否定了。由"束书不观"而造成的对文化的否定、对文化赓续的破坏作用，方东美曾以盛唐之后的佛教的命运为例：

---

① 岳华．儒家传统的现代转化：杜维明新儒学论著辑要［M］．北京：中国广播电视出版社，1992：517－518.

② 岳华．儒家传统的现代转化：杜维明新儒学论著辑要［M］．北京：中国广播电视出版社，1992：98.

③ 岳华．儒家传统的现代转化：杜维明新儒学论著辑要［M］．北京：中国广播电视出版社，1992：87.

谈到“束书不观”，就历史因素而言，盛唐之后，社会上成立了许多佛教的“大丛林”。由于战争频仍，天下大乱，盗贼横行，人民的生命财产一无保障，唯有寺庙受到社会及政治上的保障，而成为一般富贵家庭的子女玉帛的安全庇护所。因而，寺庙成为社会上财富集中的地区。但寺庙中的和尚在铜臭熏灼的情况下，一下子从崇高的宗教精神世界上堕落下来，掉到赤裸的经济生活的现实世界中，除了极少数的大德高僧以外，“极大多数的和尚们就此滥俗无聊，自然而然的，佛经就尘封在藏经楼中而‘束书不观’了。”①

这也就是说，盛唐之后，受铜臭熏灼的极大多数和尚由于“束书不观”而使盛唐之后的佛教式微。尽管现今的文化激进主义者反对、贬斥传统文化往往也是由于“束书不观”，但与盛唐之后的极大多数和尚耽迷于赤裸的经济生活或被物欲所腐蚀所导致的“束书不观”不同，现今的文化激进主义者之所以对传统经典“束书不观”，是因为他们对传统文化作外在而直接的情绪性反对而使他们“束书不观”。所以，如果我们要不再对传统文化作直接的情绪性反对，或者说我们要不再“束书不观”，而能真正进入中国传统文化的内部，并依照传统文化本身的逻辑来把握它，对包含多重内涵的文化传统作具体的辨析，使之呈现逻辑的清晰性，那么，我们就不会一味地拥抱西方而抛弃自家的“无尽藏”，我们就能体认和发掘传统文化资源的价值所在。这样，就有助于消解和克服一味地否定传统文化的激进态度和立场；此正所谓“没有学习就没有了解，没有了解就没有同情，没有同情就没有敬意，没有敬意就没有体认，没有体认就没有信仰和情怀”②。就此而言，不再“束书不观”是我们以同情的了解与温情的敬意对待传统文化的基本前提。

四、克服对传统文化的实用立场

文化激进主义者以西方现代文化作为裁量中国传统文化的标准的初衷是他们把富强当作振兴中华民族的当务之急。这一初衷使他们从实用的立场来审视包括儒家思想在内的一切传统文化，从而造成对传统文化的否定；也就是说，这一初衷使他们将一切与富强没有直接关系的文化价值视为可有可无，甚至可以舍弃的东西。

从实用的立场出发，一方面，文化激进主义者将西方文化视为功利化的为我

---

① 蒋国保，周亚洲．生命理想与文化类型：方东美新儒学论著辑要［M］．北京：中国广播电视出版社，1992：435.

② 任重，刘明．儒学复兴：继绝与再生［M］．北京：中国政法大学出版社，2012：120.

所用的工具，将内涵丰富的西方文化的“套餐变为点菜”，主张只用其科技；①另一方面，他们在审视中国传统文化时，认为传统文化对实现富强的目标没有直接的价值而否定传统文化。这正如杜维明所指出的：“说得直截些，西方现代文化之所以在知识分子心目中有如此崇高的地位和如此美好的形象，不是因为其内涵所体现的真善美，而是因为其中颇有实用的价值；同样地，中国传统文化被贬斥得一钱不值，也是因为在富强的前提下丧失了利用的价值。”② 既然在富强的前提下，传统文化丧失了可利用的价值，那么，否定传统文化也就被视为是正当的、合理的。

由此而言，在文化激进主义者情绪化地对待传统文化的背后作祟的是其实用理性，前者是由后者生发的，或者说对待传统文化的实用理性是文化激进主义者情绪化地对待传统文化的前提。因而，克服一味地否定传统文化的文化激进主义，从而能真正认同传统文化，还须克服对待传统文化的实用立场。而克服这种实用立场的关键是站在反思现代人、促进现代人健康发展的高度来评判传统文化的积极和消极作用。

五、把激进主义当作“过去式”

如上所述，文化激进主义对待传统文化的先入为主的成见是以西方现代文化为标准来衡诸传统文化的结果。但文化激进主义所谓西方现代文化标准是抽象的、不确切的。因为西方的现代文化本来就是多元的，是西方各国在依循他们各自的传统文化的前提下生成的，所以“在现代化的历程中西方多元文化所代表的是一些特殊和具体的实例（各有各的文化认同），而不是放诸四海而皆准的一般原则”③。西方国家的现代化是在他们各自民族国家的文化认同前提下的现代化，是他们在各自的文化认同的基础上开出的现代化。要实现我国的现代化，最终实现中华民族伟大复兴，也不例外，认同我们自身的传统文化是重要前提。对我们来说，“……传统不是只有‘历史意义’的过去陈迹而是紧密联系当前现实并且

---

① 莫天. 国学教育的新使命：继承与超越[EB/OL].(2016-11-03). https://www.aisixiang.com/data/101966.html.

② 岳华. 儒家传统的现代转化：杜维明新儒学论著辑要［M］. 北京：中国广播电视出版社，1992：241.

③ 岳华. 儒家传统的现代转化：杜维明新儒学论著辑要［M］. 北京：中国广播电视出版社，1992：255.

面对将来潜存着无穷可能的因此生命力充沛的传统”①。从文化认同这一基本前提出发来审视传统文化，或“从‘文化认同’的角度来检视我们的民族性格、社会心理和价值取向，就不能武断地批判传统文化为封建遗毒，不能用‘强人政策’（或‘弱者政策’）来丑化曾在塑造民族性格、培养社会心理、规定价值取向方面发挥过巨大作用的精神资源，不能以西方现代文化的标准为标准，把传统文化当作业已死亡或僵化的历史陈迹，更不能盲目地反对传统。我们应当培养自知之明，对传统进行全面而深入的反思：认识其个性，了解其内含，体会其动源，掌握其来龙去脉，如此方能争取到评价的资格，才能开展批判继承的文化事业”②。并且，对传统文化“有了深厚的认同感（超越了‘封密的文化沙文主义’而培养出来的一种群体的、批判的自我意识），我们才真能广结善缘和其他‘轴心文化’的继承者进行‘礼尚往来’的交通”③。这种“礼尚往来”的交通或交流，是他国了解、理解我们和我们向他国先进文化学习的根本途径。“在‘西化’的单一模式已被‘现代化’的多元模式所取代的今天，把‘传统’只当作过去的陈迹和当前的现实以及将来的可能毫无关系的意见也已站不住脚了。把传统限隔在既定的时间坐标系统中是肤浅的现代主义者所犯的通病”④。在世界各国的现代化呈现为多元模式的当今时代，文化激进主义不认同和一味地否定自身的传统文化也患上了肤浅的现代主义者所犯的通病。所以，不是如文化激进主义那样，把传统文化视为文化的“过去式”，反倒是激进主义应成为“过去式”，“既然传统是从过去通向现在而且是从现在展望将来的必经道路、传统意识又是知识分子自我意识的组成部分，把传统‘过去化’的思考模式早已成为明日黄花了”⑤。习近平主席于 2016 年 5 月 17 日在哲学社会科学工作者座谈会上向哲学社会科学工作者提出了哲学社会科学研究应贯彻“不忘本来，吸收外来，面向未来”三原则。其中的“不忘本来”原则以认同本来或认同我们自身的传统文化为前提。显然，从习近平主席强调的“不忘本来”原则出发，文化激进主义应作另册处理，应成为“过去式”。

---

①⑤ 岳华. 儒家传统的现代转化：杜维明新儒学论著辑要［M］. 北京：中国广播电视出版社，1992：306.

② 岳华. 儒家传统的现代转化：杜维明新儒学论著辑要［M］. 北京：中国广播电视出版社，1992：256.

③ 岳华. 儒家传统的现代转化：杜维明新儒学论著辑要［M］. 北京：中国广播电视出版社，1992：329.

④ 岳华. 儒家传统的现代转化：杜维明新儒学论著辑要［M］. 北京：中国广播电视出版社，1992：305.

以上消解否定传统文化的文化激进主义的五个方面的关系是互为前提、相互促进的多面一体的关系。

从它们之间的互为前提的关系来说，一方面，不能从激进辩证法转向保守辩证法，便不会有对传统文化的同情的了解和温情的敬意，从激进辩证法转向保守辩证法是对传统文化的同情的了解和温情的敬意的前提；而没有把文化激进主义当作“过去式”，就不会有对传统文化的同情的了解与温情的敬意，只有以把文化激进主义当作“过去式”为前提，才可能有对传统文化的同情的了解与温情的敬意；而没有对传统文化的同情的了解与温情的敬意，就不可能对传统文化进行理性的逻辑分析。另一方面，克服对传统文化的实用立场，从传统文化的实质意义而非形式意义的立场来看待传统文化是将文化激进主义当作“过去式”的前提。所以，我们可将实用立场的克服视为克服文化激进主义前提的前提。

从它们之间的相互促进的关系来说，一方面，从激进辩证法转向保守辩证法，有助于形成对传统文化的同情的了解和温情的敬意；而对传统文化的同情的了解和温情的敬意，有助于人们运用理性的逻辑分析方法处置传统文化，对传统文化的理性逻辑分析能强化对传统文化的同情的了解和温情的敬意，而对传统文化的同情的了解和温情的敬意，又能强化对传统文化的认同意愿，进而有助于克服对传统文化的实用的立场。另一方面，克服对传统文化的实用立场，有助于强化把文化激进主义当作“过去式”的意愿；把文化激进主义当作“过去式”的意愿的形成，又能促进人们运用理性的逻辑分析方法处置传统文化；而运用理性的逻辑分析方法处置传统文化又有助于生成对传统文化的同情的了解和温情的敬意，从而有助于在对待传统文化时，从激进辩证法转向保守辩证法。

百多年来，动辄对传统文化采取激进主义的立场而否弃传统文化，进而否弃传统文化教育、国学教育的现象，曾频繁地发生。不难设想，它将来还可能发生。因而，以上言及的克服文化激进主义的几个方面，对于确保国学教育的顺遂实施及促进其价值的实现，无疑是必要的。

第二节　要把好事办成好事，须克服文化保守主义

为了不否定国学教育，并且将国学教育当作积极的现象或“好事”来看待，我们必须警惕和克服文化激进主义。以此为前提，我们要将“好事”办成“好事”，或者说国学教育要获得健康发展，需抵制复古论的文化保守主义。

我们可将我国现代史上为适应时代要求和趋势而抗衡全盘西化，强调立足传

统、融会古今、中西会通的文化调和论，称为文化保守主义。例如，章士钊、梅光迪等民国时期的学者认为中国文化教育“……应走一条既能安顿传统、又能与时俱进、推陈出新之路，应采取在保守传统中革新更化的演进方式”①；他们不反对学习和引进西方文化，“但强调应融西学于中学之中以实现中西文化教育的调和”②。章士钊、梅光迪等在文化教育上的此类思想主张便为文化保守主义主张。再如，前文述及的提出中国本位文化论的十教授和现代新儒家的代表人物熊十力、徐复观、牟宗三等，走的也是古今、中西调和、会通、融合的路线，我们也可将他们的思想主张视为文化保守主义。

但是，本文此处论及的须抵制的复古论的文化保守主义不是主张对古今、中西文化进行调和、融汇的文化保守主义，而是将西方文化视为欲望膨胀之祸而力图返回自身的文化传统、主张复古的文化原教旨主义或复古论的文化保守主义。复古论的文化保守主义者认为：“……中国传统文化博大精深，是国人之本，一点不比西方文化差，不仅有其独到之处，而且具有无穷潜能，在当代中国社会的发展进程中，值得并亟需大力弘扬。”③ 复古论的文化保守主义者一般把自己视为文化革命、反“反传统”的斗士。他们向往古代，一味地诉诸传统、固守传统，进而把中国传统文化的一切都美化成国粹。例如，在他们的心目中，“凡是中国古代的就是好的，否则就是不好的”。就中国现实问题的解决，复古论的文化保守主义者主张一切应率由旧章，以儒学之是非为是非，以儒学为衡量历史的尺度；他们在看待儒家时，“把儒家在历史上某个时代建构的某一套具体的礼看作是儒学的根本，认为不能动它”④；他们认为只有坚持读古书、行古礼，中国就会比现在更好。他们缺乏对传统文化的批判精神，充满着对传统文化的盲目崇信。这正如刘清平就现今国学热中的复古论的保守主义所指出的：

> ……凡是孔孟朱王说过的，凡是尧舜文武行过的，都要坚决拥护、无限忠于。
>
> 甚至，越是那些陈旧消极的东西，辩护起来越是热情积极。
>
> 于是，小人女子为难养也的名言，便突然放射出为政以德、尊重妇女的

---

①② 吴全华．教育学本土实践的历史与现实论略［J］．苏州大学学报（教育科学版），2016，4（2）：69．

③ 韩东屏．应按功能类别评说中国传统文化——分而后总：中国传统文化的当代价值与世界影响力［EB/OL］．（2017－11－23）．https://www.aisixiang.com/data/107004.html.

④ 黄玉顺，方旭东．“生活儒学”问难：何为正义？——关于儒家伦理学的富春山对话［EB/OL］．（2018－04－09）．https://www.aisixiang.com/data/109374.html.

灿烂。

于是，饿死事小失节事大的教条，便转而跃升到净化风俗、限制淫欲的崇高。

于是，无父无君是禽兽也的秤砣，便重新划出了忠臣之人与乱臣之兽的界河。

几乎可以说孔孟朱王原本就是永无谬误的宗座教皇。①

这意味着，复古论的文化保守主义者对传统文化的重视，秉持的是文化“复魅”的企图。但是，“他们所‘复’之‘魅’实质上并不是作为‘祛魅’对象的前现代的价值，而是某种现代性的东西，是现代性中很扭曲的那一个侧面。就此而论，他们其实不是在‘复魅’，而是在‘造魅’”，“其本质是打着‘儒家传统’的旗号反儒家传统”。②

我们不可小觑复古论的文化保守主义的“造魅”之举。因为复古论的文化保守主义者的“造魅”之举会严重妨碍传统文化的复兴和国学教育的健康发展。实施国学教育是为了复兴传统文化，但“所谓‘复兴’首先是尊重、认可并传承自身的文化传统，并立足当下做出时代性的阐释，而不是简单照办古说的‘复古’”③。或者说复兴传统文化，不能复古倒退，不应落入一味地遵从传统文化的复古论的保守主义，而是对传统文化要有所取舍。这也就意味着，在对待传统文化和实施国学教育时，我们应“……继承传统而不是固守传统，借鉴古人而不是模仿古人，参照古典而不是套用古典”④。要做到不固守传统、不模仿古人、不套用古典，要求我们对传统文化的继承“不是复古倒退，也不是抱残守缺，而是具有革新意义的、面向未来和世界”⑤ 的创造性活动。而要使国学教育成为这样的创造性活动，须克服由复古论的文化保守主义造成的文化封闭和文化保守。本

---

① 刘清平. 评当代儒学中的原教旨主义[EB/OL]. (2015-08-17). https://www.aisixiang.com/data/91406.html.

② 黄玉顺. 儒家文化复兴需彰显个体价值[EB/OL]. (2023-04-17). https://www.aisixiang.com/data/103918.html.

③ 郭萍. “自由儒学”纲要：现代自由诉求的儒学表达[EB/OL]. (2017-07-13). https://www.aisixiang.com/data/105077.html.

④ 陈晓平. 继承传统抑或固守传统?：从程振明对刘小枫等人之学风的批评谈起[EB/OL]. (2017-06-20). https://www.aisixiang.com/data/104761.html.

⑤ 袁行霈. 国学的当代形态与当代意义[EB/OL]. (2016-11-02). https://www.aisixiang.com/data/101937.html.

章要阐述的是如何克服由复古论的保守主义所造成的文化封闭和其建立在不良的文化心理基础上的文化思维方式。至于如何克服由复古论的保守主义所造成的文化保守或如何处理好文化的古今关系，笔者将会在下一章论及国学教育的课程教学原则时作阐述。

一、克服复古论的文化保守主义，应警惕由三种现象造成的文化封闭

国学教育要抵制复古论的文化保守主义的文化封闭，要求我们应处理好继承传统文化与学习外国文化之间的关系，即我们在强调继承传统文化时，还应注重向他国、包括向西方学习，不仅学习他们的科学技术，而且学习他们的文化。“今天，全球化、信息化已经席卷整个世界，谁最善于利用世界各种不同文明精神生产、物质生产乃至制度生产的优秀成果同自己所固有的优秀文化传统有机结合起来，在彼此融合和融通中开辟自己的新路，谁就能够占得先机，领跑于世界。”① 所以，国学教育要求学生“学习中国经典，不等于排斥外国学术”②。

中国民主革命先驱孙中山先生曾指出，中华民族要想复兴，“除了恢复一切国粹之后，还要去学欧美的长处，然后才可以和欧美并驾齐驱，如果不学欧美的长处，我们还是要落后”③。孙中山当年的这番话，今天仍有启发意义。如果在强调继承、复兴传统文化的同时，否定西学，那么，文化教育就走上了自我封闭之路，文化教育就会阻滞文化现代性的发展，甚至断送文化现代性发展的已有成就。所以，我们的“眼睛不要只盯着几部儒家经典，把世界各民族的经典都请进校园，培育世界公民；中国才会涌现世界一流的思想家、科学家、文学家、艺术家、人文学科和社会科学各领域的大家”④。只有这样，我国才能真正实现现代化。

要抵制文化封闭，在文化上保持对外开放，应警惕三种现象，即应警惕文化上的妄自尊大、自大的民族主义和将儒学原教旨主义化。

---

① 姜义华．“弘扬传统”应避免排外主义和儒学宗教化[EB/OL]．(2017－09－25)．https://www.aisixiang.com/data/106121.html.

② 方朝晖．青少年读经亟需重新定位和规范[EB/OL]．(2016－09－07)．https://www.aisixiang.com/data/101270.html.

③ 转引自马克锋．近代中国赶超欧美的思想历程［J］．新华文摘，2016（12）：67.

④ 袁伟时．中国传统文化：辉煌·历史危机·现实危险[EB/OL]．(2014－11－03)．https://www.aisixiang.com/data/79562.html.

（一）应警惕文化上的妄自尊大

国学教育要克服复古论的文化保守主义，在文化上保持对外开放，现今应高度警惕文化上的妄自尊大。自中西文化际会以来，我们一直存在着两种不同的文化态度：或妄自夸大，或自卑蔑视，[①] 或者存在如杜维明所说的强烈的优越感和强烈自卑感两种极化情感。[②] 现今，我们对自身的文化、包括传统文化，不再自卑了，总体上已走出了文化的自我蔑视了，自我贬低已不属于我们了；一定意义上，也没有谁会在文化上自卑、自贬了。但不难发现，在文化上不自卑、不自贬，在有的人那里，已发展为文化上的妄自夸大、唯我独尊，甚至有的人在妄自夸大的同时，还刻意贬低他国文化。例如，有的人非常愚蠢地"把西方和美国说得好像什么都不是"[③]。而这种妄自夸大的本国文化、刻意贬低他国文化的做法，必然会把自己封闭起来，闭锁于他国文化，必然会阻抑我们向他国文化的开放、学习。所以，要克服复古论的保守主义，确保国学教育的健康发展，我们须警惕文化上的妄自尊大。

（二）应警惕自大的民族主义

"五四"时期的文化总体状况是强烈的反传统意识与强烈的爱国意识相结合。但现今存在一种与"五四"时期不同的文化现象，即强烈的维护传统的意识与自大的民族主义的结合。由文化上的妄自尊大而导致贬低、排斥他国文化和唯我独尊地维护传统文化的现象，在其背后作祟的是文化上的由爱国主义极化而形成的自大的民族主义，或者说时下的以复兴传统文化为噱头的文化复古主义，高举的是自大的民族主义大旗。例如，它高举由高蹈的经济发展成就而生发的经济民族主义大旗。这种自大的文化民族主义导致一些人在文化上退守于自身的文化，进而导致文化上的妄自尊大。在这种自大的民族主义旗帜的麾下，没有外国文化的生存空间；狭隘的文化民族主义在盲目崇信传统文化时，还贬斥科学技术、普遍人权、法律正义、人人平等、自由民主等文化现代性价值。郭萍就这种自大的或狭隘的民族主义可能带来的不良后果作了具体的阐述，她指出：

---

① 马克锋．近代中国赶超欧美的思想历程［J］．新华文摘，2016（12）：66.

② 岳华．儒家传统的现代转化：杜维明新儒学论著辑要［M］．北京：中国广播电视出版社，1992：55.

③ 甘阳．古典学和中国学术共同体［EB/OL］．（2020－01－01）．https://www.aisixiang.com/data/119665.html.

> 原教旨主义儒学有意无意地将现代自由等同于西方自由，将个体自由等同于恣意妄为，据此认为现代社会的诸多弊端都是由这种“现代”自由导致的。于是，他们借否定西方自由为由直接拒斥现代自由，否定现代民主政治制度的价值。而他们开出的救治“良方”却是要复活前现代的专制政治，例如当代的“大陆新儒教”极力鼓吹传统公羊家提出的“三纲”礼法制度，并设想通过“政教合一”的模式来保障落实。这种借中西之别否定古今之变，不仅危害儒学自身的发展，而且与当代中国人的自由诉求背道而驰，而其强烈而狭隘的民族主义立场，更潜藏着助长极权主义的风险，特别值得警惕。①

因而，我们在强调国学、国学教育重要性的同时，文化教育要保持对他国文化的开放，必须摒除自大、狭隘的民族主义，“只有当儒学跳出了‘我族中心主义’的魔障之后才会有超越文化约束的一线希望”②，国学教育才能健康发展。

（三）应警惕儒学的原教旨主义化

国学教育在强调学生学习中国传统文化经典的同时，要做到不排斥学生学习外国文化，当下值得警惕的一种现象是儒学的原教旨主义化。对于国学热、国学教育热，李零和裘锡圭教授表现得不以为然。③ 这里，以李零和裘锡圭等人为代表的对国学热、国学教育热报以不以为然的态度，可视为一个极端。另一个极端则是将儒学原教旨主义化。所谓儒学的原教旨主义化，即主张“……儒学不应该也不需要与以西方的自由民主制为代表的现代价值相融合”④。将传统文化特别是儒家学说原教旨主义化典型地体现在沿循荀子、董仲舒、康有为的公羊学这一儒学线脉的大陆新儒家蒋庆、姚秋风等人那里。例如，在中国政治与西方政治的关系上，蒋庆认为：“所谓‘中国政治’，就是区别于西方自由民主政治而具有中国历史文化自性特色的超越当今世界政治发展道路之外的体现儒家政治价值与政治原则的中国式政治。”⑤ 在蒋庆看来，这种政治的核心就是恢复汉代公羊学

---

① 郭萍．“自由儒学”纲要：现代自由诉求的儒学表达[EB/OL]．(2017－07－13)．https://www.aisixiang.com/data/105077.html.

② 岳华．儒家传统的现代转化：杜维明新儒学论著辑要［M］．北京：中国广播电视出版社，1992：31.

③ 李零．我所知道的马克思主义，共产党和中国传统文化[EB/OL]．(2017－06－19)．https://www.aisixiang.com/data/104731.html.

④ 孙金峰．儒家宪政及其问题[EB/OL]．(2014－06－30)．https://www.aisixiang.com/data/75903.html.

⑤ 蒋庆．再论政治儒学［M］．上海：华东师范大学出版社，2011：4.

的传统，建立天、地、人三重政治的合法性。[①] 蒋庆认为，虽然世间存在多元价值，但各种价值之间绝不是没有高低主次之分的，而是“存在着绝对的价值，价值之间是有高低主次之分的”。[②] 他认为中国古人的“天道”观所代表的价值是神圣、绝对的价值，而这种价值只有儒家才能把握。这显然是将儒家文化价值定于一尊，且处于绝对高位的文化价值，而其他文化所代表的价值是低于或次于儒家文化价值的次要的价值主张。这种立场的文化价值主张可以称为儒家原教旨主义。[③]不难设想，从儒家原教旨主义出发，必然导致文化的自我封闭心理。

要克服儒家原教旨主义化而导致的文化封闭心理，我们需回到原始儒家——孔子那里。因为在这方面，孔子是我们的榜样。孔子虽身处春秋时代，但他“不仅推崇老子，推崇蘧伯玉、郑子产，甚至‘吾不如老圃，吾不如老囿。’他虚心向学，从善如流。绝不至于关起门来自诩高明而造成闭门塞听的学术生命局面”[④]；例如，孔子在三十一岁时，到周天子的首都雒邑（现在河南洛阳市），“找到当时的大学问家老聃询礼，系统学习礼乐知识和进行实践”；[⑤] “孔子在对于九流——以后班固所分的九流，也是无不接纳其中的学术优点，所以才能以儒家为主体的精神中心，而包容百家，汇通众流。他是‘毋意，毋必，毋固，毋我’，是敞开学术精神的大门，兼容并蓄，而成其博厚高明悠久无疆之学”[⑥]。现今的国学教育在继承或保守传统文化时，应保守孔子这一开放的胸襟。我们现今的所谓保守，只有成为这种开放的保守，才是合理的保守，才能克服保守的狭隘性、封闭性，才能克服由复古论的文化保守主义所造成的将儒家文化原教旨主义化，才能不以过去为导向，而是以思考现实问题为出发点，以思考未来为导向。

二、克服复古论的文化保守主义，应克服错误的文化思维方式

要摒除狭隘的民族主义这一魔障和由这一魔障所导致的文化上的妄自尊大和将儒学原教旨主义化的文化心理，抱持对外国文化的开放态度，我们既应克服将中西文化作主客二分的思维方式和以自身传统文化的普遍性价值否定他国文化普遍性价值的文化思维方式，又应克服将西方文化视为只有理性精神而无德性精神

---

①③ 孙金峰. 儒家宪政及其问题[EB/OL]. (2014 - 06 - 30). https://www.aisixiang.com/data/75903.html.

② 蒋庆. 生命信仰与王道政治：儒家文化的现代价值 [M]. 新北：养正堂，2004：138.

④⑥ 蒋国保，周亚洲. 生命理想与文化类型：方东美新儒学论著辑要 [M]. 北京：中国广播电视出版社，1993：448.

⑤ 韩星. 超凡入圣：孔子的人格境界[EB/OL]. (2020 - 01 - 14). https://www.aisixiang.com/data/119820.html.

的认识和消极倾向的比附以求同的文化思维方式。

（一）克服将中西文化作主客二分的思维方式

这里所谓的将中西文化作主客二分的文化思维方式，即把自身的文化预设文化主体，一味地强调自身文化的主体性，而将外来文化特别是西方文化视为文化客体，在此基础上以主客相待的方式对待中西文化。以这种思维方式对待中西文化，便是以我为主，以外来文化、西方文化为客的思维方式。

以这种主客相待的思维方式对待中西文化会产生文化心理的自闭，进而阻抑向西方文化的学习。之所以这样说，是因为以主客相待的方式对待中西文化，文化间的交往便会是主客式的，即交往的双方，一方为价值主体，另一方则为价值客体；在文化交往的过程中，价值客体就会被视为价值主体实现自身价值的手段，因而价值客体只具有工具性意义，价值主体与价值客体两者便会形成一种价值上的体用关系。在这种体用关系下，价值主体往往不能真正接纳价值客体，不能将价值客体与自身融合。例如，大陆新儒家中的儒家宪政的倡导者白彤东和陈祖为都试图回答儒家思想与现代社会的合理多元价值相融合的问题。但在白彤东的孔氏中国那里，孔氏中国之所以能够接纳个人自由与权利，是因为个人自由与权利可以作为预防贤能政治做出错误决定的后备机制。[①] 这也就是说，在白彤东的孔氏中国那里，个人自由与权利只是实现贤能政治的工具，贤能政治是其文化融合之体，而个人自由与权利只能是贤能政治之用。而这种体用式的文化融合并不能使其能真正接纳个人自由与权利等文化现代性价值。这正如孙金峰所指出的："只是把个人自由与权利当成完善儒家贤能政治的手段与工具，并非出于对个人自由与权利的内在价值的认可，因而个人自由与权利并未得到孔氏中国实质性的接纳。"[②] 这在陈祖为的温和的圆善主义那里也是如此。"他一方面要确保儒家思想的圆善主义色彩，另一方面又要使各种非儒家的合理的多元价值被接纳"[③]。但他认为要确保儒家思想的圆善主义性质，不应当把个人自治等文化现代性价值作为绝对的价值，而应把它当作众多价值中的一种。在他那里，个人自治是不能忤逆儒家基本思想的个人自治；这样，尽管增强和拓展了个人自由在儒家思想中的空间，"但仍不能解决儒家思想与合理的多元价值相融合的问题"[④]。他与白彤东一样，没有做到真正地接纳个人自由与权利等文化现代性价值。可以说，白彤东和陈祖为所提出的中西文化融合的方案都是不成功的或者说都存在致

---

① 白彤东．旧邦新命：古今中西参照下的古典儒家政治哲学［M］．北京：北京大学出版社，2009：81.

②③④ 孙金峰．儒家宪政及其问题［EB/OL］．(2014－06－30)．https://www.aisixiang.com/data/75903.html.

命的缺陷。这是因为他们两人都没有跳出审视中西方化的主客相待、体用一致的思维方式，即他们两人仍像历史上中体西用论者一样，将以儒学为代表的中国传统文化视为体，而将西方文化视为用。

对于中外文化的关系，如白彤东和陈祖为两人的主客相待的思维方式，一定意义上是虚位以待的立场；尽管这种思维方式下，其文化观念是保守式的，但因其文化观念毕竟具有一定的开放性而只能算是一种温和的文化保守主义。在以主客相待的思维方式看待中外文化的关系上，除了这种由虚位以待的立场而形成的温和的文化保守主义外，还存在由实位以待的立场而形成的文化保守主义。这一立场的文化保守主义与中体西用论的立场一样，将自身的文化预设为主体文化，而将外来文化预设为客体文化；与此同时，它将自身的文化视为无需向价值客体或他国文化学习的价值充分的文化。据新华网 2010 年 12 月 9 日报道，曲阜孔庙附近将建一座高 40 米、可容纳 3 000 人的基督教堂。这一报道曾引起社会的广泛关注。在一部分关心儒学复兴的人士那里，关注此事件的目的不是反思儒家文化，探讨我们如何向基督教文化学习，而是情绪性地将其视为反客为主的“大逆不道”之举。例如，有人认为“我们不能主客不分，不能主次不辩。外国传教士以善意来华传教，我们会以客人之礼而热情相待，然而，任何外来教派以主人自居，或者意欲喧宾压主、反客为主，就不能忽视、纵容了”①。面对外来文化与自身的文化的竞争格局，他们不仅主张不能忽视、纵容在曲阜这个被称为儒教圣城之地建宏伟的基督教教堂，而且强调没有必要与之交流、对话。例如，有人认为“竞争的基本前提是以儒家为主，兼容、整合其他宗教，如果丧失了儒家的主体地位，那一切就无从谈起”②。还有人质问道：“远道而来的客人，如果已经成为家院的新主人，对话还有必要吗?”③ 显然，将在曲阜可能成为强势存在的基督教文化视为反客为主的判断是将儒家文化前置性地预设为主体文化、将基督教文化前置性地预设为客体文化的结果。而这种主客相待式的预设正是一部分人拒绝与“反客为主”的基督教文化进行交流对话的缘由。这种对文化作主体与客体判别的实位以待的立场和思维方式，一方面，使如基督教这样的外来文化，成为想象中的反客为主的文化；另一方面，使定位为主体文化的儒家文化一开始就丧失了对自身文化的反思，丧失了通过反思自身而借鉴、吸收他国文化的可能性。

---

① 任重，刘明. 儒家回归：建言与声辩［M］. 北京：中国政法大学出版社，2012：306.

② 任重，刘明. 儒家回归：建言与声辩［M］. 北京：中国政法大学出版社，2012：277.

③ 任重，刘明. 儒家回归：建言与声辩［M］. 北京：中国政法大学出版社，2012：307.

因而，我们在继承传统文化和实施国学教育时，要保持开放的文化心理，必须跳出将中西文化作主客二分的思维方式，至少不应以实位以待的立场对中西文化作主客二分，而应以平等的主体间性关系或主主对话式的关系代替中西文化的主客相待的关系。这种主主对话意味着文化交往的双方都是价值主体，这样文化交往的过程也就成了不同价值融合的过程，成为文化的“世界性”与“对话性”相结合的互动、互证、互补式的实践过程。

（二）克服以自身传统文化的普遍性价值否定他国文化普遍性价值的文化思维方式

牟宗三曾说：“每一个文化系统皆有其双重性，一个是普遍性，一个是特殊性，每一个民族都该如此反省其自身的文化，只要它是个真理，它就有普遍性，但是真理并不是空挂着的，而必须通过生命来表现，通过一个生命来表现，就有特殊性”①；他还曾说：“勿以为有特殊性即停于特殊性，停于特殊性而不进，则其文化生命死矣，此真所谓顽固也。”② 但时下在论及文化的普遍性价值时，有一种看法认为，言说西方文化的普遍性价值意味着否定我们自身的文化，是文化的历史虚无主义、缺乏文化自信的体现。他们在持这种看法的同时，不是将自身的文化“停于特殊性而不进”，而是将自身的文化视为普遍性的，是具有普遍性价值的。这典型地体现在今有的大陆新儒家那里。在有的大陆新儒家看来，儒家并不是不讲普遍性价值的，只是要让东亚儒家成为普世价值的“制定者”，过去东亚儒家价值，就曾经是通行天下的普世价值。③ 例如，有人认为，“仁其实比自由、平等这个概念更抽象，因此也更普世。我们中国现在老说软实力，软实力核心是价值。那么中国的价值是什么？我觉得就是仁义。我想我们不管是学界还是政府都应该大大方方把这个仁义作为人类的普世价值告诉全世界”④。除了有人将仁义作为普世价值外，还有人将传统文化中的亲亲作为普遍性价值，例如，曾亦在《亲亲与尊尊——论儒家思想中的“普适价值”》一文中说：“……就整个社会、人类而言，则莫不有爱”，“‘世界充满爱’，个体的绝对自由反而使亲

---

① 郑家栋．道德理想主义的重建：牟宗三新儒学论著辑要［M］．北京：中国广播电视出版社，1993：30－31．

② 郑家栋．道德理想主义的重建：牟宗三新儒学论著辑要［M］．北京：中国广播电视出版社，1993：72．

③ 葛兆光．异想天开：近年来大陆新儒学的政治诉求［EB/OL］．(2017－07－03)．https://www.aisixiang.com/data/104951.html．

④ 秋风．中国发展要立足儒家价值［EB/OL］．(2014－09－07)．https://www.aisixiang.com/data/77631.html．

亲超出了血缘的范畴，而成为普遍的法则，这大概是亲亲原则在我们这个时代的极端体现”。[①] 其言下之意是作为中国传统文化的亲亲可成为普遍性价值。在将自身的传统文化视为具有普遍性的同时，有的大陆新儒家还将自身的传统文化的普世性视为唯一的。例如，姚中秋认为：“中国本身就是普遍性的历史的构成部分”，“中国之道本身就是普遍主义的道”，在他看来，只要我们能确立这样的文化信念，我们就“能够突破对于自身特殊化的想象。我们必须把自己置于一个普遍性的框架中，去认识自己文明的普遍性。也就是说中国的文明从一开始就有普遍性，它不是特殊的”；他认为，先秦儒家“讨论和解决的都是‘人’的问题，而不是‘中国人’的问题。所以‘中国之道’不是‘中国人之道’，而是‘普遍的人之道’，中国的道就是人道”；儒家的价值最主要体现在“仁义”中，“仁和义这两个价值是普世价值，不仅仅对我们中国人而言是至关重要，它也是这个世界运作的基本价值。这个价值虽然由我们中国人阐明的，但是它适用于所有人，是一种普世价值，比自由、民主这些价值更普世”；并且，“再过若干年，整个世界必然是一个中国式的天下”。[②] 这种将自己的文化视为更具有普遍性、普适性的看法，在文化心理上显然是文化价值上的狭隘的、唯我独尊的体现。

在处理文化的中西关系上，有的人主张中国的价值、西方的方法，这犹如洋务派的中学为体、西学为用的主张；有的人主张中国的方法、西方的价值，即以西方文化价值为体或以西方价值为本，将西方价值中国化；有的人主张西方的价值、西方的方法，这犹如新文化运动时期的激进的全盘西化的主张。但这些主张均是狭隘的。我们的文化要成开放的、富有生命力的文化，从而确保国学教育的发展是健康的，我们应走中国价值、西方价值、中国方法、西方方法之路，即走中西价值、中西方法的综合之路。

（三）克服将西方文化视为只有理性精神而无德性精神的认识

在论及中西文化差异时，有人认为，西方文化是追求物质享受的，并且，西方文化只有理性精神而无德性精神，“哲学家们所说的希腊理性精神是西方现代性的思想源头，按照胡塞尔、黑格尔等的看法，它是欧洲人的精神标识，是西方文明的灵魂”[③]；“对比西方哲学的希腊理性精神，……中华优秀传统文化中孕育

---

① 曾亦. 亲亲与尊尊：论儒家思想中的“普适价值”[EB/OL].（2017－06－20）. https://www.aisixiang.com/data/104779.html.

② 秋风. 中国发展要立足儒家价值[EB/OL].（2014－09－07）. https://www.aisixiang.com/data/77631.html.

③ 孙利天. 现代性的追求和内在超越［J］. 中国社会科学，2016（2）：7.

的是德性精神。希腊理性精神是对人的理性能力的自觉，中国德性精神是对人的道德能力的自觉；用理性精神看世界，世界即是理性的逻辑的世界，从而形成理性世界观，用德性精神看世界，世界即是一个道德的世界，从而形成道德世界观；理性世界观必然形成充分实现人的理性能力、认识能力的认识论中心主义哲学，道德世界观则形成充分实现人的道德能力的修养论为中心的实践哲学”①。这也就是说，古希腊人因有对人的理性能力的自觉肇始了西方的理性精神和理性世界观，而作为东方文化的中国传统文化因有对德性精神的自觉而肇始了中国的德性精神、道德世界观这样的优秀文化传统。这样来看待中西方文化差异，无疑是从“我有的、你没有，你有的、我没有”这样的二元分立的思维方式、文化心理得出的结论。但这种结论是难以成立的。

古希腊哲学是西方哲学的源头，而古希腊哲学不仅理性精神很丰富，而且德性精神也很丰富，如“在西方文化中，不难找到西方人毫无私心地热爱真理（尤其是科学真理）、伦理学和逻辑学的许多实例”②，并且其德性精神与理性精神是统一的，其德性是以理性为基础和前提的德性，苏格拉底所谓知识即美德的主张，便是将德性与知识或理性统一起来的主张。只不过古希腊人在情感、理性两者与德性的关系上，更注重德性对理性的依恃，他们的道德观是基于理性的道德观，而中国儒家的道德观是基于情感的道德观。所以关于传统文化，西方文化并不等于理性文化，“……中国文化并不等于道德文化，更不等于宗教文化”；从现实来看，“有人说，外国技术好，中国道德高，这话经不起推敲。道德是一堆好词。好词，全世界的讲法都差不多。古希腊的色诺芬说，波斯贵族，从小只学三件事，骑马、射箭、说真话。你讲忠信，人家就不讲吗?”③ 因而，抬高德性在我们自身文化中的地位和贬低德性在西方文化中的地位，都与事实不符，都是难以成立的。尽管“西方的东西不一定都好，不但不好，有些还很坏，比如国与国的关系，他们太霸道，借口人道干涉，制造人道灾难，就很坏”；但悖谬的是“礼是外国的好。外国的礼简单，人与人打交道，很礼貌，社会公德，人家比我们好。当年，孔子说，‘天子失官，学在四夷。’（《左传》昭公四年）在这方面，我们应该学学人家”④。

正因为如此，我们的文化道德建设和国学教育在继承自身传统文化重视德性

---

① 孙利天. 现代性的追求和内在超越［J］. 中国社会科学，2016（2）：8.

② 联合国教科文组织总部. 教育：财富蕴藏其中［M］. 联合国教科文组织总部中文科，译. 北京：教育科学出版社，2001：230.

③④ 李零. 我所知道的马克思主义，共产党和中国传统文化[EB/OL].(2017-06-19). https://www.aisixiang.com/data/104731.html.

精神这一优良传统的同时，应克服由文化保守主义而造成的文化自闭心理，重视借鉴和学习西方重视德性精神的文化传统，甚至应具有“礼失求诸野”的意识，在文化道德建设和国学教育上，借鉴、学习西方文化道德建设和道德教育的方法。

（四）克服消极倾向的比附以求同的文化思维方式

晚清，面对西方船坚炮利的情势，中国士大夫中的很多人以子证西，即引述先秦诸子的材料，以中学比附西学；通过这种比附，贞定中学与西学的相同、共通之处，证明西学源于中学。在种种以不同的材料证明不同的命题的以子证西的话语中，有两种明显不同的倾向。一种倾向以张自牧、黄遵宪、薛福成、郑观应等为代表。他们利用子书材料将“中学”与“西学”进行比附，体现了他们对西方文化的开放心态。因为他们从中国传统典籍中寻找西学的根据，求证西学中源；但他们求证西学中源，不是为了排斥西学，而是为了克服当时国人鄙视西学、反对学习西学的心理障碍，以树立国人的信心，利用、学习“西学”，效法“西学”以自强，并力求超越西方；对他们来说，“学西学无非就是‘礼失求诸野’，找回自己祖宗曾经所创而后来丢失了的东西，根本不存在‘夷狄变夏’‘六我中华’的问题”①。与此不同，另一种以子证西的倾向为文化保守主义倾向，即它“表现出文化自我中心主义倾向的偏执心态”②。它以子学维护“中学”，借“中学”贬低“西学”；在这种倾向那里，“西学”全部出自“中学”，西方文化的“至理名言”和“奇技淫巧”，都是“本不能出中国载籍之外”③的；并且认为先秦诸子圣贤“其巧思皆出西人之上”。这种以子学“立论”的倾向，反对学习西学，认为国人要自强，只要学习“中学”即可，而不必舍本逐末，学习西学。这种倾向的最具代表性人物王俊仁认为，“中学”无所不包，甚至“中学”胜于“西学”，“他宣扬‘西学中源’说的用意与西学的倡导者截然不同，是为了贬斥西学而尊崇‘中学’”④；他的“西学中源”思想带有强烈的

---

① 刘仲华. 清后期“西学中源”论中“以子证西”的两面性及其命运［J］. 北京行政学院学报，2016（3）：122.

② 刘仲华. 清后期“西学中源”论中“以子证西”的两面性及其命运［J］. 北京行政学院学报，2016（3）：117.

③ 王之春. 清朝柔远记［M］. 赵春晨，点校. 北京：中华书局，1989：368.

④ 刘仲华. 清后期“西学中源”论中“以子证西”的两面性及其命运［J］. 北京行政学院学报，2016（3）：120.

“扬中抑西”的倾向。①

晚清通过以子证西、以中学比附西学、强调西学东源而否定向西方学习的倾向在如今的有的大陆新儒家的原教旨主义那里，得以重演。在中国传统文化与文化现代性的关系上，如今大陆新儒家中的原教旨主义者一方面有意无意地将文化现代性价值等同于西方价值，另一方面，如果他们有人认为文化现代性价值是值得肯定的，他们又往往基于比附以求同的思维方式，如清朝后期的士大夫们一样，以子证西，强调文化现代性所主张的民主、理性、公平、正义、自由、权利等价值是中国传统文化早已存在的。这种比附以求同的思维方式即“早已有之”“古已有之”“你有的，我早就有了”的思维方式。从这种思维方式出发，如今的大陆新儒家也有一种西学东源的文化心理。

既然这样，有的大陆新儒家认为向他国文化学习就是没有必要的，是纯粹的无谓之举。可以说，这与清朝后期王俊仁的贬斥西学而尊崇“中学”的主张如出一辙。因而，这种比附以求同的文化心理实质为自绝于他国文化之外的自闭的文化心理。我们要保持对他国文化的开放，就必须摒弃这种中西比附的思维模式。而要摒弃这种消极倾向的比附以求同的思维模式，“就要勇于认识‘西学’的真正价值”。② 因为“在今天全球化的时代，各种文明形态高度融合，各种文化模式也错综交汇，这就决定了任何的排他性都是不可行的。所以‘儒学的复兴’和近代以前的情形是完全不同的，它并不是要把中国文化和西方文化对立起来，更不是要拿儒学作为排拒外来文化的口实。恰恰相反，这样的儒学需要在更大规模和更深层次上来吸收人类文明的各种优秀成果”③。我们不仅要勇于认识“西学”的真正价值，而且要对西方价值进行正面阐释。如章太炎、刘师培、王国维、梁启超等人那样，通过对中国古代思想的“再书写”，将“西学知识”转化为“中学”的内在资源。④

---

① 刘仲华. 清后期“西学中源”论中“以子证西”的两面性及其命运［J］. 北京行政学院学报，2016（3）：121.

② 刘仲华. 清后期“西学中源”论中“以子证西”的两面性及其命运［J］. 北京行政学院学报，2016（3）：122.

③ 景海峰. 走向批判的传统主义：当代儒学发展的形态及趋向［EB/OL］.（2018－03－07）. https://www.aisixiang.com/data/108716.html.

④ 任重，刘明. 儒学复兴：继绝与再生［M］. 北京：中国政法大学出版社，2012：99－100.

第五章
国学教育的课程教学论（一）
——国学课程建设的基本原则

课程这一概念可作广狭义理解。狭义的课程指的是施教的内容。而广义课程或大课程既包括施教的内容，也包括课程政策、课程目标、课程实施的过程，可简称为课程教学。本论著此处的课程取广义的课程之义。课程教学是实现教育价值的核心要素、载体和基本手段、途径。同样，国学教育的课程教学是实现国学教育价值的核心要素、载体和基本手段、途径。而国学教育的课程教学要发挥实现国学教育价值的作用，须遵循一定的原则。国学教育的课程政策已由《完善中华优秀传统文化教育指导纲要》和中共中央办公厅、国务院办公厅于2017年1月25日印发的《关于实施中华优秀传统文化传承发展工程的意见》两个重要政策文件和各地教育主管部门出台的相关文件作了规定，因而在此不作赘述。至于国学课程的教学目标，我们可将本书第二和第三两章阐述的国学教育价值视为国学课程的教学目标，因而也不作赘述。鉴于国学教育的特殊性，木论著在国学教育的课程教学论部分要阐述的是实现国学课程教学目标、国学课程建设和国学课程的教学应遵循的基本原则。

第一节　主导性原则

无论什么样的课程，可选择的内容都是十分丰富的，但学生学习时间的有限性和知识价值的标准决定了课程内容的选择总是有其应有的边界的。相对于其他课程，国学课程可选择的内容更加丰富，因而国学课程内容的选择更应有边界意识。国学课程内容的选择要确定明晰的边界意识，应有一个“主调”，以为国学课程内容的选择定调，即此处要阐述的国学课程建设应遵循的主导性原则。所谓国学课程建设的主导性原则，即国学教育课程内容的选择应以儒家文化经典为主导之意。中国传统文化从其成分构成来看是复杂、多样的。在复杂、多样的传统文化中，儒家文化的地位和作用，决定了儒家文化是中国传统文化的主体，这进而决定了儒家经典应是国学教育课程的主体。

在虞夏殷商时期，儒学就已经存在。孔子之后，相较于中国传统文化的其他文化，儒家文化是中国传统文化的主体部分。中国文化的最大特色之一是其一统性，即一直以儒家文化为主导、主体和主流，“尽管儒家文化在历史上自身也有兴衰，内部也有不同派别，但从总体上看，儒家文化为古代的中国人提供了一个完整的精神世界和意义世界”①，它在大多数时间、大部分空间和在社会制度结构的多数方面，占有优势地位，② 从而成为中华民族两千多年的原本主导文化。“从总体而论，中国文化的主流、主干、主导、主体就是儒家文化，而不能笼统模糊而论。儒家文化的这种地位是历史形成的，也是维系中华民族的精神生命和意义世界完整统一的必要条件，从而支撑着中华民族不断地靠拢积聚，从而抟成一个庞大的令人自豪的民族，且一直延续到今天”③；“直到 19 世纪三四十年代中国与西方发生直接冲突时，中国的文化结构，是儒学传统在政治、经济、民间习俗和精英文化中占据主导地位”④。就此，方东美认为：“中国思想中，主要是儒家指导中国人的生活。”⑤ 牟宗三认为：“儒家是中国文化的主流，中国文化是以儒家作主的一个生命方向和形态。”⑥

儒家文化在中国传统文化中的主体地位决定了儒家文化在历史上发挥了主导作用或主要的导向性的作用。在政治上，中国传统社会秩序因儒家文化而凝聚、

---

① 任重，刘明. 儒学复兴：继绝与再生［M］. 北京：中国政法大学出版社，2012：91.

② 任重，刘明. 儒学复兴：继绝与再生［M］. 北京：中国政法大学出版社，2012：40.

③ 任重，刘明. 儒学复兴：继绝与再生［M］. 北京：中国政法大学出版社，2012：107.

④ 任重，刘明. 儒学复兴：继绝与再生［M］. 北京：中国政法大学出版社，2012：42.

⑤ 蒋国保，周亚洲. 生命理想与文化类型：方东美新儒学论著辑要［M］. 北京：中国广播电视出版社，1992：268.

⑥ 郑家栋. 道德理想主义的重建：牟宗三新儒学论著辑要［M］. 北京：中国广播电视出版社，1992：28.

形成、维持，“儒家是实现社会稳定、获得统治正当性的关键因素”①；在文化价值、社会道德和中华民族的民族精神的塑造上，“儒学奠定了中国文化的核心价值与道德规范”，“儒学在塑造中华民族的民族精神方面起了不可替代的作用”②。就儒家文化与中国传统文化的其他形态的文化的关系而言，儒家之道弥漫、渗透于整个华夏的其他文化形态，渗透在道教、佛教和民间信仰中，从而“……塑造了中国人赖以追求尊严和幸福的制度，形成无所不在的风俗”③。从教育与儒家文化的关系来看，代表儒家文化的儒家经典是历史上中国教育内容的主干。这正如李弘祺所说：“汉代教育主要是经学的文化翻版”④，汉代“政府里的博士教导身家良好的优秀青年，其他经学家则教导一般人。由于事关重大，经学不但是最重要的教育活动，也成了最重要的社会活动”⑤。经学中的今文经学是东汉时期“最重要的思想启发来源，也是最高教育机构的课程内容”⑥。汉代的太学课程便是以儒家经学为主。魏晋南北朝时期的情况也是如此，“魏晋南北朝时代的教育一直以经学为核心”⑦。在隋唐时期，“学校课程仍以儒家思想为主”⑧。随后，逐渐完善起来的科举制度将儒学作为考试内容的规定使儒家经典成为官学、私学、官学化的私学的基本甚至唯一的课程内容，或者说由于官方选择以儒家思想为基本的意识形态，儒家经典便成为科举制度实施后中国古代教育的主导性课程。例如，南宋的书院是儒家教育所选择的形式，而“书院之所以会成为儒家教育所选择的形式，是这种组织为朱熹及其同道在道德教育方面所提出的理想与主张提供了制度性的框架”⑨。并且，南宋以后，儒家经典《论语》和《孟子》成了官方科举考试的钦定教科书。

不仅如此，儒家教育对道家、佛家教育产生了重大影响，道家和佛家教育都从儒家教育实践中汲取灵感。例如，就儒家教育对道家教育的影响而言，儒家教育曾是道家教育的模范。“3 世纪的道教领袖巧妙地借用了‘师’（连同‘君’）这个字眼来指称自己。他们把入教的人（该教派名为‘五斗米道’）称为‘祭酒’，必须负责指导新的教徒。像这样的做法，显示道教领袖建构道教组织，乃

① 任重，刘明．儒学复兴：继绝与再生［M］．北京：中国政法大学出版社，2012：19.
② 陈来．如何看待儒家文化与中国传统文化［J］．中国哲学史，2018（1）：24.
③ 任重，刘明．儒学复兴：继绝与再生［M］．北京：中国政法大学出版社，2012：18.
④⑤ 李弘祺．学以为己：传统中国的教育［M］．上海：华东师范大学出版社，2017：181.
⑥ 李弘祺．学以为己：传统中国的教育［M］．上海：华东师范大学出版社，2017：182.
⑦ 李弘祺．学以为己：传统中国的教育［M］．上海：华东师范大学出版社，2017：478
⑧ 李弘祺．学以为己：传统中国的教育［M］．上海：华东师范大学出版社，2017：77.
⑨ 李弘祺．学以为己：传统中国的教育［M］．上海：华东师范大学出版社，2017：82.

是把奠基于儒家思想的官学当成模范”①。五六世纪居于道教领导地位的陶弘景，“他早期受的却是儒家教育”，因而他对儒家教诲一直怀有深厚的感情。②

在中国历史上，即使汉族之外的辽、金、元等少数民族也都受儒家文化、儒家教育的极大影响，这些少数民族的“一些领袖甚于努力吸收儒家教育和中国学问”③。例如，就辽而言，916 年，“……辽主耶律阿保机称帝立国……即位后首先建立的神祀便是孔子庙，并令太子春秋释奠。按皇太子倍的说法是：‘孔子大圣，万世所尊，宜先’”；并且，“辽朝早在 918 年（也就是说，在宋朝开国之前）就实行了儒家教育制度，仿照唐代的学校体系。此外，辽代政府也很快实行了科举制度”④。而辽之所以实行科举制度，“乃是在仍然深受萨满教与佛教影响的社会里推广汉文化，尤其是儒家文化，以吸引汉人”⑤。就金而言，在宋代，北方的“女真人懂得教育本身皇族成员及贵族统治者的重要性，于是利用汉人的儒家教育培育金朝统治阶级的治理能力”⑥。“早在征服辽之前，女真人就已实行了汉式教育及科举制度了”⑦；“金朝政府早就持续地将汉人典籍译成女真语，并于 1164 年出版了一系列中国传统典籍的女真语译本。不久之后，金朝政府更开始建立教授女真语的学校。文献显示这些学校招收了近 3 000 名学生”。正因为如此，可以说，儒家学问在“女真的地方学校其实扮演了一大角色”⑧。女真民族最初被先进文明视之为蛮夷，为先进文化所鄙视，但入主中原之后，金代统治者为赢得中原地区广大民众对其政治统治合法性的认同，除采取武力手段之外，还通过“尊孔崇儒”之举来重建新的价值文化体系，以便获得中原地区广大民众对他们的认同。尤其在世宗和章宗二朝，通过一系列的教化举措，使儒学思想在国民之中得到充分的尊重和认可，有力地促进了社会风俗的变化，为金代的社会稳定、经济发展、文化繁荣奠定了坚实基础，在提高女真民族文化素质和道德修养的同时，也加速了女真政权和女真社会的封建化进程。⑨

与辽、金一样，蒙古人在征服中原之前，就已经开始仿照汉人的教育。例如，在征服中原前，“蒙古人于 1238 年首度利用‘儒术’考试选拔遭到奴役的

---

① 李弘祺．学以为己：传统中国的教育［M］．上海：华东师范大学出版社，2017：485.
② 李弘祺．学以为己：传统中国的教育［M］．上海：华东师范大学出版社，2017：486.
③ 李弘祺．学以为己：传统中国的教育［M］．上海：华东师范大学出版社，2017：320.
④⑤ 李弘祺．学以为己：传统中国的教育［M］．上海：华东师范大学出版社，2017：137.
⑥ 李弘祺．学以为己：传统中国的教育［M］．上海：华东师范大学出版社，2017：87.
⑦ 李弘祺．学以为己：传统中国的教育［M］．上海：华东师范大学出版社，2017：138.
⑧ 李弘祺．学以为己：传统中国的教育［M］．上海：华东师范大学出版社，2017：88.
⑨ 孙凌晨．金代教化问题研究［D］．长春：吉林大学，2018.

儒家学者担任官员。这次考试据说录取了 4 030 人”①。蒙古人建立元朝后，他们“……在征服中原的同时也为成熟的汉文化所征服。由于治理多民族大国的需要，儒学也就成了元代的国学”②。他们也实行汉人的科举制度，选拔官吏。这成为中国儒家教育史上十分重要的一章。③蒙古人实行的科举制度之所以是中国儒家教育史上十分重要的一章，是因为蒙古人将朱熹的《四书章句集注》视为对儒家思想的最具权威性的注释，并且其实行的科举制度以朱熹的《四书章句集注》为基本的考试内容。更重要的是，这部著作在 1313 年由蒙古统治者元仁宗宣告为科举考试的标准参考作品，“往后 600 年，朱熹的《四书章句集注》成了最广受学生研读及背诵的作品”④。所有科举考生都通过朱熹在《四书章句集注》中表达的观点学习孔子的思想；考生一旦通过考试，便成为官员；如果没有通过，就往往留在小学或书院里担任老师。从此，儒家的世界观及道德教诲就深入到中国社会的各个阶层。⑤

在学制建设上，元代继承了宋代的书院制，并在书院“推广了朱熹的思想”⑥。不仅如此，元朝政府还热衷于建孔庙，他们在“几乎所有地方官学都建有孔庙，而且金朝庙学首度出现的大众教育功能似乎也成了地方学校的责任。元代的地方学校经常为庙学。此外，由于官学的影响，许多书院也建立了孔庙。于是，将儒家仪式纳入官办教育的现象也就在元代彻底奠定了下来”⑦。

在李弘祺看来，北方的少数民族在仿照汉人教育的同时，对儒家文化的继承发挥了比汉人更为重要的作用。之所以这样说，是因为九品官人制“在几无修改的情况下为中国北方的异族朝代所采用，而且儒家的道德主张在北方也甚至更为鲜明”⑧。不仅儒家的道德主张在北方的辽、金、元体现得更为鲜明，而且儒家的经典在北方也得到了更广泛的、更好的发展。例如，金朝对汉人的科举制作了种种创新，在所有的创新中，“最重要的就是拓展考试内容的决定。宋代科举的考试内容局限于五经、《论语》和《孝经》，金代科举所涵盖的范围则广泛得多，包括许多中国历朝官修的正史及重要的圣哲著作。特别重要的一点，是把《孟子》纳入考试范围。宋代并没有这么做，因为宋代在 11 世纪对于《孟子》究竟

---

①③　李弘祺. 学以为己：传统中国的教育［M］. 上海：华东师范大学出版社，2017：140.

②　郭齐勇. 中国哲学史［M］. 北京：高等教育出版社，2006：301.

④　李弘祺. 学以为己：传统中国的教育［M］. 上海：华东师范大学出版社，2017：141.

⑤　李弘祺. 学以为己：传统中国的教育［M］. 上海：华东师范大学出版社，2017：259.

⑥　李弘祺. 学以为己：传统中国的教育［M］. 上海：华东师范大学出版社，2017. 92.

⑦　李弘祺. 学以为己：传统中国的教育［M］. 上海：华东师范大学出版社，2017：90.

⑧　李弘祺. 学以为己：传统中国的教育［M］. 上海：华东师范大学出版社，2017：120－121.

算不算是儒家经典有许多争论，到了 12 世纪末可能还不是对其经典地位非常有信心”①。而把《孟子》纳入考试范围，又得益于辽、金、元实施的科举制，“只要随便翻翻这三个朝代的正史，就可看出在那个环境不太友善而且文化认同充满疑虑的时期里，科举制度对于儒家意识形态的延续和推广其实扮演了核心角色”②；“如同其他文明的正统思想的发展过程，中国的正统意识形态也是异族统治者造成的结果”③。

从上述儒学在中国传统文化中的地位、作用和中华各民族的教育与儒家思想的密切联系来看，“……中华民族最深切地受到儒家的影响”④。体现中国“古圣人之道”的儒家的基本经典《诗》《书》《礼》《乐》《易》《春秋》等是中华文明历史渊源和价值基础，所以，“离开儒学，中华文明或中国文化的根本精神与根本价值就无从展现，因而也就不存在中华文明或中国文化本身”；“儒学实际上就是‘中华文明与中国文化之学’，是名正言顺的中国的‘国学’”⑤。

儒家在历史上的主导地位和作用，决定了现今以复兴传统文化为依归的国学教育应以儒家经典作为其课程的主要内容，或者说国学课程内容的选择，首先和主要的是应选择集中反映中国传统文化的儒家经典，而选择儒家经典又应将儒家的六经与四书作为华夏文明的根本经典。⑥ 代表中国传统文化的精华、华夏文明的根本经典——六经与四书，应是现今国学课程的主要内容。

第二节　非宗教性原则

如同教育存在世俗与非世俗的差异，课程也存在世俗与非世俗的差异。这里所谓非宗教性原则，即在进行国学课程的建设时不能将儒教视为宗教，将其宗教化，进而将作为国学教育的儒家经典课程作为非世俗的宗教课程来对待，而是应将其定性为非宗教性的世俗课程。

关于儒教与宗教的联系，在大陆新儒学那里，有两种观点。一是认为儒教不是宗教，但具有宗教性；一是主张儒教是宗教。在主张儒教具有宗教性的学者那

① 李弘祺．学以为己：传统中国的教育［M］．上海：华东师范大学出版社，2017：139.
② 李弘祺．学以为己：传统中国的教育［M］．上海：华东师范大学出版社，2017：142.
③ 李弘祺．学以为己：传统中国的教育［M］．上海：华东师范大学出版社，2017：141.
④ 任重，刘明．儒学复兴：继绝与再生［M］．北京：中国政法大学出版社，2012：53.
⑤ 任重，刘明．儒学复兴：继绝与再生［M］．北京：中国政法大学出版社，2012：4.
⑥ 吴展良．第三期中华文明的经典体系与经学的建构［J］．文化纵横，2017（4）：68.

里，有的认为儒教由三祭之礼体现的祭祀礼仪具有宗教性情绪、宗教性虔诚、宗教性要求。例如，有人认为“儒家本身不是一个宗教，却也有深刻的宗教情绪：慎终追远、崇功报德，都是一种细密的情感”①。有的则认为儒教内含宗教，因而具有宗教性。例如，有人认为“儒学体系中有宗教这一层面的内容，儒学在中国历史上也发挥了宗教信仰的功能”；“儒教不是讲鬼神迷信的宗教，而主要是以人文理性为核心，以圣贤人格为楷模，以道德精神为依归的信仰体系，主要包括学校教育、社会教化以及必要的宗教性礼仪形式”②；“‘儒教’之‘教’最基本包含了相当于今天的教化、教育、宗教三方面的意思”③；“历史上儒家的‘教’不仅仅是狭义的教育之教，更有教化、宗教的含义”④。在持儒教具有宗教性的种种观点中，李泽厚将儒教的宗教性界定为宗教性道德和赵法生对孔子的天命观与其思想关系的认识是颇具代表性的。李泽厚认为：

康德和一切宗教，也包括中国的儒家传统，都完全相信并竭力论证存在着一种不仅超越人类个体而且也超越人类总体的“天意”“上帝”或“理性”，正是它们制定了人类（当然更包括个体）所必须服从的道德律令或伦理规则。因之，此道德律则的理性命令，此“天理”“良心”的普遍性、绝对性……即以绝对形式出现，要求“放之四海而皆准，历时古今而不变”，而为亿万人群的遵守和履行。这就是所谓的绝对主义伦理学，也就是我所谓的“宗教性道德”。⑤

从汉儒制定“天人感应”的图景、以神圣性的宇宙系统来规范人的世间行为，甚至成为制约皇帝的活动的政治规范，到宋儒建立天理人欲的道学以先验的“天理”“良知”来论证宣说人际的伦常纲纪，都是“社会性道德”的经验内容塞入“宗教性道德”的超形式，以成为普遍必然、神圣崇高的绝对律令。⑥

由李泽厚对儒教与宗教的关系来看，他认为儒教与一切宗教一样属绝对主义伦理学范畴，但儒教毕竟不是宗教，儒教作为“宗教性道德”的超形式是因其“社会性道德”的经验内容塞入“宗教性道德”的结果。他强调的是儒教具有与

---

①　许倬云．宗教对中国人究竟意味着什么？[EB/OL]．(2018－12－11)．https://www.aisixiang.com/data/113839.html.

②③　任重，刘明．儒家回归：建言与声辩[M]．中国政法大学出版社，2012：277－278.

④　韩星．以儒为主，多元整合：对秋风《一个文教，多种宗教》一文的商榷[J]．天府新论，2014（3）：36.

⑤　李泽厚．哲学纲要[M]．北京：北京大学出版社，2011：15.

⑥　李泽厚．哲学纲要[M]．北京：北京大学出版社，2011：19.

宗教一致的道德性，其所谓宗教性与道德性同义，但这种道德性不是超世的，而是入世的。

在赵法生看来，“在所有儒家圣贤中，孔子是最富有宗教情怀的”①；他的思想是伦理性面向和宗教性面向的统一，并且，“宗教性面向在孔子学说中居于重要地位，舍弃了这一面向，我们便无法理解孔学的真精神，也无法厘清孔子人文主义思想的来源与特征，那样，我们只能得到一个残缺不全的孔子”②。而“孔子思想中的宗教性面向体现在其天命观及其思想意识深处与巫文化的联系”③。为什么这样说呢？赵法生一则从奥托的现代宗教现象学出发，认为一切宗教信仰的首要前提是信教者能唤醒自己心中的神圣者或超越性的终极存在，“对这个神圣者的觉悟，乃是一切宗教的本质；追寻并践行这个神圣者的意志，则是一切宗教努力的最终归趣”，而孔子心目中的天，正是这样的“神圣者”，孔子心目中的天具有强烈的终极关怀色彩，与一切宗教努力的最终归趣是一致的，对天的崇敬是孔子信仰世界的核心和整个儒家学说宗教性的依据与由来。④ 二则在赵法生看来，在信教者那里，对信仰的对象在态度与情感上具有神秘感、敬畏和与其相知相依等特点，而孔子对天的态度和情感也具有这些特点。因为在孔子的心目中，充满对天的神秘感、敬畏感和依赖感。因而孔子的思想乃至整个儒家思想的宗教性面向是十分突出的。

可以说，大凡主张儒教具有宗教性的学者，主要是从儒教存在的历史形态或从实然的角度来看待儒教的。但在主张儒教为宗教的大陆新儒学那里，有实然和应然两种不同角度的理解。从实然的角度主张儒教为宗教者认为儒教本来就是宗教。持儒教本来为宗教者大凡以辜鸿铭的观点为理论依据。因为在辜鸿铭看来，“儒学在中国则为整个民族所接受，它成了宗教或准宗教”⑤。并且，在辜鸿铭看来，传统的儒教在古代儒生那里就是一种宗教，是一种有理性的人的宗教，即“所有有理性的人对此达成默契、决不谈论的宗教”⑥。这种不是由谈论而成而是由默契而成的宗教，即为有其实而无其名的宗教，是一种广义的宗教而非欧洲人

---

① 赵法生．儒家超越思想的起源［M］．北京：中国社会科学出版社，2019：199.

② 赵法生．儒家超越思想的起源［M］．北京：中国社会科学出版社，2019：175.

③ 赵法生．儒家超越思想的起源［M］．北京：中国社会科学出版社，2019：7.

④ 赵法生．儒家超越思想的起源［M］．北京：中国社会科学出版社，2019：182.

⑤ 辜鸿铭．中国人的精神［M］．//辜鸿铭文集：下．黄兴涛，等译．海口：海南出版社，1992：42.

⑥ 辜鸿铭．呐喊［M］．//辜鸿铭．辜鸿铭文集：上．黄兴涛，等译．海口：海南出版社，1992：535.

所指的狭义宗教，“西方的宗教是神本的宗教，而中国的宗教是人本的宗教，是围绕人展开的”，其“礼教相当于宗教”①。所以，“如果不拘泥于西方的‘宗教’概念，儒教肯定是一种宗教，只不过是一种与西方宗教不同的独特的中国宗教。儒教的‘教’既有中国文化中‘礼乐教化’与‘道德教育’之义，又有西方文化中‘神人交通’的‘宗教’之义。西方‘宗教’概念其实无法涵盖儒教的‘教’，为了言说和交流的方便，只能用‘宗教’的概念”②。

与从实然的角度主张儒教者为宗教者不同，从应然的角度主张应将儒教视为宗教者认为，儒教应该成为宗教，否则的话，儒学无法重建，传统文化难以复兴。这事出有因。“据新华社报道，截至2009年，基督教徒从新中国成立初期的70余万人，增加至目前的1 600万人。中国基督教会累计印刷发行《圣经》7 000万册，成为世界上印刷《圣经》最多的教会之一”③。针对这种现象，有人认为中国是西方推行文化霸权的主要地区，“这其中，宗教则是其文化战略中的重要内容”④。针对这种现象，有人主张“儒学为了与各种宗教进行竞争，必要的宗教化也是可以选择的道路之一”⑤。在大陆新儒学那里，主张将儒教宗教化者以陈勇、蒋庆、王达三为代表。陈勇从实用主义而非本质主义出发，或者说从宗教作为概念工具的实用性出发，认为儒教本来就是宗教。而其从实用主义出发把儒教理解为宗教的目的是抵抗西方的文化殖民主义。他说：

可不可以这样设想，如果我们认可和强化儒家的“宗教”地位，以“宗教”的手段来反制宗教外衣下的文化殖民主义，那么肆无忌惮的基督教传教士所面对的就不是他们所认为的信仰的处女地，而是有着自己独特价值体系的儒“教”大众。

名不正则言不顺，言不顺则事不成。把儒家定义为“宗教”就是正名的第一步。儒家传统在几千年的历史发展中所衍生出来的与其他宗教相似的一些特征决定了其“宗教”定义的可行性，而当前的中西话语背景决定了其“宗教”定

---

① 楼宇烈．重新认识“礼教”与中国宗教[EB/OL]．(2019－12－17)．https://www.aisixiang.com/data/119466.html.

② 任重，刘明．儒教重建：主张与回应［M］．北京：中国政法大学出版社，2012：158.

③ 任重，刘明．儒家回归：建言与声辩［M］．北京：中国政法大学出版社，2012：291.

④ 任重，刘明．儒家回归：建言与声辩［M］．北京：中国政法大学出版社，2012：91.

⑤ 任重，刘明．儒家回归：建言与声辩［M］．北京：中国政法大学出版社，2012：277.

义的必要性。①

在蒋庆看来，“如果不拘泥于西方的宗教概念，儒教肯定是一种宗教，只不过是一种与西方宗教不尽相同的中国宗教”②；“儒教具有人类宗教的某些共同特征，如具有某种程度的人格神信仰、经典的教义系统、以超越的神圣的价值转化世俗世界等，但儒教也有自己的独特特征，如信奉万物有灵论、多神教、没有国家之外的独立教会组织等。但这并不影响儒教是一种独特的宗教，不能因为儒教与西方宗教不完全相同就否认儒教是宗教”③。针对儒教的不充分的人格神特征，蒋庆认为：“从这个意义上说，儒教至上神的人格神特征不充分正是儒教信仰的优点，而不像某些基督教传教士所说是儒教信仰的缺点。是故，儒教至上神信仰所指称的‘昊天上帝’一词，最能体现儒教至上神信仰的这一特点”④；“在儒教信仰体系中，一神信仰与多神信仰以及万物有灵信仰是和谐不冲突的，是立体有秩序地存在于一个统一的信仰系统中的。这在以一神信仰排斥其他多神信仰的宗教看来，确实是不可思议的，然而这种不可思议的儒教确实又是现实中存在的。……我们可以说最完美最进步的宗教（如果进步不是指时间上的直线发展而是指品质上的优胜的话）应该是一种一神论与万物有灵论及多神论和谐并存、相互调适的宗教，亦即是一种一多无碍保合太和又各正性命以实现不用信仰功能的宗教，而儒教就是这样一种宗教”⑤。不过，对于蒋庆的这种主张，任剑涛不以为然。任剑涛认为：“蒋庆经由读经而试图突显出来的儒教，其实是在中西文化比较的基础上仿照的宗教形态重构儒家的结果。”⑥

在王达三看来，尽管儒教没有超越的、主宰的、人格化的神，但不能以儒教没有“圣经”“精神”“天启”“神启”，没有“创世”“世界末日”“赎罪”“拯救”等而认为儒教不是宗教。在他看来，“正如，西方人使用刀叉作为餐具，但不能说中国人使用的筷子就不是餐具一样。完全拿西方文化的模式，特别是基督教的模式来评判儒教，这种方法从根本上就是错误的。应该说，基督教有基督教的模式，儒教有儒教的模式；儒教是不同于基督教模式的宗教模式，它有着自己

① 陈勇. 关于把儒家定义为“宗教”的现实意义［M］. //任重，刘明. 儒教重建：主张与回应. 北京：中国政法大学出版社，2012：199.

② 任重，刘明. 儒教重建：主张与回应［M］. 北京：中国政法大学出版社，2012：4.

③ 任重，刘明. 儒教重建：主张与回应［M］. 北京：中国政法大学出版社，2012：4-5.

④ 任重，刘明. 儒教重建：主张与回应［M］. 北京：中国政法大学出版社，2012：9.

⑤ 任重，刘明. 儒教重建：主张与回应［M］. 北京：中国政法大学出版社，2012：9-10.

⑥ 任剑涛. 当经成为经典：现代儒学的型变［M］. 北京：社会科学文献出版社，2018：141.

的特色。在儒家人士看来，儒教不但在中国历史上发挥着宗教的功能，而且在本质上还具有超越西方宗教的优越性”①。儒教超越西方宗教的优越性主要表现为：“第一，因为儒教并不信仰超越的、主宰的、人格化的神，所以她不会和其他宗教存在神的争端，不会把不信仰儒教的宗教视为异端，因而具有很大的宽容性和温和性。因此，即使在儒教占据社会主导地位的情况下，中国的信仰和民俗也是多元化的。儒教的这种宽容性和温和性，保证了社会的稳定与和谐，从而保证了中国历史的连续性和中国社会的积聚性。第二，儒教与政治是高度合一的，在中国历史上从来不存在‘上帝的事情归上帝，恺撒的事情归恺撒’的政教分离的分歧与争论。”②

但在主张儒教为宗教的大陆新儒学阵营中，有人认为不能将儒教作为一种与国家政权合一的宗教，而应将儒教作为民间宗教。例如，有人认为“儒教的前景在于汲取康有为孔教会的教训，真正为儒教开辟一条不附着于国家政权的、不再充当国家意识形态的、作为一个普通宗教的彻底的民间化的道路”③。但学术界、宗教界可“……通过自身的学术研究和积极荐言，通过与政府部门的互动，使更多的人认识到一个区别于制度化的宗教的体制化宗教，对于中国文化和中国社会的积极作用”④。

既然儒教是宗教，那么，可作推测的是在主张将儒教视为宗教的人士那里，国学教育要发挥复兴儒教、复兴传统文化的作用，顺理成章的是应将国学教育中的儒家经典教育视为宗教教育，将国学教育中的儒家经典课程视为宗教课程。否则的话，就难以充分发挥国学教育对儒学复兴的作用。

与上述将儒教视为宗教的主张不同，学术界的另一种主张是认为儒教不是宗教。例如，有人认为，“中国没有西方意义上的宗教，也没有西方意义上的哲学。宗教创造教义，哲学创造主义”⑤。中华文化无法以宗教加以裁定。包括儒家文化在内的中国传统文化是远神近人的，因而儒教不是宗教；“总体看，儒学不是宗教，基本是无神论的学术思想潮。正如冯友兰所言：‘……所谓儒教，如果可以称为教，也是教育之教，不是宗教之教’”⑥；“儒家文化虽然有一定程度的‘宗教性’，但以儒家文化为主流的中国文化在本质上——如徐复观先生所说——是‘道德的人文主义’，它不同古希腊的‘以智力为基点的人文主义’，

① 任重，刘明. 儒教重建：主张与回应［M］. 北京：中国政法大学出版社，2012：92.
② 任重，刘明. 儒教重建：主张与回应［M］. 北京：中国政法大学出版社，2012：94.
③④ 任重，刘明. 儒教重建：主张与回应［M］. 北京：中国政法大学出版社，2012：86.
⑤ 任重，刘明. 儒学复兴：继绝与再生［M］. 北京：中国政法大学出版社，2012：73.
⑥ 冯友兰. 中国哲学史新编［M］. 北京：人民出版社，2001：209.

更不同于西方中世纪的基督宗教文化（以及古印度的婆罗门教、佛教等宗教文化）”①；“中国并不以对彼岸世界采取教条式信仰的方式传承其秩序美德，而是在对人世一切具体关系学习演练推陈出新之中保持着传统的活力”②；“儒教与其他所有宗教的一个可见的区别是，它没有广义的修道士或离开人间生活的严格修道团体与机构，如修道院、寺观，而只有书院、孔庙和家庙。只有儒教有《孝经》，因为只有在儒教这里，孝这个永远不能被完全普遍化、比如‘权利—义务’化的人际关系（夫妻总是在‘有别’中‘成亲’的，父母总是被特殊给予的，去孝和被孝总在时间中换位的），才从本质上就先于其他一切可普遍化、等级化、理想化的关系，比如‘忠’。不了解这样的特点与标志，就不知重建儒教的命脉所在、艰难所在和希望所在”③。学者姚中秋认为：“我们现代语境中的宗教是有特殊含义就是指神教，是以神灵信仰为中心的一套教化体系。正是基于这一点，我避免说儒家之教是儒教，当然更不会说它是宗教。为了区分它和宗教的性质，也为了突出儒家之教的本质，我就借用了一个词，把儒家称之为文教”；“……儒家不应该宗教化，今天我们要复兴儒家，不应该把儒家宗教化，从历史事实以及儒家的基本义务来看它也不可能宗教化，因为宗教的根本是神的信仰，但儒家没有这个神”④。从学理本身来看，宗教的本质特征是强烈的出世诉求，而儒教只是一个现世的入世的学派。因而将儒教视为宗教是十分荒唐的，非要把儒教视为如基督教或佛教一样的宗教的人士，“……是没有脸面去见孔子的，孔子也不会答应的”⑤。有学者认为，“中国传统的知识谱系从根本上来讲是实践主义、经验主义、历史主义的。它不是把彼岸世界放在第一位，不是把上帝放在第一位，而是把人、现实的人、人的现实生活放在第一位”。因而“中国传统文化和其他各种文化相比较，最鲜明的一个特点，就是世界绝大多数文明的形成与发展，都和统一的宗教和统一的教会密不可分。但中国传统文化的最大特点，恰恰就是从来没有以统一的宗教、统一的教会为主轴。中国所重视的知识，是以人为中心，而不是以上帝为中心，是以人们现实的实际生活为出发点和终极

---

① 任重，刘明．儒家回归：建言与声辩［M］．北京：中国政法大学出版社，2012：311.

② 任重，刘明．儒学复兴：继绝与再生［M］．北京：中国政法大学出版社，2012：174.

③ 任重，刘明．儒教重建：主张与回应［M］．北京：中国政法大学出版社，2012：70.

④ 秋风．中国发展要立足儒家价值［EB/OL］.（2014－09－07）. https://www.aisixiang.com/data/77631.html.

⑤ 任重，刘明．儒教重建：主张与回应［M］．北京：中国政法大学出版社，2012：140－141.

目标，而不是以达到彼岸神的世界为终极目标”①。

在主张儒教不是宗教的种种主张中，梁启超和钱穆的观点是颇具代表性的。梁启超认为妨碍孔子之学、孔子之教或孔学、孔教发展的除汉学、宋学外，还有新学。梁启超所谓新学即康有为之学。在梁启超看来，康有为之学之所以妨碍孔子之学的发展，其原因是它“把孔子之教附会于宗教和教会，倡导孔学宗教组织化，特别强调配天的祭祀礼仪”②。为维护孔子之学，梁启超反对把孔教宗教化。在梁启超看来，孔教与西方的宗教完全不同，“孔子不是超绝人类的神，没有神的种种神通，不讲来世的祸福”③，孔教的最为过人之处是养成人格，因而“吾侪诵法孔子，则亦诵法此而已矣，昌明孔子之教，则亦昌明此而已矣”④。在梁启超看来，如果一定要把孔教视为宗教，那么不仅无益，而且有害。他说：“然则欲效彼之形式以推崇孔子，其必劳而无功，明矣。劳而无功犹可言也，苟以此倡，其弊实滋。”⑤ 同样，钱穆也认为孔教不是宗教。他说：“中国文化传统中，并未产生有宗教，而教育则为中国人一向所重视。我们亦可说，中国社会之有学校，即已代替了其他民族之教会，而中国社会之师道，也已兼尽了教会中神父与牧师的职责”⑥；“中国文化有一特质，即在其无自创之宗教。亦可谓在中国文化体系之内，宗教并未获得一种圆满之发展”⑦；“孔子虽为中国后代一代宗师，但决非中国社会一大教主”⑧。

在有的学者看来，儒教不仅不是宗教，而且，如果把儒教视为宗教，那么还会产生诸多不良后果。一是将使儒教处于自身难保的境地。例如，在梁启超看来，“不见近数千年来，揭孔子之徽帜以结集团体者纷起于国中乎？其拳拳焉真以道自任进，吾岂敢谓无人，而有所为而为者，实乃十居八九。率此以往，其将

---

① 姜义华．“弘扬传统”应避免排外主义和儒学宗教化[EB/OL]．(2017－09－25)．https://www.aisixiang.com/data/106121.html.

② 陈来．儒学美德论［M］．北京：生活·读书·新知三联书店，2019：174.

③ 陈来．儒学美德论［M］．北京：生活·读书·新知三联书店，2019：175.

④ 梁启超．孔子教义实际裨益于今日国民者何在欲昌明之其道何由［C］．//葛懋春，蒋俊．梁启超哲学思想论文选．北京：北京大学出版社，1984：240.

⑤ 梁启超．孔子教义实际裨益于今日国民者何在欲昌明之其道何由［C］．//葛懋春，蒋俊．梁启超哲学思想论文选．北京：北京大学出版社，1984：237.

⑥ 钱穆．文化与教育：新校本［M］．北京：九州出版社，2011：291.

⑦ 钱穆．文化与教育：新校本［M］．北京：九州出版社，2011：299.

⑧ 钱穆．文化与教育：新校本［M］．北京：九州出版社，2011：301.

以孔于市矣。吾故曰：此种尊孔子法，无益而有害也”[①]。二是会造成儒教与中国传统文化的其他文化的对立。例如，有学者认为，“判儒家是宗教，……不仅在理路上不合适，而且对于儒家自身是件危险的事情。比如它忽视了儒家的许多活生生的特点，生硬地制造出儒家与其他宗教的正面冲突，促使儒家或排外，或被外排，而历史上儒与道、佛之间从来不是这种你死我活的关系”[②]。三是会使儒家僵化而失去其丰富的文化意涵。例如，有学者认为，“将儒家判为西式意义上的宗教，在现代的、相当西方化了的中文世界的分类结构中，会大大简化我们的话语（如同拼音简化了汉字），让关于儒家的讨论进入一个被人工道路化了的地域”[③]。这样儒家将失去其丰富的文化意涵。

由这些儒教不是宗教的主张出发，可作推测的是在主张儒教不是宗教的人士那里，他们不会把国学教育中的儒家经典教育视为宗教教育，不会将国学教育中的儒家经典课程视为宗教课程。

那么，儒教究竟是否为宗教呢？国学教育中的儒学教育是否为宗教教育呢？国学教育中的儒家经典课程是否为宗教课程呢？依照上述大相径庭的观点，难有定论。有关儒教是否为宗教的争论，如果从康有为与梁启超、章太炎之间的争论算起，如今已有一百多年。可以预想，今后儒教是否为宗教的争论还会持续，并且争论难有定论的状况仍不会有改观。本论著从功能主义出发，主张儒教不是宗教。这里所谓的从功能主义出发，即从体制化的学校教育复兴、发展儒教的策略出发，不应将儒教视为宗教。这是因为如果将儒家文化视为宗教，那么国学教育中的儒家经典就成了宗教经典，儒家经典课程就成了宗教课程，儒家文化教育就成了宗教教育，而作为宗教教育的儒家文化便会教义化、信条化。英国哲学家密尔在分析基督教对基督教徒的影响时指出：“要使信徒心中对于他们在名义上承认的真理保持一种生动的领会，俾能透入情感而真正支配行为，那是太困难了”；教徒们“既不聆听反对他们的信条的论据（只要他们忍得住），也不以有利于那个信条的论据去打搅异议者（假如还有这种异议者）。从这个时候起，这教义的活力通常就可算开始衰退了”[④]。对于基督教教徒来说，“信条之存在竟不像是存在于人心之外，其作用只在把人心硬化和僵化起来以挡住投给人性更高部分的一切其他影响；其力量只表现在不容任何新的和活的信念进入人心，而其本身则除

① 梁启超．孔子教义实际裨益于今日国民者何在欲昌明之其道何由［C］．//葛懋春，蒋俊．梁启超哲学思想论文选．北京：北京大学出版社，1984：237.

② 任重，刘明．儒教重建：主张与回应［M］．北京：中国政法大学出版社，2012：66.

③ 任重，刘明．儒教重建：主张与回应［M］．北京：中国政法大学出版社，2012：67.

④ 密尔．论自由［M］．许宝骙，译．北京：商务印书馆，1995：46.

作为一名哨兵监守心脑使其空虚以外也对它们别无任何作为”①。将儒家宗教化，不一定会完全产生如密尔所说的这样的不良后果，但由其教义化、信条化所产生的狭隘性、片面性、教条化，会使其立德、成人的效果大打折扣。更为严重的是，如果将儒家文化教育视为宗教教育，将使儒教难以真正成为学校的课程，从而不利于发挥学校教育复兴、发展儒学的作用。蒋庆在主张儒教为宗教的同时，主张儒教应成为如外国中小学开设的宗教课程那样的宗教课程在我国中小学开设；他的理据是“德国、奥地利的中小学开有宗教课；俄罗斯教育部则以行政命令方式要求中小学开设宗教课”②。但这种理由是难以成立的。蒋庆所谓“俄罗斯教育部则以行政命令方式要求中小学开设宗教课”如属不谬，则这里的中小学开设的宗教课程应是知识类而非信仰类课程，其所谓的“德国、奥地利的中小学开有宗教课”中提及的中小学应是私立中小学，而非公立中小学。在国外，私立学校，特别是由宗教团体举办的私立学校可开设宗教课程，并可对学生进行特定的宗教信仰的引导，而公立学校一般是不允许开设带有特定的宗教倾向性的宗教课程的，或者说是不允许对学生进行特定的宗教信仰教育的。例如，在美国的公立学校，学生“一般不会感觉到宗教的影响。教师们遵照政教分离、公域与私域分清的原则，不把宗教问题带进课堂”③。这在我国澳门特别行政区也是如此。作这样的分别的合理性在于，不同的社会人群甚至不同的社会个体，有着不同的宗教信仰，而公立学校的办学经费来源于纳税人缴交的税金，如果公立学校开设带有特定的宗教信仰的宗教课程，那么，就会在同样缴交了税金的教育当事人那里，引起争执，甚或冲突；而入读私立学校是教育当事人自主选择的结果，他们或者选择无宗教偏好的私立学校，或者选择与自己的宗教信仰一致的教授特定宗教信仰的私立学校，因而在宗教信仰上不会产生争执和冲突。依照《中华人民共和国宪法》及教育类法律，我国的学校不仅不能开设宗教课程，更不能在学校对学生进行特定的宗教信仰教育。由此而言，现今作为体制性存在的国学教育中的儒家经典课程，至少在策略上不宜将其当作宗教课程来对待。假如将儒教宗教化，把儒教视为宗教，把国学教育中的儒家经典视为宗教课程，其后果可想而知，必然会导致儒教经典不能进入学校。这样，就不能发挥包括儒家文化在内的传统文化的人文教化的作用，进而不利于传统文化的复兴，不利于增强中华文化的自主性。倡导儒学复兴的人士，不能一方面强调儒学的复兴，另一方面又试图

---

① 密尔．论自由［M］．许宝骙，译．北京：商务印书馆，1995：47.

② 任重，刘明．儒家回归：建言与声辩［M］．北京：中国政法大学出版社，2012：5.

③ 徐贲．阅读经典：美国大学的人文教育［M］．北京：北京大学出版社，2015：序41.

将儒学宗教化；不能一方面指责“各级各类学校的师生组织耶诞聚会、舞会、联欢等，实际上已经违背了宗教不得‘妨碍国家教育制度’的宪法原则和‘教育与宗教相分离’的教育法则”[①]，另一方面自己又主张将儒教视为宗教，将儒家经典作为学校的宗教课程。

与对待儒家文化一样，国学教育在对待其他非宗教性的传统文化时，也不能将它们宗教化。而对待如佛教这样的宗教，除佛学院外，国学教育充其量只能将佛教经典当作学生认识佛教教义的知识类课程来对待，而非将其经典作为信仰类课程来对待。

第三节　人文性原则

此处所谓的人文性原则，即在看待国学课程时，应将其视为人文教育课程，其教学应将其意义化、价值化、智识化、智慧化，而不是将其知识化、知性化。本章第二节阐述的国学课程建设应遵循非宗教性原则是此处将国学课程定性为人文教育课程的必要条件。

人文教育课程与知识掌握类课程的教学目标有着明显的分别。这是由智慧与知识的意义和价值的差异所决定的。智识或智慧不是普通的知识，而是高级的知识，“是一种良善、光明的能力”，“是一种特别需要由价值和意义来导向的求知过程”[②]，而知识是对世界和人自身的“是什么”的回答，但它无法回答人“应该是什么”的问题；“智慧的对立面是愚蠢，知识的对立面是无知。学习知识可以改变无知，但却不一定能改变愚蠢，许多有知识的人士因没有智慧而愚蠢”[③]；“智慧不只是不愚蠢，而且更是一种能贡献于群体福利的卓越能力和有表率作用的品格”[④]；不仅如此，智慧还“是一种有智识的美德，也是使其他美德成为可能的美德”[⑤]。知识往往来源文化知识的学习、钻研，而“智慧往往来自阅历和经验，有智慧者往往是年长者”[⑥]，因而相较于年轻人，年老者更有智慧。

知识与智慧两者之间的上述差异决定了知识掌握类课程的教学目标与人文课程的目标迥然有别。作为知识掌握类课程，无论是中小学的知识掌握类课程、还

① 任重，刘明. 儒家回归：建言与声辩［M］. 北京：中国政法大学出版社，2012：144.
② 徐贲. 阅读经典：美国大学的人文教育［M］. 北京：北京大学出版社，2015：序6.
③⑥ 徐贲. 阅读经典：美国大学的人文教育［M］. 北京：北京大学出版社，2015：序11.
④⑤ 徐贲. 阅读经典：美国大学的人文教育［M］. 北京：北京大学出版社，2015：序13.

是大学的知识掌握类课程，它们都是通过知识的传授，以使学生掌握和拓展某一专门领域的知识。但人文教育课程却不同。尽管人文教育的课程教学与知识掌握类课程的教学都以知识为媒介，但“人文教育课上的知识不是专门的学科知识(subject knowledge)，而是普通知识”①；作为普通知识课程，人文教育课程的教学以亲近智慧为目标，而不是以积累和提高专门知识为目标；② 它在培养学生独立思考、判断的能力和价值认可、尊严意识的基础上，使学生“认识处于物质世界宇宙中的‘人类世界’，帮助学生探究并认识人类世界的丰富性、生存意义和人生价值”③，为学生的一生塑造完整人格。尽管知识对人文教育课程也是重要的，但它把价值而不是知识置于教学的中心位置，或者说它“……不只是让学生接受现成的知识，而是让他们学习如何检验知识，并对可靠的知识建立起信念，……它不是授人以鱼，而是授人以渔”④。

中国传统文化以“人文”为中心，这种以人文为中心的文化精神是一种人文主义的道德精神。这种人文主义的道德精神以“天下一家”为崇高的文化理想，以其礼乐教化的社会实践代替了宗教功能，但她不与宗教敌对，我们可将其称为“人文教”⑤。因而，以中华传统文化为基本内容的国学课程属于以亲近智慧为目标的人文课程，而不是以积累知识和提高专门知识水平为目标的知识掌握类课程。尽管中国传统文化中的“智”从知，但中国传统文化思想中的“智”不是脱离经验的理性活动，而是以经验为基础的智慧，其间的“‘智’多是就知人而言，指与人的事物、人的世界相关的实践性能力和知识，是有益于人的事物，而不是对宇宙世界普遍事物的知识”⑥。正因为如此，中华传统文化“……与人的生活、人的本性、人的生命活动以及人道的法则有关”。⑦ 从这一意义来说，作为人文课程的国学课程属教人亲近智慧的课程。

就中国传统文化的儒家思想而言，它是立德成人之学，是中国古代智者对人生思考的结果，是教人如何做人的智慧；尽管“四书五经”内含一些科学知识，

---

① 徐贲. 美国的“通识教育”与“人文教育”[EB/OL]. https://www.aisixiang.com/data/77726.html.

② 徐贲. 阅读经典：美国大学的人文教育[M]. 北京：北京大学出版社，2015：序3.

③ 徐贲. 阅读经典：美国大学的人文教育[M]. 北京：北京大学出版社，2015：序6.

④ 徐贲. 阅读经典：美国大学的人文教育[M]. 北京：北京大学出版社，2015：序9.

⑤ 郭齐勇. 中国文化的精神特质[EB/OL].(2014-09-10). https://www.aisixiang.com/data/111122.html.

⑥ 陈来. 儒学美德论[M]. 北京：生活·读书·新知三联书店，2019：335.

⑦ 陈来. 儒学美德论[M]. 北京：生活·读书·新知三联书店，2019：336.

但其内容的核心始终是人文道德，或者说是成德之教、智慧之教、美德之教。所以，儒家文化是道德的人文主义。正因为如此，国学课程教学或国学教育的经典阅读是打开学生与经典思想碰撞、交流、对话的渠道，它通过有着丰富的人文精神和价值内涵的经典学习，“可以教给人们如何甄别善恶，反省人生，润泽和充实心灵，区分正义与非正义”①，可以发挥修身养性，培育气质与见识的作用，可以涵养学生的生存、生活、生命智慧。

这意味着“知识维度的中华优秀传统文化学习，不是中华优秀传统文化教育的目的”②，意味着我们不应将国学课程视为知识掌握类课程。1998 年 11 月，联合国教科文组织和日本国立教育科学研究所于东京举办的“学校课程比较国际会议”对未来课程变革的展望之一是课程趋向多样化。其所谓趋向多样化的“课程设置大致包括工具类学科、社会研究、技术、人文学科、创造和表演艺术、体育与健康教育、职业教育七大类”③。为实现第三章述及的国学教育的立德、成人的价值，我们应把国学课程视为这里七大类课程中的人文学科课程。因为这样更有助于国学教育的本质化，更有助于国学课程目标的实现。如果把国学课程视为知识掌握类课程，就会将其知性化、知识化，就贬低了国学课程的价值。尽管知识掌握类课程教学并非完全与立德成人的价值无涉，但因其主要目标是学生对知识的掌握，因而其立德成人的目标不如国学课程教学的立德成人的目标突出。

将国学课程视为人文课程，意味着国学课程教学应智性化、智慧化，发挥其以文化人的作用。国学课程教学智性化、智慧化，首先，应把国学课程作为非宗教性的人文性通识课程。通识课程包括人文课程和非人文课程，前者属于智慧化、智识化课程，后者属于知识掌握类课程；也就是说，并非所有的通识课程都是人文课程，人文课程只是通识课程的一部分。国学课程属通识课程中注重德性、人格培养的人文课程，因而我们可将国学课程称为人文性通识课程。这样来理解国学课程与通识课程的关系或将国学课程视为人文性通识课程是十分重要的。就国学教育的课程建设，一种较普遍的观点是主张将国学课程设置为学校的通识课程。例如，有人认为“中国的大学亟需重建自己的‘经史传统’，探索和开设自己的‘通识教育’课程体系”④；针对传统文化教育的薄弱现象，有人强

---

① 余三定，郭晓鸿，王巍，等. 经典阅读的意义与方法：《北京大学研究生学志》《云梦学刊》座谈会发言选登[EB/OL].(2013－12－19).https://www.aisixiang.com/data/70618.html.

② 张广斌. 对中小学开展中华优秀传统文化教育的几点建议[EB/OL].(2017－07－16).http://www.fx361.com/page/2017/0717/4053424.shtml.

③ 钱源伟. 基础教育改革研究［M］. 2 版. 上海：上海科技教育出版社，2003：27.

④ 任重，刘明. 儒教重建：建言与声辩［M］. 北京：中国政法大学出版社，2012：194.

调指出："现在的问题是，也应考虑把'通识教育'开进中小学——台湾有些中学出现了类似的选修课和讲座课。"① 诸如此类的看法，都是将国学课程视为通识课程的主张。一般而言，这些主张中肯、无谬。但这些主张应更加具体，即应将国学教育视为人文教育，进而将通识教育中的国学课程定性为学校通识课程中的人文性课程。否则的话，在教学目标上就易于将国学课程混同于通识课程中的非人文课程，进而在国学课程教学的过程中，就可能自觉或不自觉地将国学课程知性化、知识化而难以实现国学课程的人文性、精神性的价值。本章第二节阐述的国学课程建设应遵循非宗教性原则，意在将国学课程定性为非宗教的世俗课程，本节阐述的国学课程建设的人文性原则也是为了给国学课程教学定性。因而将本章第二节与此处将国学课程定性为人文性课程两者结合起来，我们可以说，国学课程是非宗教性的人文性通识课程。

其次，国学课程教学应突显其人文性。就中小学的国学课程教学，人们普遍担心的是学生不考不学。基于对不考不学的担忧，有人建议，应增加中考、高考中国学内容的比例。但与此同时，又有人担心在如今素质教育形式化、升学主义大行其道、应试教育模式主导整个基础教育的情况下，学生会出现为考而学的情况。这样，国学课程教学将被手段化，从而损害国学课程教学的人文性或教育性、价值性。这里，担心学生不考不学是有一定道理的。但也不应过分担心。小升初贯彻的是就近免试入学原则，因而总体上不用担心小学生会因不考而不学。总体上，他们会如学习其他课程一样，不考而学。初中生和高中生出现不考不学的情况主要发生在临近中考和高考的初三年级、高三年级。至于初中阶段的初一、初二两个年级和高中阶段的高一、高二两个年级，尽管会出现一定程度的不考不学的情况，但出于完成学习任务的需要，对国学课程的学习，他们总体上还是会有相应的积极性的。问题的关键是教师如何突显国学课程的人文性、提高国学课程教学的教学效果。国学课程的教学如果不是知性化的，而是人文化、意义化的，能将国学课程教学与学生的实际生活、人生目标、人格成长联系起来的，那么，国学课程教学至少在初中阶段的初一、初二两个年级和高中阶段的高一、高二两个年级，还是会有一定的成效的。至于如何提高国学课程教学的人文性，本书第六章将作阐述。针对现今国学课程的实际地位普遍不高的实际，主张增加中考、高考内容中的国学内容的比例，无疑是强化国学教育之举。而在升学主义、应试教育模式的影响下，也的确会出现为考而学而将国学课程学习手段化的现象。而在学生将国学课程的学习作为实现其升学手段的同时，也一定程度上能

---

① 任重，刘明. 儒教重建：建言与声辩［M］. 北京：中国政法大学出版社，2012：194.

实现其人文价值。因为国学课程学习的目的性与手段性不都是纯粹的，两者往往是相互涵摄的。我们不应抽象、机械地看待国学课程教学的目的性与手段性的关系，毕竟聊胜于无。

第四节　非还原性原则

还原式思维方式是人们在认识事物时，先对所认识的对象进行抽象，然后再将抽象的结果视为认识对象的本质，并将抽象的结果解释认识的对象，将抽象的结果视为认识对象的一切。这里的非还原性原则即在选择国学课程内容时，不能以还原式思维方式看待传统文化，对传统做还原式处理，在选择国学课程的内容时，只将儒家文化作为国学课程内容。中华传统文化虽以儒家文化为主体，但不应将中国传统文化经典还原为儒家文化经典；同样，也不能将中国传统文化经典还原为其他某家经典。中华传统文化的复杂性决定了国学课程建设应走以儒家经典为主体、兼容传统文化的各家思想经典之路。儒家经典虽然是国学教育课程的主体，但我们不能把国学教育课程狭隘化，只将儒家经典视为国学教育的课程。

首先，不能将国学教育经典还原为儒家经典。

中国文化的最大特色除了上述的一统性外，还体现为多元性。所谓"多元性，即在儒家文化占据主导、主体、主流地位的同时，道家文化、佛教文化等其他类别的文化，藏族文化、回族文化等少数民族文化，……也在中国文化中占有重要的地位和表现出独具特色的风格"①。正因如此，国学课程在重视儒家经典的同时，不能把中国传统文化还原为儒家文化，而应向中国传统文化的其他经典开放。一直以来，有关传统文化的复兴及其所借助的国学教育的课程论主张，存在着势力强劲的自我戕害式的独断论或还原论。这种还原论将传统文化还原为儒家文化，在论及复兴传统文化时，只将儒家思想视为"中国正统"，只强调复兴儒学的重要性，似乎只有儒家文化才是传统文化。例如，有的大陆新儒家将复杂的中国古典文化简单化，将"诸子百家简化为一家"，谋求儒家一家独大，强调"儒家之外无中国，中国之内均儒家"②，"崖山之后无中国，明朝之后无华夏"，

① 任重，刘明. 儒学复兴：继绝与再生［M］. 北京：中国政法大学出版社，2012：91.
② 任剑涛. 当经成为经典：现代儒学的型变［M］. 北京：社会科学文献出版社，2018：410.

在他们看来，“儒家文化就是中国文化，或者说中国文化就是儒家文化”①，认为“现代中国就是儒家中国”，“现代世界就是儒家世界”②。在他们看来，儒学“……既是中国传统社会政治制度的设计者，也是中国传统社会主导价值观的提供者。中国之所以是中国，在某种意义上就是因为它是儒家文化所塑造的，而中国的民族性，其实质就是儒家（学）性”③。因而，论及国学教育，他们只强调儒学教育，只将儒家经典视为国学课程的经典，将儒家经典教育视为传统文化教育的正宗。例如，有人认为，“所谓中华文化经典，是指中国历史上长期公认的体现圣贤义理之学的诸经典，即六经、四书、诸大儒代表作以及具有深远影响的选本；所谓精华，是指诸经典中最能体现圣贤义理的核心价值，即最能体现常道常理所蕴涵的思想精髓”④。蒋庆于2004年主编出版的《中华文化经典基础教育诵本》这一教材便是基于这种主旨编写的。这一教材入选的篇目全部来自儒家经典，而其他如老子、庄子、韩非子等非儒家经典全部被排除在外。蒋庆对此的解释是：“……老庄道家思想中有许多关于政治权术的，容易给儿童以不良影响。”⑤ 显然，以是否存在政治权术为标准作为国学课程的选材标准而排斥儒家思想之外的传统文化是不合理的。如果说老庄道家思想中有许多关于政治权术的思想主张，那么，在儒家经典中，这样的思想主张也不少。既然这样，那么，作为国学课程的儒家经典，也会对儿童造成不良影响，因而同样不宜作为儿童读物。在“尊崇儒术”的汉代，“汉武帝决定把‘五经’提高至经典的地位，催生了‘正统’的观念”，因而“学者也从此认为所有思想活动都有纯洁与真理程度上的分别。致力追求与至高学术正统和谐，就是通往真理的道路，而真理则存在于官方的认可的经典当中”⑥。否则的话，就有悖于至高学术正统，就走上了学术歧路。可以说，蒋庆的国学教育的课程论主张与汉代的“尊崇儒术”如出一辙。

与有的大陆新儒家将中国传统文化还原为儒家文化、儒家文化被视为中国传统文化的正宗不同，在国外，存在将中国传统文化还原为道家文化、将道家视为中国传统文化的正宗的现象。例如，英国科学家李约瑟认为，“中国文化就像一

---

① 任剑涛. 现代变局与何以为儒[EB/OL].(2018-10-10). https://www.aisixiang.com/data/112751.html.

② 任剑涛. 当经成为经典：现代儒学的型变 [M]. 北京：社会科学文献出版社，2018：393.

③ 任重，刘明. 儒学复兴：继绝与再生 [M]. 北京：中国政法大学出版社，2012：189.

④ 任重，刘明. 儒家回归：建言与声辩 [M]. 北京：中国政法大学出版社，2012：33.

⑤ 任重，刘明. 儒家回归：建言与声辩 [M]. 北京：中国政法大学出版社，2012：350.

⑥ 李弘祺. 学以为己：传统中国的教育 [M]. 上海：华东师范大学出版社，2017：180.

棵参天大树，而这棵参天大树的根在道家"①。与李约瑟的观点相行不悖的是联合国教科文组织的相关统计结果，即"在世界文化名著中，译成外国文字出版发行量最大的是《圣经》，其次是《老子》"②。这从一个侧面反映了中国传统文化在国外影响最大的是道家，并且中国传统文化被还原为道家思想，道家思想被视为中国传统文化的正宗。应该说这不是外国人不了解中国传统文化的无根无据的虚妄之说。在国外，将道家视为中国传统文化的正宗至少有以下两方面的根据。一是道教曾是"王官"之学。在文化发达的周代，掌握历史文献的人是古代的"王官"，而先秦的诸子之学出于"王官"之学。老子便是周代居于"王官"地位的人，他是周代"柱下史"，他掌握了周代中央政府六经的典籍，而儒家只是"司徒之官"。所以，真正得六经之传的是道家而不是儒家。③ 这便是外国人将中国传统文化还原为道家文化、将老子的思想视为中国传统文化正宗的原因或根据之一。二是"王官"之学后的道教也曾有过较高的政治、教育地位。"唐代，道教具有很高的政治地位，道教经典成为官方学术的一部分，并作为科举考试的内容（《老子》《庄子》《列子》《文子》），颇有在官方学术上与儒学分庭抗礼的势头"④。另外，也是在唐代，"高宗在位期间（650—683），明经科的考试内容开始包括《老子》（735）。后来的考试则从《老子》与武则天的《臣范》中选一考试（第二道），武则天死后（705），停考《臣范》，改用《尔雅》"⑤。但外国人由此两方面的根据而将中国传统文化还原为道教，把道教视为中国文化的正宗，并不意味着这就是合理的。

将儒家文化视为中国传统文化的正宗和将道家文化视为中国传统文化的正宗的观念都是基于传统文化的道统观念。对于中国传统文化的道统现象，有学者作了如下阐述：

道统是儒家传道的脉络和系统。孟子认为孔子学说是上接尧、舜、汤、周文王，并自命是继承孔子的正统。韩愈作《原道》，正式提出了所谓"尧、舜、禹、汤、文、武、周公、孔、孟"关于道的传授系统说，声称自己继承了真正的孔孟之道，是儒家的正宗，开启的宋代道学的先声。朱熹则认为，儒家的道统是以周敦颐、二程（颢、颐）上承孟子的，而自己又继周、程为儒家正统。现在

---

①② 李舫．春秋时代的春与秋［N］．光明日报，2016-01-29（13）．

③ 蒋国保，周亚洲．生命理想与文化类型：方东美新儒学论著辑要［M］．北京：中国广播电视出版社，1992：477．

④ 尚明．中国人学史：古代卷［M］．北京：对外经济贸易大学出版社，1995：213．

⑤ 李弘祺．学以为己：传统中国的教育［M］．上海：华东师范大学出版社，2017：124．

一般学界认为道统是指儒家圣人之道发展演变的系统，它包括对中国社会和中国文化的发祥和发展做出过重大贡献的中华民族伟人、先哲和儒家圣贤伏羲、神农、黄帝、尧、舜、禹、汤、文、武、周公、孔、孟、荀、董仲舒、王充、韩愈、程、朱、陆、王等所承传之道及道的精神、传道的统绪。道统不是凭空杜撰的，是从中国古代文明发展的历史当中经过儒家学者的总结阐发提出来的。①

显然，从这种道统观念出发，便会只将儒家视为显学，进而国学课程将会是狭隘的、排斥性的。因为由这种道统观出发，只会将唐虞后的孔子、孟子、荀子、王充、韩愈、程颢、程颐、朱熹、陆九渊、王阳明等人的儒家思想视为中国传统文化所传之道，只为儒家所阐发；同样，如果将道家思想视为正统，只会将老庄等道家视为中国传统文化所传之道。而国学课程要成为非排斥性的，这种狭隘的、排斥性的道统观应转变为学统观或开明的道统观。就此，方东美曾指出，中国传统文化中的"'道统'，可说是由孟子开其端，但孟子排斥杨墨，却未攻讦道家。孟子最尊崇孔子，而孔子谦虚为怀，而且非常好学；他'毋意、毋必、毋固、毋我'。然后才可以撇开一切偏风，容纳百家之学而集其大成。所以先秦时代儒家纵使有所谓道统，也是'开明的道统'。与其称'道统'，还不如称'学统'。讲'道统'易生肤浅、专断、偏颇的流弊；讲学统则无此疾"②。因为"无论在哲学研究方面，或是宗教乃至自然科学的研究方面，我们都可以发现'学统'观念较之'道统'观念，更能够把握宗教、道德、艺术的真理和价值，更能够使它们融会在精神生活中，而成为高妙的超诣之境界"③。方东美认为，以"学统"或"开明的道统"观念来衡量，先秦各家学说都是显学，都有其独特的价值，都不应排斥。他说："由此以观中国的'学统'，则先秦儒家是显学，道家是显学，墨学、名学、法家又何尝不是显学？都是在思想方面，自成独立系统的学派。在战国以前，绝不会有一派思想压服另一派思想的事情。不过到了战国末期以迄于汉代，中国古代的学术自然形成两大支：一是六艺之学，即后来的

---

① 韩星．关于中国道统的讨论：访谈人民大学教授韩星[EB/OL]．https://mp.weixin.qq.com/s/--KzRrB1gDg7EP026GnShw.

② 蒋国保，周亚洲．生命理想与文化类型：方东美新儒学论著辑要［M］．北京：中国广播电视出版社，1992：465.

③ 蒋国保，周亚洲．生命理想与文化类型：方东美新儒学论著辑要［M］．北京：中国广播电视出版社，1992：475.

六经之学；一是诸子之学。”① 方东美就宋明儒排佛排道的肤浅、专断、偏颇的流弊批评道：“宋明儒大抵皆出入老佛十余年，深受老佛的影响自不待言，而却一味地排道排佛。今人不察此理，盲目地跟随宋明儒排佛排道；而且特意回护，为其故示隐讳，抹煞历史的事实，尤为不智。”② 因而，“在现代讲文化复兴，我们要留心中国整个文化的发展。凡是对于这整个民族文化有光荣与伟大贡献的思想，我们须是一体欣赏，千万不能抱持一个偏见，而陷入错误的道统观念”③。方东美的这些看法，可以说体现了张载的“大其心则能体天下之物”的文化精神。从这种文化精神出发，我们在进行国学课程建设时不能像董仲舒那样，“尊崇儒术，罢黜百家”，不能像宋明儒那样，排佛排道，气量太小，也不能如现今有的大陆新儒家那样，只将儒家思想视为中国传统文化的正宗，而应具有涵融精神，兼容并包传统文化的各家思想；至少我们不应过分强调道统，因为“对道统的过分强调就可能形成对其他学术文化的排斥，而形成对异端思想的压制”④。

正是为了避免错误的道统观念而体现对传统文化的兼容并包，众多学者主张应更宽泛地理解中华传统文化的精髓。例如，杜维明认为，“……不能武断地把儒家传统等同于中华民族的文化传统”⑤，在杜维明看来，尽管我们可如徐复观那样，主张将孔孟思想视为中华文化命脉所寄，但“我们也不能忽视中华民族古代文化的内容远较儒家传统来得丰富”⑥。陈晓平认为，“中国文化的合理硬核并不限于儒学经典，而且包括其他学派的经典如道家、墨家、法家和名家等”⑦。李舫认为，“中国历史文化在秦汉以前，尽管百家诸陈，但儒、墨、道三家基本涵盖了当时的文化精神。唐、宋之后，释家繁荣，儒、释、道三家相互交锋、相互融合，笼罩了中国历史文化一千余年”⑧。但“在中国两千年来的发展中，对

① 蒋国保，周亚洲. 生命理想与文化类型：方东美新儒学论著辑要［M］. 北京：中国广播电视出版社，1992：481.

② 蒋国保，周亚洲. 生命理想与文化类型：方东美新儒学论著辑要［M］. 北京：中国广播电视出版社，1992：483.

③ 蒋国保，周亚洲. 生命理想与文化类型：方东美新儒学论著辑要［M］. 北京：中国广播电视出版社，1992：397.

④ 汤一介. 论儒学复兴的现代意义［EB/OL］.（2018－08－31）. https://www.aisixiang.com/data/112017.html.

⑤⑥ 岳华. 儒家传统的现代转化：杜维明新儒学论著辑要［M］. 北京：中国广播电视出版社，1992：309.

⑦ 陈晓平. 继承传统抑或固守传统?：从翟振明对刘小枫等人之学风的批评谈起［EB/OL］.（2017－06－20）. https://www.aisixiang.com/data/104761.html.

⑧ 李舫. 春秋时代的春与秋［N］. 光明日报，2016－01－29（13）.

中国社会起到最直接推动作用的还是儒家、道家两家学派，他们试图在总结历史经验教训的基础上，找到一条适合国家发展、具有现实意义的治国之道。尽管他们的理论体系、社会影响大不相同，但是两者的相互交流、相互交融、相互交锋，最终推动了中国的进步”①。叶秀山认为，“在‘哲学’上，作为‘有效应的历史’作用的，在中国，早期恐怕是‘儒’、‘道’两家……”②。

由以上学者对中国传统文化主干的理解可知，他们较宽泛地理解中国传统文化的主干，即将中国传统文化主干不是理解为一家，而是理解为多家，或者理解为儒家、道家、墨家、法家和名家等，或者理解为儒、释、道三家，或者理解为儒、道两家。他们不是“用儒学一家排斥诸子百家，用儒学中的一派排斥其他各派”③，或者说不是将传统文化还原为儒学一家，只把儒家视为道统，也不是将传统文化还原为道家一家，只把道家视为道统。可以设想，如果将传统文化还原为儒家或道家一家，只以儒家或道家文化作为传统文化，那么，就会在中国传统文化内部造成儒家或道家对其他各家思想的排斥，进而造成国学教育只强调学生学习、阅读儒家经典或道家经典，排斥对其他各家思想经典的学习。这样，国学教育就不能反映中国传统文化的全貌，就不能从整体上体现中国传统文化的精华。钱穆在论及学生必学的国学经典时指出：“《论语》、《孟子》为我国两千年来必读书。《大学》、《中庸》则为六百年来所定。余意《庄子》、《老子》亦当为必读书，固儒道两家已有两千年历史，对中国文化影响最深最久”；“朱子定《论语》、《孟子》、《大学》、《中庸》为四书。四书固当读。余意今日人人当必读《论语》、《孟子》、《庄子》、《老子》四本书。姑名之曰‘新四书’可也”④。这说明，钱穆没有将传统文化的主干理解为儒学一家，他所主张的学生必读的国学经典或“新四书”包括儒、道两家的经典。台湾学者吴展良也如钱穆一样，表达了其对道家的重视，他认为：“中国人读老、庄两千余年，老庄对于儒家有很多根本性的批评，与儒家相反而相成。儒家容易拘守于礼法与各种整体性关系，老庄则让人能逍遥，自由开个人的生命体验。老庄深入探讨天地自然广大丰富的意蕴，其气化的宇宙观成为中华后世宇宙观主轴。老庄同时深入探讨语言、知识、身体的奥义，直探其本性，从而具有丰富的意义与现代所谓的哲学性，乃

---

① 李舫．春秋时代的春与秋［N］．光明日报，2016－01－29（13）．

② 叶秀山．对于中国哲学之过去和将来的思考［J］．江苏行政学院学报，2016（1）：18．

③ 姜义华．“弘扬传统”应避免排外主义和儒学宗教化［EB/OL］．(2017－09－25)．https://www.aisixiang.com/data/106121.html．

④ 叶龙．钱穆先生讲学札记［EB/OL］．(2017－10－17)．https://www.aisixiang.com/data/106493.html．

中国哲学性思想的重要源头。"① 不难看出，这里吴展良的言下之意是复兴传统文化不应排斥道家。大陆新儒家的代表人物陈来与钱穆、吴展良持相近的看法，他认为"……在实践上把儒、墨、道、法等多元的文化元素综合起来，让各种文化互相补充、互相作用，而不是独尊一家、排斥其他，这样就能整体地发挥传统文化的积极作用"②。就儒家的演化、发展，吴展良认为"历史上的中华文明，第一期是经的时代，第二期是传统经学的时代，到了第三期中国，必须要有新形态的现代儒学与经学。今人必须建设能充分因应现代性挑战的现代经学与儒学体系，以继承传统，并迎向具有高度发展性的未来"③；所以，"现代中国自身发展出来的传统型或融合型的经典亦相当重要。儒家学人继承传统文化的精华，面对西方现代性的巨大挑战，做出了许多重要论述，例如康有为、后期梁启超、梁漱溟、钱穆、熊十力等大家，乃至一些新儒家的学人，都做出了值得注意的成果"④。这意味着就国学课程的儒家经典而言，也不能是狭隘的。国学课程的儒家经典，除了第一期的经的时代和第二期的传统经学的时代的经典外，还应包括现代中国自身发展出来的融合型的经典或新儒家学人的思想论著。

其次，不能把国学经典还原为本土经典。

国学课程建设不仅应以本土传统经典和体现传统文化研究成果的新经典为内容，还应以中国化的外国传统文化经典为内容。因为传统不是一成不变的，"……许多传统本身也是'发明'的，只是久而久之这些'发明'、'创新'、'创造'，不知不觉也就成了'传统'"⑤。在我国文化演化的历史长河中，我国本土文化与他国文化"互为样本"、相互摩荡。在此过程中，很多外来文化通过"发明""创新""创造"已然融入本土文化和教育，已经成为我国传统文化、教育的组成部分。例如，儒家从以儒为主、多元整合、贵和尚中、和而不同、"万物并育而不相害，道并行而不相悖"（《中庸》）的思维方式出发，开放包容，兼收并蓄，与外来的各种思想文化交流融会，"整合不同文化因素，不断更新发展，于是就形成了中国文化多元并发、并行，而以儒居中制衡的独特形态。这样，在儒学发展史上，无论什么宗派流派，诸子百家，异端邪说，八面来风，都能经过一代又一代的儒者的努力，兼综和合，最终形成相反相对、相辅相成、同中有

---

① 吴展良．第三期中华文明的经典体系与经学的建构［J］．文化纵横，2017（4）：70－71.

② 陈来．如何看待儒家文化与中国传统文化［J］．中国哲学史，2018（1）：25.

③ 吴展良．第三期中华文明的经典体系与经学的建构［J］．文化纵横，2017（4）：75.

④ 吴展良．第三期中华文明的经典体系与经学的建构［J］．文化纵横，2017（4）：72.

⑤ 雷颐．"民族"何以成为"主义"［N］．中华读书报，2017－06－21（9）.

异、异中有同、你中有我、我中有你的既多元又统一的文化体系”①。这种现象正如李弘祺所说：“儒学深具包容性与可塑性，永远不断回应着外来影响，也依照环境的变化而转变自我，但又不致于丧失原本的核心价值或观点。”②

儒学的包容性、可塑性和对外来文化的回应而自我转变，突出体现在儒家思想、儒家教育与佛教、佛家教育的关系上。自佛教在中国传播伊始，佛教就一直深受中国文化，特别是儒家、道家文化的影响，它经历了中国化或驯化的转变，如佛教“到了魏晋南北朝期间，已明智地利用中国人的词汇诠释乃至重新诠释各种源自异国印度的观念”③，以致后来“几乎所有著名的佛教僧侣都熟知儒家教诲”④。佛家、佛家教育积极地中国化、儒家化，由此可见一斑。在佛家积极地中国化、儒家化的同时，儒家和儒家教育向佛教、佛家教育学习的积极性绝不输于佛家。佛教传入中国后，尽管是儒家不得不与之抗衡的势力，⑤ 但佛教对中国人有着巨大的吸引力，“不论世家士人或是平民，都逃脱不了佛教的吸引力”⑥。所以，抗衡归抗衡，佛教传入中国后，儒家在抗衡佛教的同时，也积极地向佛教学习。例如，魏晋期间，儒家便吸纳包括佛教在内的玄学，隋唐更广泛地援佛入儒；宋儒则将儒释道三家综合、汇通，“宋儒从道和佛教中吸取了许多东西，他们关于自我修养的词汇，由于道教和佛教思想的渗入而极大地丰富了。……他们能够从其他的宗教伦理传统中汲取营养，利用它们的符号资源……，作为其终极关怀理想的一个基本部分。他们坚信他们的思想与现实合一的可能性，而且形成了他们所谓的‘实学’”⑦。此时，“除了道学有许多词汇源自佛教之外，有些佛教记录似乎也证实佛教僧院生活让道学思想家留下了深刻印象，程颐就是一个例子。据说程颐走访一座寺庙，看到僧侣的行列之后，不禁感叹古时三代的礼乐理想”⑧。儒家如此积极向佛家学习，成就了影响一千多年的新儒学或宋明儒学。这正如汤一介先生所言：“中国的宋明理学（新儒学）在印度佛教文化的冲击

---

① 韩星. 以儒为主，多元整合：对秋风《一个文教，多种宗教》一文的商榷［J］. 天府新论，2014（3）：39.

② 李弘祺. 学以为己：传统中国的教育［M］. 上海：华东师范大学出版社，2017：441.

③ 李弘祺. 学以为己：传统中国的教育［M］. 上海：华东师范大学出版社，2017：99.

④ 李弘祺. 学以为己：传统中国的教育［M］. 上海：华东师范大学出版社，2017：275.

⑤ 李弘祺. 学以为己：传统中国的教育［M］. 上海：华东师范大学出版社，2017：291.

⑥ 李弘祺. 学以为己：传统中国的教育［M］. 上海：华东师范大学出版社，2017：198.

⑦ 岳华. 儒家传统的现代转化：杜维明新儒学论著辑要［M］. 北京：中国广播电视出版社，1992：290.

⑧ 李弘祺. 学以为己：传统中国的教育［M］. 上海：华东师范大学出版社，2017：509.

后，充分吸收和消化了佛教文化，'出入佛老，而反求之六经'，再次回归先秦孔孟而把中国儒学提高到一个新的水平，并对朝鲜半岛、日本、越南的文化发生过重大影响。"就儒家教育与佛教教育的关系而言，儒家教育不仅没有排斥佛家教育，反倒是积极借鉴、学习佛家教育。这也就是说，在佛教对中国文化的整体产生重大影响的同时，佛教也对中国教育产生了深远的影响。就此，李弘祺作了许多具体的阐述。在李弘祺看来，"佛教的教育观念与实践，透过对于纪律、公开宣讲以及演说技巧的强调，又透过中文与印度文这两种语言的文化交流，而对中国教育都产生了重大影响。音韵研究、抒情诗以及中国基础教育对念诵的重视，这些发展多少可以归因于佛教的影响"①。例如，就佛教教育的纪律对儒家教育的影响而言，宋代书院的书面规范，相当大程度上借鉴、采用的是禅宗的僧伽戒律，② 禅宗僧院生活强调的行为举止和纪律，都对道学书院规则的兴起做出了贡献。③ 再如，就佛教重视经典学习的诵经、唱经对儒家教育的影响而言，在传说中的《乐经》已经佚失的情况下，由于佛教利用中文诵唱佛教经典方式的出现，儒家开始将诵唱作为学习者熟悉儒家经典的有效方式。这典型地体现为佛教的诵唱法对蒙学教材的影响。汉代普及程度最高的启蒙教材是《急就篇》，④ "后来，《千字文》取代了《急就篇》以及其他许多启蒙教材，在往后1 500年间成为三大初级读本的其中一部。这种著作的广为流行，显示了佛教唱经对中国启蒙教材写作方式的影响"⑤。

以上佛教、佛家教育对儒学、儒家教育的这些影响，可以说都是儒家向佛家主动学习的结果。如今，国学教育在以儒家经典为主要内容时，也应如古时的儒家教育对待佛教经典和佛教教育那样，不排斥佛家经典。职是之故，国学课程涉及的中国传统文化就应是更广泛的，即国学课程中学生阅读的经典，除了儒家、道家、墨家等本土经典外，还应包括佛家经典。"儒家、道家、墨家及诸子百家，道教、佛教及中华各民族历史上的各种经及诸流派，作为文化资源都是瑰宝，在今天都有同等的价值与意义，"都应得到应有的尊重，我们不能把国学教育经典还原为本土经典。在吴展良看来，作为中国人，"要了解的最基本的经典是'四书'（《论语》《孟子》《大学》《中庸》），还有《老子》《庄子》《六祖坛经》《史记》《汉书》《诗经》《楚辞》等"；他认为，"我们需要立基于中国历史，建

① 李弘祺．学以为己：传统中国的教育［M］．上海：华东师范大学出版社，2017：199.
② 李弘祺．学以为己：传统中国的教育［M］．上海：华东师范大学出版社，2017：517.
③ 李弘祺．学以为己：传统中国的教育［M］．上海：华东师范大学出版社，2017：519－520.
④ 李弘祺．学以为己：传统中国的教育［M］．上海：华东师范大学出版社，2017：196.
⑤ 李弘祺．学以为己：传统中国的教育［M］．上海：华东师范大学出版社，2017：197.

立一个‘发展中的经典与文明’的观念”；“六经与四书实为华夏文明的根本，数千年来国族的生命赖之而存”；因而应将六经与四书作为中华文明价值与文化的根本，“但不能只有六经与四书”①。“无论儒释道三家，未来都需要有人择其可传与当传的部分，做出选集，列为中华现代经典”②。这意味着中华现代经典应包括可传与当传的佛家经典。以此一认识为前提，他将当今学生当读的国学经典划分为根本性经典和辅助性经典两类。他所谓的根本性传统经典即六经、四书（或《诗》《书》《易》《礼》《乐》《春秋》《论语》《孟子》《中庸》《大学》）。他所谓的辅助性传统经典包括老庄、中华佛典与理学经典。这是因为中华佛典与老庄、理学经典一样，“……确实对中华文明的发展发挥了巨大的作用，深深浸入几乎每一个华人的生命之中”③。这也就是说，他所谓的辅助性传统经典除儒家的理学经典外，还包含道教、佛教经典。就佛家经典的重要性，吴展良认为“佛教从汉代进入中国，影响至为深远，提供中国传统所较缺乏的‘宗教’，尤其是‘人生宗教’面向”；“佛学入中国两千年，与儒家相反相成，与道家则既竞争又融合。儒释道三教长期成为华人的心灵归宿”④。因而，《心经》《金刚经》《六祖坛经》等佛典属于人人当读的辅助性经典；《大乘起信论》《楞严经》《大方广佛华严经》《妙法莲华经》等中华佛典也可作为辅助性经典。⑤ 吴展良的中华现代经典论正体现了在此强调的非还原性原则。一定意义上，我们可将吴展良所划分的根本性和辅助性国学经典，作为贯彻非还性原则而建构国学课程的一种具体方案。

再次，不能把国学教育经典还原为汉族文化经典。

当下，在对待汉民族之外的其他少数民族文化时，存在两种倾向：一是“把少数民族的成就，简单地归结为‘汉化’的结果”⑥；二是忽视少数民族对中国文化的贡献⑦。但这两种倾向都是错误的。就前一种倾向而言，它与事实不符。如上所述，辽、金、元深受儒家文化的影响，但他们的文化在汉化的同时，并没有失去自身的文化特色。他们在接受汉民族文化影响的同时，也注重自身文化传统的传承，因而他们的文化虽然深受汉民族文化的影响，但也保持了自身文化的独特性。今天也一样，各少数民族的文化在继续受汉民族文化影响的同时，仍保留了自身的传统文化，他们的文化具有鲜明的民族特色。后一种倾向也与事实不

① 吴展良. 第三期中华文明的经典体系与经学的建构［J］. 文化纵横，2017（4）：74.

②③ 吴展良. 第三期中华文明的经典体系与经学的建构［J］. 文化纵横，2017（4）：72.

④⑤ 吴展良. 第三期中华文明的经典体系与经学的建构［J］. 文化纵横，2017（4）：71.

⑥⑦ 任重，刘明. 儒家回归：建言与声辩［M］. 北京：中国政法大学出版社，2012：68.

符，因为中国历史是由多民族共同创造的，“中国之历史，本为中国各民族之共同创造，中华民族之抟成，乃在于中国各民族之共同努力，中国文化之形成，亦是中国各民族之共同型塑”①。少数民族的民族文化特色和少数民族文化对于形塑中华民族和对中国文化的贡献，决定了我们不能将传统文化还原为汉民族文化，具有鲜明的民族特色的少数民族文化对中华文明的贡献理应受到尊重。因而，在国学教育内容的选择、国学课程的建设上，不能将中国各民族文化还原汉族文化，进而用汉族文化代替其他民族文化，而是应把少数民族文化纳入国学课程。这意味着国学课程建设应确立“大国学”的理念，即“国学不只是汉族一个民族的传统文化，而是包括汉族在内的所有五十六个民族的传统文化”；“如果说，国学为‘吾国固有之学’，那么能代表‘吾国固有学问’的，显然不应该限于经、史、子、集，而应该将其他民族的传统文化也包括进来”②。

斯洛文尼亚著名思想家齐泽克提出的“文明差异论”指出，人类除了会发生亨廷顿所强调的不同文明间的冲突外，“在同一种文明形态内部同样可能爆发文明冲突”③。所以，为了避免不同民族间文明的冲突，巩固民族团结，我们需要从“大国学”理念出发，将汉民族之外的其他各民族的传统文化纳入国学课程，使其成为国学课程的必要组成部分。

第五节　非排斥性原则

这里所谓非排斥性原则，即国学课程建设不能因重视自身的传统文化经典，而排斥外国文化经典。

在国学课程的建设上，除了应贯彻上述非还原性原则而实现对本国传统文化经典保持开放外，还应贯彻此处的非排斥性原则而实现对外国文化经典的开放。国学课程建设对自身的文化传统保持开放，并不意味着我们在文化上就可以自我封闭，或者说就可以与外国文化相决绝。“我们强调重新发掘儒家文化的精神财富，以之作为弘扬民族精神、培育时代精神的重要资源，绝非要鼓吹全面复古，全盘照搬儒家文化的整套东西，更不是试图以中国固有的传统去对抗、抵制外来

① 任重，刘明. 儒家回归：建言与声辩［M］. 北京：中国政法大学出版社，2012：77.

② 梁涛. 国学：传承传统文化的大学问［EB/OL］.（2018－11－12）. https://www.aisixiang.com/data/113355.html.

③ 王岳川. 从“去中国化”到“再中国化”的文化战略：大国文化安全与新世纪中国文化的世界化［J］. 贵州社会科学，2008（10）：7.

的文化”①，而应既吸收我们自身的传统文化，也吸收外国文化。……“讲‘国学’并不是排外，而是为超越自己和他人，然后再确立自己，一句话：确立‘众生’中的‘我’的意识”②。这也正如《呼吁书》所指出的：“那种以排斥异域文化为目的的所谓传统文化复兴已经从根本上违背了中华文化的基本精神，也注定不是中华民族的福音。……源远流长的华夏文明中的优秀传统与当代西方优秀文化相结合，将不但催生中华文明的新命，而且必将为当代人类文明增添一朵新的奇葩。”③ 也正如甘阳所说：“我们并不是为古典而古典，更不可能为了古典，放弃现代，不管你喜欢也好不喜欢也好，你是一个现代人，只可能从现代人的问题意识和感觉去重新思考古典和古代的问题。”④

但在当下强调复兴传统文化的国学热、国学教育热的热潮中，却存在文化自我封闭的观念。例如，有人认为“文化的价值是相对于人群而言的，其意义在于传承人群的精神，强化共同体的凝聚力。以此标准相衡量，中华文化是人类迄今为止最优秀的文化传统，因此才能维持我华夏文明绵延五千年不绝”⑤。尽管熊十力、牟宗三、杜维明等新儒家“认定现代儒家必须持守民主与科学的现代价值与制度取向”，但当下的有的“大陆新儒家似乎立志将这样的立场颠倒过来，认为中国无须借助西方建构现代国家的自由民主这些地方性知识，只需要拿出稍经改造的儒家传统方案，就可以成就中国建立现代国家的奇迹”⑥。他们认为“先进真理不仅不再存在于西方，我们似乎已经比西方更为先进”⑦。这种思想由两个向度的理念构成，即一方面主张拒斥西方，回归儒家；另一方面在方法论上突出以反对西方文化霸权为前提的“以中国解释中国”，以求走出近代以来中国儒学被西方解构殖民的境地。⑧

这里无论是强调文化的意义在于传承人群的精神，并从将自身的文化视为最优秀的文化的观念出发，还是从严防“夷夏之辩”的中西对抗式思维方式出发，

---

① 任重，刘明．儒学复兴：继绝与再生［M］．北京：中国政法大学出版社，2012：160.

② 任重，刘明．儒家回归：建言与声辩［M］．北京：中国政法大学出版社，2012：73.

③ 余敦康，成中英，牟钟鉴．关于在中小学专门设立中华经典课程的呼吁书[EB/OL]．(2014-04-14)．https://www.aisixiang.com/data/73930.html.

④ 甘阳．古典学和中国学术共同体[EB/OL]．(2020-01-01)．https://www.aisixiang.com/data/119665.html.

⑤ 任重，刘明．儒家回归：建言与声辩［M］．北京：中国政法大学出版社，2012：223.

⑥⑦ 任剑涛．现代变局与何以为儒[EB/OL]．(2018-10-10)．https://www.aisixiang.com/data/112751.html

⑧ 任剑涛．当经成为经典：现代儒学的型变［M］．北京：社会科学文献出版社，2018：144-145.

都会导致文化上的对外排斥。而这种排斥的结果是有违中国文化的本性的。“中国传统文化在历史上从来都没有‘以排除外来文化的方式’来进行延续和发展”①。对原始儒家孔子、孟子而言，“一方面严厉地斥责论敌，另一方面并不谋求一家独大”②。这也就是说，儒家文化本就具有开放性、包容性，“……儒家思想家具备兼容并蓄的能力，能够吸收各种儒家思想以外的观念，甚至与儒家思想互相冲突的元素”③；“儒家在意识形态上虽力主政府崇儒重教，但对诸子百家、佛道等教并不主张强力禁绝，如西方历史上宗教裁判所为者。……之所以如此，一则在于儒教本身以道德为本，以教化为法，尚和而不尚强力，具有很大的韧性和弹性；二则在于儒教没有厌弃世俗世界、强烈向彼岸的冲动，而是主要以‘尽心知性知天’的内在超越方式来安顿心灵，获得拯救。天人合一，生死一如，彼岸此岸打成一片，没有理想与现实的严重冲突。中庸不偏，故不催生狂热。再则在于儒教没有严密的独于社会的组织，而是融入政治制度和社会肌体之中，弥合无间，不显其突兀相，没有分明的宗派性，不易滋生对抗性”④。正因为如此，“历史上中华文明其实是因为不断吸收异族的成分才能成其大”⑤。正是为了赓续文化，成其大的传统，在中西文化风云际会、中国传统文化遭遇前所未有的冲击的清末民初，经学与“国学”大家们提出的文化主张依然是融通汉、宋、清代经学以及佛、老、诸子与西学。⑥ 俟后，即1935年1月10日，王新命、何炳松、陶希圣、萨孟武等十位知名教授联合署名发表的《中国本位的文化建设宣言》一文，也是如此，并不主张排斥外来文化。因为十教授的“中国文化本位”论的主张以“中国此时此地的需要”为中国文化建设的基本方针，其精髓为“如果中国历史传统文化或者西方文化，能满足‘中国此时此地的需要’，则可以去建设它以为中国文化。部分能满足，则部分地建设；全部能满足，则全部地建设。中国历史传统文化能满足，则建设中国历史传统文化；西方文化能满足，则建设西方文化。如果两者部分地满足，则分别给予吸收和建设”；他们把这视为“……中国经济建设和发展必须遵守的根本原则和根本途径”⑦。这说明十教

① 任重，刘明．儒家回归：建言与声辩［M］．北京：中国政法大学出版社，2012：68.

② 任剑涛．现代变局与何以为儒[EB/OL].(2018 - 10 - 10).https://www.aisixiang.com/data/112751.html

③ 李弘祺．学以为己：传统中国的教育［M］．上海：华东师范大学出版社，2017：65.

④ 任重，刘明．儒学复兴：继绝与再生［M］．北京：中国政法大学出版社，2012：88.

⑤ 吴展良．第三期中华文明的经典体系与经学的建构［J］．文化纵横，2017（4）：72.

⑥ 吴展良．第三期中华文明的经典体系与经学的建构［J］．文化纵横，2017（8）：75.

⑦ 任重，刘明．儒学复兴：继绝与再生［M］．北京：中国政法大学出版社，2012：111.

授的“中国文化本位”论，“并没有出现极端的、绝对的‘中国文化本位’论者，相反他们都给西方文化预留了相当的空间，且大多数有中西合璧的良好愿望”①。20世纪50年代以后，包括港台新儒家在内的海外新儒家继承先辈的思想，创生儒家理论，但“他们几乎皆肯定出现于西方社会的‘科学’和‘民主’的普遍价值和对于中华民族存在与发展的重要意义，并深深思考中国文化的严重缺陷”②。

在如今经济、文化的新的全球化时代，建设、发展中国文化，我们更不能置自身于世界之外。“今日之中国而非过去之中国，今日之世界亦不同于过去之世界，今天理解中华文化复兴，必须放在全球化背景下进行。在全球化背景下，所谓‘复兴’当然不是封闭的复兴，而是中华文化兼容并蓄的复兴，是在包容、吸收、弘扬外来文化基础上的复兴”③；在全球化时代的中华文化复兴，必须深入反思中国文明，我们的文化建设，应不断纳入代表现代性的经典，建构新的经典系统。六经、四书、老庄和已然本土化的佛家经典仍是中华文明的根本性经典，但在今天应进一步吸收西学，以形成中西方化的互补。儒家文化“其普遍性在于仁义礼智和孝悌忠信等基本德目与德智兼修的追求。其特殊性则例如四书何以特别强调上述德目，而非自由、平等、正义等德行；以及对于性本善以及人可以通过德智兼修而完成的肯定”④。而西学文化“现代性的核心是自由、平等、民主、科学、法治与社会正义，这是西方近代发展出的伟大的成果，其中包含许多的经典，数之不尽，难以尽收”⑤。这说明中国文明与西方文明所强调的价值观念是有差异的，但两者并不必然就是截然对立的，而是能彼此互相欣赏、互相补益的。而互相欣赏、互相补益的前提是我们在重视中国传统文化的普遍性、特殊性、深入继承传统文化特质的基础上，对西方学理和文化经典保持开放的态度。从对西学保持开放的态度出发，我们现今需要矫正对西学采取的排斥态度。晚明自西学传入中国以来，我们强调的是中西文化之间的冲突，实际上走的是排斥而非融汇中西方文化的中国文化变迁之路，所以，“后来百余年一直处于劣势”⑥。这给我们以深刻的教训，即现在和未来，我们的文化要不处于劣势，甚至逐渐走强，儒学应走积极主动地谋划强大国家的制度机制与精神生活的融汇中

① 任重，刘明．儒学复兴：继绝与再生［M］．北京：中国政法大学出版社，2012：102.
② 任重，刘明．儒学复兴：继绝与再生［M］．北京：中国政法大学出版社，2012：197.
③ 杨淦．中华文化复兴的理性思考［J］．艺术教育，2008（2）：16.
④ 吴展良．第三期中华文明的经典体系与经学的建构［J］．文化纵横，2017（4）：70.
⑤ 吴展良．第三期中华文明的经典体系与经学的建构［J］．文化纵横，2017（4）：71.
⑥ 吴展良．第三期中华文明的经典体系与经学的建构［J］．文化纵横，2017（4）：72.

西方文化的中国文化变迁之路；现今，“只要儒家仍然愿意因应于现代变迁而建构‘现代’儒学，那么儒学就必须克制自己的反现代冲动，顺应现代转变并尝试引导现代健康发展”，真正从社会现代变迁的高度看待自身，“从而推动中国跨越现代陷阱，让儒学真正成为促进中国现代转变，而不是耽误与阻碍这一历史进程的思想动力”①。

走融会中西方文化的中国文化变迁之路，要求我们在重视通过国学课程教学来形塑受教育者的文化信念和道德素养时，不应排斥外国文化经典。如果我们只囿限于自身的文化经典而孤芳自赏，封闭于他国文化，那么，即使国学课程教学贯彻了非还原性的原则，其人文教育的价值，其立德、成人的成效，其形塑的国人道德的生命力，都会打折扣。所以，国学课程建设在贯彻非还原性原则的同时，还应贯彻非排斥性原则，应“打通现代生活与传统文化之间的隔阂，融会外来文化与古典文化精神”②。这里，因融会外来文化与古典文化精神而形成的成德、立人的教育效果，用刘东的话来说再恰当不过了。他说：“如果将来培养出来的年轻人，都能既有‘慎独’的道德操守，又有‘仁者爱人’的相互关系，还更能以喜悦静观的好奇心，去探究自然物理的奥秘，那将会是一种多么成功的教育体制！如此一来，我们就将在个人与自我、个人与个人、个人与社会、个人与自然诸方面，全方位地进入良性规范，——这将是一个多么健康的、生机勃勃的文明！”③

第六节　强度继承原则

在阐述国学课程建设应遵循非还原性原则时，强调国学课程内容应涵括广泛的传统文化。但是，这并不意味着国学课程内容越多越好，并不意味着复兴传统文化应以量取胜。我们知道，现今中小学生的课业负担本已较重，在现有课程容量较多的状况下，增加国学课程的内容是较为困难的。即使在现有的中小学的课程内容中“适当增加”传统文化方面的内容，也会进一步加重学生的课业负担。尽管那些流传下来的传统文化的经典有很多符合现代人的价值观念，但文言文毕

① 任剑涛．现代变局与何以为儒[EB/OL].(2018－10－10).https://www.aisixiang.com/data/112751.html.

② 任重，刘明．儒家回归：建言与声辩［M］．北京：中国政法大学出版社，2012：199.

③ 刘东．思想的浮冰［M］．上海：上海人民出版社，2014：277.

竟比较难繁，离现实生活又太远，这也会增加学生学习的负担。如果传统文化的内容过多，学生的负担会更大。因而，为了不过多地增加学生的课业负担，国学教育的课程建设应重在强度继承上下功夫。

对传统文化的继承有个继承度的问题。这里所谓的继承度包括继承的广度和强度。继承的广度即为所继承的传统文化内容范围的大小，继承的强度即为所继承的传统文化的深刻程度。通常而言，在一定的条件下，继承的广度和继承的强度呈反比例关系。继承的广度越大，继承的强度则越小，反之亦然。传统文化的内容十分丰富，有“儒道佛三教、古典史学、古典文学、古典艺术、传统中医、传统武学、传统蒙学等”① 多种类型，而且每种类型的具体内容都十分丰富；而学校教育有一定的学制期，在学制期内，学生学习的时间、精力都是有限的，如果国学教育的内容过于宽泛，甚至面面俱到，不仅会增加学生的学习负担，而且会影响国学课程的教学效果，同时也会挤占学生更多的学习其他课程的时间和精力，从而影响教育质量的整体提升，制约学生的全面发展。因而，就学校教育而言，要解决传统文化类型多样、内容丰富与学生学习时间、精力有限之间的矛盾，国学教育对于传统文化的继承应更多地在强度上下功夫，其课程内容的选择应贯彻强度继承的原则，其课程应以传统文化的核心价值观念与伦理、道德为核心。

文化的本性为国学教育课程建设对传统文化作强度继承提供了可能性，因为严格意义上的文化是指精神价值。传统文化也不例外，其严格意义上的意涵也是指其精神价值。所以，继承传统文化即继承象征中华民族传统文化的文化精华，如过去第一流知识分子的智慧结晶，如哲学的人学的菁华、美学的菁华和修身养性、天人合一、情景交融等伦理学菁华。② 强调国学课程建设对传统文化的继承要贯彻强度继承原则，也就是强调要继承传统文化的精神价值，将传统文化的精神价值与现实生活进行深度融合。国学教育是为了复兴传统文化，而“‘国学复兴’以复兴国学中所蕴涵的文化精神为核心内容”③。国学教育如果发挥了继承传统文化中具有积极意义的精神价值的作用，也就对传统文化的继承作出了应有的贡献，也就功莫大焉。

既然国学教育对传统文化的继承，重在继承传统文化的精神价值，那么国学

---

① 李英华．国学复兴与文化自觉［J］．杭州师范大学学报（社学科学版），2010，32（2）：27.

② 岳华．儒家传统的现代转化：杜维明新儒学论著辑要［M］．北京：中国广播电视出版社，1992：87.

③ 李英华．国学复兴与文化自觉［J］．杭州师范大学学报（社学科学版），2010，32（2）：28.

教育就不应刻求在学校课中增加国学内容。长期以来，有一种思维定式，即认为要加强哪方面的教育，就要往学校课程中一味地增加哪方面的内容。这种思维方式在我们今天看待国学教育与传统文化的继承之间的关系时，体现为在一些人看来，要加强国学教育，就要尽可多地增加国学课程内容。例如，有人认为小学语文教材应将古诗词数量加大到100篇，有人认为学龄前儿童及中小学生学习背诵320篇格律诗词是恰当的，有人认为“小学甚至可以增加到50%的古诗文和其他传统文化内容”①。这些主张明显地反映了在有的人那里，对待国学课程缺乏强度继承的意识。那么，国学教育如何做到既重视传统文化，学生的负担又不至于过重呢?

首先，国学教育课程的教学内容应突出重点，以儒家经典为主。如上所述，中华传统文化的根干、主体在国学，而“国学的重心在儒学，儒学又以经学为重。没有进入到经学层面，国学教育就没有探本溯源的能力，从而无法触及灵魂，极易沦落为无根的教育，最终难逃浅俗化的命运”②。既然如此，贯彻强度继承原则，国学课程的内容应在将儒佛道等国学内容统一起来的基础上，以儒家经典为主，并将作为中国传统文化主体的儒家经典放在整个国学课程的优先地位，特别是应突出儒家经典的“义理”③ 的地位。这种强度继承不仅较好地尊重了传统文化，而且也能实际地发挥继承传统文化的作用。而把儒家经典放在整个国学课程的教学内容的优先地位，又应突出儒家经典中的孔孟中庸易传陆王等儒家经典。突出孔孟中庸易传陆王等儒家经典，就中学而言，又应突出“四书”。这是因为“从‘四书’（《论语》《中庸》《大学》《孟子》）的性质和传授历史来看，‘四书’从来就是中学层次的学生的基本教科书。《大学》《中庸》原是古代十五六岁的‘大（太）学生’所学的教材——正应该是现在中学生的教科书”④。国学课程如果突出了“四书”，以“四书”教育为主线，将“四书”教育作为中小学国学教育的一以贯之的主要内容，那么国学课程的教学不仅紧扣了国学的重点，而且博而不乱。这正如郑国岱所说：

从中华民族几千年的文明进程来看，中华优秀传统文化的主脉在儒学，儒学

---

① 王旭明．我国语文教育已支离破碎［N］．中国青年报，2014-11-15（03）.

② 郑国岱．基础教育视域下国学教育的内涵、体系、方法研究［J］．广东第二师范学院学报，2016，36（4）：32.

③ 这里所谓的义理，即中华民族传统文化中的爱国、廉政、民本、诚信、修身、尊贤、孝友、礼让、好学、节俭与和谐等合于伦理道德的行为准则。

④ 任重，刘明．儒教重建：建言与声辩［M］．北京：中国政法大学出版社，2012：187.

的重心在经学，经学的重心明清以来在四书学。因此，作为撬动一个庞大系统的支点，基础教育阶段国学教育必须以蒙学为起点，四书学为重心，以六艺之学作为四书教育的配属内容。明确了这一点，现阶段基础教育视域下"国学教育"的核心内容就清楚了：以四书学为重心的儒学。有了这个核心，其他学科的内容的引入便有了一个标准和宗旨，国学教育才可以做到博而不乱。①

时下，论及国学课程的内容，人们的主张可谓林林总总。例如，有的认为国学教育课程的教学除了应有经典课，还应有习礼课和艺文课；② 有的将书画、中华武术、剪纸、木刻年画、民俗风情、传统音乐、京剧等与传统经典打包在一起作为国学课程；有的主张国学课程除了蒙学经典——《三字经》《千字文》《论语》《孟子》外，还应包括《孙子兵法》《古文观止》等经典，等等，不一而足。这些认识无疑都是重视传统文化的体现，因而是无可厚非的。但以强度继承的原则来衡量，它们则显得重点不突出，总体情况是"蒙学教育多，经学教育少；佛老教育多，儒学教育少；技艺教育多，经典教育少"③。而要贯彻强调继承原则，国学课程的内容应突出传统文化的重点。为此，书画、中华武术、习礼、剪纸、木刻年画、民俗风情、传统音乐、京剧只能作为非主干课程，而礼仪课并不是必需的，《孙子兵法》《古文观止》不应成为学生的必读经典。就琴棋书画而言，书法课程是必要的，而琴棋画充其量只能作为选修课来开设。

其次，应注重从文化精神价值的高度来阐释现有国学课程中的相关内容。现今的国学课程内容并不是与传统文化完全无联系的。如中小学语义教材中的古典诗词和文言文，就是国学篇章或人们所说的经典。当然，从对传统文化进行强度继承的角度来看，我们应从长期以来对语文教材中的古典诗词、文言文的教学一味地注重字、词释义转向注重从文化的精神价值或思想理念、中华传统美德、中华人文精神的高度来阐释它们。④

再次，应提升现行德育的效果。我国德育中的集体主义教育、爱国主义教育与传统文化中的群体本位伦理、立德成己的人格主义等核心精神价值具有脉络关

① 郑国岱. 基础教育视域下国学教育的内涵、体系、方法研究［J］. 广东第二师范学院学报，2016，36（4）：33.

② 任重，刘明. 儒教重建：建言与声辩［M］. 北京：中国政法大学出版社，2012：195.

③ 郑国岱. 基础教育视域下国学教育的内涵、体系、方法研究［J］. 广东第二师范学院学报，2016，36（4）：32.

④ 吴全华. 少一些盲目性　多几分理性：对国学教育的若干思考［J］. 广东教育（综合版），2007（10）：57.

联的一致性。只要我们努力提升这些既具有时代性，又与传统文化一脉相承的精神价值教育的实效性，就没有必要在课程中过多地增加反映社群伦理的国学内容。①

最后，应具有传统文化与现实生活融合的意识。导致强调国学教育就要一味地增加国学教育内容的思维方式的一个很重要的原因是在有的人看来，传统文化是与现实生活割裂的。但其实不然。因为任何现实一定意义上是传统的现实，没有与传统完全割裂的现实。从这一角度来看，传统文化精神，无论良莠，都是融合于现实生活的，它们在现实生活中都有反映，现实生活已对传统文化作了相应的继承。既然这样，我们没有必要在学校教材中人为地增加过多的国学课程内容。

---

① 吴全华. 少一些盲目性　多几分理性：对国学教育的若干思考［J］. 广东教育（综合版），2007（10）：57.

第六章
国学教育的课程教学论　（二）
——国学课程的教学原则

第五章阐述了学校国学课程建设的基本原则，本章要阐述的是国学课程的教学原则。教学是实现教育价值、目的的基本途径。同样，国学课程的教学是实现国学教育价值、目的的基本途径。以第五章所阐述的国学课程建设应遵循的主导性、非宗教性、人文性、非还原性、非排斥性、强度继承原则为前提，实现国学教育价值、目的，国学课程的教学应遵循时代性、次第性、“专”“渗”结合、多样化原则。

第一节　时代性原则

这里的所谓的时代性原则，指的是用时代文化精神诠释传统文化，对中华传统文化重新加以解释，实现历史和现实的统一。国学教学贯彻时代性原则既是国学教育体现其时代意义的需要，也是克服复古论的保守主义所必需。从时代性原则与前述非排斥性原则两者的关系来看，此处要论及的时代性原则是前述非排斥性原则的必要构成。但因为国学教育与时代文化精神之间的关系十分重要，因而有必要将其从非排斥性原则中提取出来，作专门阐述。

梁启超曾说：“凡一国之立于天地，必有其所以立之特质。欲自善其国者，不可不于此特质焉，淬厉之而增长之。"① 梁启超在此所说对一国"所以立之特质"或对传统文化实行"淬厉之""增长之"的目的，即实现传统文化的创造性转化和创新性发展，以实现古为今用。现今的国学教育要实现其传承文化、经典育人的价值，应对中华传统文化进行创造性转化和创新性发展。这是国学教学的根本任务所在。

方东美在论及道家与佛家的关系时指出："……拿空袋子装外来思想是不行的，必须自己先有高度的智慧，才能在学术文化上取法乎上，视为他山之石可以攻玉，使双方长处都能显示出来，道家与佛家的结合过程不是今天唱全盘西化的人所知道的。不知道取法别人的高度智慧，是无法建立自己丰富的哲学智慧的。"② 方东美在此言及的是如何解决中外文化关系的问题。在方东美看来，在处理中外文化的关系时，自己不能拿着空袋子，而应拿着实袋子。只有这样，才具有取法外来文化的高度智慧。方东美不拿空袋子的主张给我们的启示是，现今我们要解决国学课程教学的古为今用的问题和克服前文论及的由复古论的保守主义所造成的文化保守，同样不能拿着空袋子，而应拿实袋子。这里，实袋子里装的应是时代精神。国学课程教学应以时代精神为基本标准、原则来改造，应以时代精神诠释经典内容和引导学生，以实现新旧调和。这是国学教育对学生产生积极、健康影响的基本前提。

那么，什么是时代精神呢？有学者认为，民主精神、科学精神、市场精神、法治精神、竞争精神、公平精神等新理念构成时代精神的主要特质；③ 有学者认为，市场经济和现代化所蕴含的客观价值导向，即市民社会、民主政治、独立人格、个性自由、基本人权、社会公平等构成时代精神的核心。④ 由人们对时代精神的诸如此类的理解来看，科学精神、民主精神、法治精神、独立人格、个性自由、公平、正义是时代精神结构因素中的共同要素。我们在此所说的以时代精神来改造、诠释经典内容和引导学生之时代精神，正是以科学精神、民主精神、法治精神、独立人格、个性自由、公平、正义为主要特质的，这些时代精神的特质与党的十八大提出的富强、民主、文明、和谐、自由、平等、公正、法治、爱国、敬业、诚信、友善这些作为上层建筑层面的时代精神或社会主义核心价值观是一致的。之所以强调要以时代精神为基本标准、原则来诠释经典内容和引导学

---

① 梁启超. 论中国学术思想变迁之大势［M］. 上海：上海古籍出版社，2001：6.

② 蒋国保，周亚洲. 生命理想与文化类型：方东美新儒学论著辑要［M］. 北京：中国广播电视出版社，1992：238.

③ 郭建宁. 当前文化研究若干前沿问题论析［J］. 河北学刊，2006（3）：153.

④ 俞吾金. 人体解剖是猴体解剖的钥匙：历史主义批判［J］. 探索与争鸣，2007（1）：6.

生，是因为这有助于“悬搁”以经典为载体的传统文化中的陈腐观念，有助于文化传统的转生和发挥国学教育的时代意义。以时代精神为基本标准、原则来改造、诠释国学经典内容，应做到以下几方面：

首先，我们应确立历史意识。这里所谓的历史意识，即根据历史的本质解读历史的意识，“而对历史的本质的正确的解读又有赖于对当代生活所蕴含的客观的价值导向的理解。在这个意义上可以说，历史意识本质上是当代意识”。而当代意识不是个人的主观喜好，而是当代生活本质事件中的客观价值导向。① 当代人总是从当代出发去理解过去的，他只能回到他所理解的过去，或者说他只能抵达“现在的过去”，不可能回到纯粹的过去，“而‘现在的过去’在本质上仍然是从属于现在的”；当代人“阅读并解释历史的‘意义中心’从来不在过去，而只可能在当代”②。因为历史文本的意义基础、出发点和灵魂永远是属于活着的当代人，历史意识的重心永远在当代。所以，“历史意识的关键不在于对过去的熟悉，而在于对现在生活本质的先行的、正确的理解”；历史意识的座右铭是“‘不理解现在，就不能解释过去’”；我们“只有先行地、正确地理解了当代，才可能对历史做出合理的解释”。③ 这恰如马克思在论及如何研究经济学时所指出的：“人体解剖对于猴体解剖是一把钥匙。反过来说，低等动物身上表露的高等动物的征兆，只有在高等动物本身已被认识之后才能理解。因此，资产阶级经济为理解古代经济等等提供了钥匙。”④ 这意味着我们应在历史意识与传统文化的真实之间建立必要的张力。一方面，我们不能从实用主义的思想方式，完全无视传统文化的真实性，把传统文化曲解为一块可以任意雕刻的大理石；另一方面，我们在研究、学习传统文化之前，要先行地领悟、理解、把握当代生活的本质，意味着我们要解决国学课程教学的古为今用的问题和克服由复古论的保守主义所造成的文化保守，应贯彻“不理解现在，就不能解释过去”的思维原则，“而这一原则也就是马克思所说的‘人体解剖对于猴体解剖是一把钥匙’的真谛”。⑤ 否则的话，我们在对待传统文化时，对传统文化的认识将会与历史的本质分离开来，进而我们只能在传统文化中“游泳”而迷失自我，难以区分传统文化的“精华”与“糟粕”。

其次，我们应在确立历史意识的基础上，强化文化的古今之变的意识。文化

① 俞吾金. 人体解剖是猴体解剖的钥匙：历史主义批判［J］. 探索与争鸣，2007（1）：8.

②③ 俞吾金. 人体解剖是猴体解剖的钥匙：历史主义批判［J］. 探索与争鸣，2007（1）：7.

④ 中共中央马克思恩格斯列宁斯大林著作编译局. 马克思恩格斯全集：第46卷（上）［M］. 北京：人民出版社，1995：43.

⑤ 俞吾金. 人体解剖是猴体解剖的钥匙：历史主义批判［J］. 探索与争鸣，2007（1）：9.

具有历史性，寓居于经典中的传统文化也不例外。中国传统文化的经典是在历史场景中生成并发挥作用的。它之所以能在当时的历史场景中发挥作用，是因为它与当时的语境相适应。但与当时语境相适应的，有的就不一定适合现今社会了，或者说在今天就不一定有价值了，毕竟时过境迁，因而应以时代精神为标准加以扬弃。例如，就如何对待传统文化中的德性伦理和角色伦理而言，“如果从文化继承的角度说，德性伦理因其普遍化性格，比较容易处理继承的问题。而角色伦理中与特定时代、特定社会的特殊性相联结的成分，现代人在继承时就必须明确扬弃，正如麦金泰尔所说，要区别角色伦理中‘纯粹是地方性、历史性的东西’和‘具有普遍意义、要求普遍遵循的东西，在此基础上进行创造性继承’”①。不仅如此，传统经典中有的内容在今天看来甚至是陈腐的。以经典中的陈腐性因素来影响学生，是与培养学生健康的心性和人格品质相抵触的。例如，《二十四孝》是古代孝道极致化的代表，就现今的国学教育的孝道教育而言，尽管“很多学校将《二十四孝》作为经典以图文或雕刻形式呈现出来，作为孝道教育的‘范本’”，但以时代精神来衡量，我们会发现《二十四孝》“虽有个别事例合乎情理适用当代，其余大多都是建立在等级制度基础上的家长对子女的绝对权威，是不适合当代社会亲子关系参考的”②。再如，某儿童经典导读教育中心编辑出版的《弟子规·三字经·千字文·孝经》是一部在我国中小学流行多年的学生阅读的经典。其中的《弟子规》的原名是《训蒙文》，其作者是清代秀才李毓秀，后经贾存仁修订，更名为《弟子规》，在清代后期定为蒙学必读的教材，这本书才开始广泛流传，成为私塾中常用的儿童教材。阅览《弟子规》全篇，其内容大多改编自《论语》《礼记》，以及朱熹编纂的《蒙学须知》，其原创内容极少。③ “从作者上看，李毓秀、贾存仁都只是乡间文人，在学术上并无甚成就；从成书时间上看，相比于宋代的蒙学读物《三字经》，《弟子规》远远算不上‘历史悠久’；从内容上看，《弟子规》属于二手，甚至是三手的入学读物，并且仅供儿童学习使用，显然没有资格被称为‘国学经典’”④。并且，“到了明代，《千字文》《百家姓》与《三字经》已成为流传最广的教材”⑤。在启蒙教材的编纂达到高峰的13世纪，“这三部教材也自此霸占了小学市场”⑥。可见，过去霸

① 陈来．儒学美德论［M］．北京：生活·读书·新知三联书店，2019：480－481.

② 李娇龙．中小学国学教育开展的现状［J］．中小学教材教学，2018（5）：44.

③④ 张之琪．《弟子规》式的“伪国学”，为何让无数家长趋之若鹜？［EB/OL］．（2019－01－28）．http://www.163.com/dy/article/E6KET992053727NS.html.

⑤ 李弘祺．学以为己：传统中国的教育［M］．上海：华东师范大学出版社，2017：401.

⑥ 李弘祺．学以为己：传统中国的教育［M］．上海：华东师范大学出版社，2017：402.

占小学市场的三部教材中并没有现今广为流行的《弟子规》。但自20世纪90年代以来，这一不是经典的经典，经台湾“华山书院”院长王财贵的力荐而成为我国大陆“儿童读经教育”的广为流传的教材之一。尽管它是通俗易懂的儿童读物，但这一不是经典的所谓“国学经典”有着不少与现代社会脱节的观念上陈腐落后的内容。例如：

非先王之法服，不敢服；非先王之法言，不敢道；非先王之德行，不敢行。是故，非法不言，非道不行；口无择言，身无择行；言满天下无口过，行满天下无怨恶。三者德矣，然后能守其宗庙。盖卿、大夫之孝也。《诗》云：“夙夜匪懈，以事一人”。

很明显，这些内容都与个性自由、人格独立、民主、平等的时代精神格格不入。《弟子规》之所以有很多拥趸者，被作为“国学经典”，只是因为一些家长和教师希望用它来教育孩子听话驯服，培养他们的奴性品格。既然这样，我们就应以时代精神调适、改造甚或“悬搁”、筛滤、屏蔽它们，以防对学生产生不良影响。任何一种文化传统，只有以时代精神为准则，不断调适、改造与更新，才能不断焕发其生命力，“即使是优秀的文化传统，也需要适应时代的需要，实现现代性的创造性转化”，[①] 或者说有必要使其实现现代转型，以创造适应现代社会需要的文化精神价值。

文化传统不是纯粹的。以儒家思想为主体的中国传统文化有着以和生、以和处、以和立、以和达、以和爱的和合思想。她“讲求人人合一，追求人的生命价值，人与人的亲善仁爱以及人地、自然与人类社会的和谐相处”，她有着“积极进取的入世态度，以人为本的道德精神，天下为公的大同构想，和而不同的兼容气度，人人合一的哲学理念，躬行践履的实干作风，格致诚正的精微体验，修齐治平的博大情怀，克己安人的自律仪范，重义轻利的仁侠风徽”，[②] 这些都是值得继承的优秀传统文化。继承这些优秀的文化传统对消弭当今世人生存、发展的部分危机、“病灶”、“痼病”甚至“绝症”无疑提供了一种可能。但承载这些优秀传统文化的思想内容是与一些落后、陈腐的因素杂糅在一起的。例如，在她的以人为本的道德精神中，由于夸大道德教化作用，使其有着重人治、轻法治的弱点；她的仁爱思想主张兼相爱，但这种仁爱是处于宗法等级关系中的，她内含爱有差等的思

---

① 郭建宁．当前文化研究若干前沿问题论析［J］．河北学刊，2006（3）：153.

② 杨淦．中华文化复兴的理性思考［J］．艺术教育，2008（2）：16.

想；在家庭道德上，她主张相互性的父慈子孝、兄良弟悌，但这又是以一定压迫性为前提的；她强调相敬如宾，但同时又内含贵则傲、贱则轻的思想。①

尽管传统文化的瑕疵或问题是就传统文化的总体而言的，但时下中小学生所读经典中承载的传统文化，也部分地存在此类的问题。这些问题是我们在继承文化传统，包括引领学生读经时须直面和认真处置的。我们应在明晰传统文化所存在的问题的基础上，不断对其进行改造和做出新的诠释，而改造的价值标准或诠释的“偏见”应是时代精神。以时代精神来诠释传统文化，使传统文化的价值形式、价值理想与时代精神相勾连、相接楔，融入时代精神，而使其具体的历史内容能得以更新。例如，中国特色社会主义理论既是当代中国社会主流意识形态，也是中国当下时代精神的集中体现。因而，在宏观层面，社会主义核心价值观理应成为诠释传统文化的价值标准。我们可以此为价值标准，一方面，阐释社会主义核心价值观与传统文化的内在联系和传统文化对践行社会主义核心价值观的现实意义；另一方面，对传统文化进行改造，以使其具有时代意义。再如，我们在继承传统文化重视道德教化思想的同时，须将法治精神贯注其中，使学生能以法治精神来审视和实践道德正义；在继承父慈子孝、兄良弟悌的同时，须将平等的精神贯注其中，使学生能以人格平等的精神来审视和践行父慈子孝、兄良弟悌，并能将这样的兄良弟悌的思想、情怀、行为延伸、扩及整个人我关系的处理。只有这样，传统文化作为一种外在的客观文化被学生主观化、精神化而成为学生主体人格的构成因素时，传统文化对学生的心性道德和人格品质的影响才是积极、健康的，才能实现弘扬优秀传统文化的目标。

第二节　次第性原则

这里所谓的次第性原则，即国学教育的课程教学应如古人所言的不躐等、重视次第，按学生的年龄、学段的差异，由易到难、由浅入深、循序渐进。一方面，国学教育课程内容的组织、“安排应尊重学生认知规律和教育教学规律，循序渐进，对教育内容做出序列化、分学段、划层次、有重点的安排”②；另一方面，国学课程的教学应循序渐进。人的身心发展具有顺序性的特点或规律。就青少年的思维能力发展的顺序性而言，他们的具体形象思维能力发展在前，抽象思

① 吴全华．中小学生读经与时代精神［J］．广东教育（综合版），2010（3）：25.

② 方中雄．对中小学开展中华优秀传统文化教育的几点认识与思考［N］．教育文摘周报，2017－10－18（07）.

维能力发展在后。因而国学课程内容的组织、安排和教学应按学生的不同年龄、学段，由易到难，遵循学生的思维能力发展的顺序性、阶段性规律。要提高国学教育的效果，贯彻次第性原则是如今和未来国学教育的课程教材内容组织、安排和教学应遵循的基本原则。

李弘祺认为，“人类文明发展的过程中，由于受教育的人在传统社会都是少数，所以他们按照年龄、分班上课的现象都是比较少见”①；“但是在西方，从17世纪以后，这种现象逐渐被打破，做学问的方法也逐渐与学术本身的内在逻辑或形式结合在一起。从教学法的观点言之，从此就进入了所谓的‘发现儿童’的阶段，儿童依年龄分班、发展学术的分科：以理性及逻辑来规范学科的样貌，打破演绎法的牢笼”②。与人类文明发展的进程一致，中国古代的大多数时候，教育哲学的基本理念是用小组、不分年龄、通过会话或对话的方式来教学，因应问题而施教，从而形成学生间的共同结论和密切的友谊。所以，与发现儿童后的现代学校教学按儿童年龄分班施教的做法不同，中国在唐代以前最为普遍的是“……不分年龄、只问就学先后而且大家混于一室上课的做法”③。在混于一室上课的情况下，学习者学习的内容少有系统、完整的作品。但是，唐代以后，遵循次第性原则，按儿童年龄大小分班决定该读什么书的教学观念和教学实践逐渐普遍和发达起来。例如，在宋代的许衡看来，遵循次第性原则，儿童“首先应该学习的著作是《孝经》、朱熹的《小学》、《论语》、《孟子》、《大学》和《中庸》。掌握了这些著作之后，便接着学习《诗经》、《尚书》、《礼记》、《周礼》、《春秋》，最后则学习《易经》”④。宋朝的《京兆府小学规》的次第性安排则是儿童最先学习《论语》和《孟子》，⑤ 学习了《论语》《孟子》之后，再学习其他的难度更大的儒家经典。明代的吴与必在其学规中提出的次第性安排是儿童先熟读《小学》、《四书》，然后再读《五经》本文。⑥ 但这些次第性观念和实践都不具有代表性。有代表性的是朱熹之后随着学有先后观念⑦出现的程端礼在《程氏家塾读书分年日程》（以下简称《日程》）中对教材内容遵循次第性原则的系统讨论。就程端礼在《日程》中提出次第性的课程教材内容安排，李弘祺分析道：

---

①② 李弘祺. 学以为己：传统中国的教育［M］. 上海：华东师范大学出版社，2017：607.

③ 李弘祺. 学以为己：传统中国的教育［M］. 上海：华东师范大学出版社，2017：605－606.

④ 李弘祺. 学以为己：传统中国的教育［M］. 上海：华东师范大学出版社，2017：339.

⑤ 李弘祺. 学以为己：传统中国的教育［M］. 上海：华东师范大学出版社，2017：330.

⑥ 李弘祺. 学以为己：传统中国的教育［M］. 上海：华东师范大学出版社，2017：531.

⑦ 李弘祺. 学以为己：传统中国的教育［M］. 上海：华东师范大学出版社，2017：333.

> 首先是蒙学课本。儿童先学习《性理字训》，接着学习朱熹所推崇的《小学》。此后再学习《大学》，即“四书”的第一部。接着学习另外三本——《论语》《孟子》《中庸》。学完“四书”之后，学生接着学习《孝经》。接着学习“六经”，依次为《易经》《尚书》《诗经》《仪礼》《周礼》《春秋》。
>
> 程端礼认为，如果一个学生在8岁就开始学习，那么到15岁时，他就能学完所有的蒙学读物、“四书”和“九经”。①
>
> 学生们学完了经学之后开始学习历史。先是学习司马光的《资治通鉴》和朱熹的《资治通鉴纲目》，然后要学习的是《史记》、“两汉书”等。②
>
> 在掌握了这些主要的历史著作之后，学生们继续学习的是韩愈和其他人的文学著作和《楚辞》。学完这些相关内容，一个典型的学生大概已经二十多岁了，可以开始学习著名的思想家，如陆贽、范仲淹、王安石、苏轼等有关经世的文字。
>
> 对于21～24岁的学生，程端礼不再要求他们仍然谨守严格的进度表去学习，但他仍提供参考书，提醒学生应在学完上面的书目之后，阅读张载、邵雍、三胡（即胡寅、胡宏、胡安国）、真德秀等人的著作。③

在李弘祺看来，“程端礼的课程充分反映了理学家的观点。这很快地变成了中国人的标准课程，占有核心的地位，并在元朝和明朝早期的许多学校里作为教学指导被广泛使用”④。这由元朝元成祖设立社学的诏书可见一斑。诏书上说：“今后每社设立学校一所，择通晓禁书，于农隙时月，先读《孝经》、小学书，次及《大学》、《论》、《孟》、经史，务要各知孝悌忠信，敦本抑末”⑤；“元朝末年，由程端礼所拟的课程已经成为中国政府的科举、中央官学和地方社学的共同标准”⑥。程端礼的《日程》的影响之所以如此之大，与《日程》对教材内容作了系统的次第性的组织、安排密切相关。

就如今国学课程的组织安排而言，恐怕没有人会反对其教材内容的组织、安排应遵循次第性原则。但事与愿违，现今，国学教育在实际的课程教材内容安排和教学上，违反次第性原则的现象较为突出。例如，有的小学“把思想高深、内

① 李弘祺. 学以为己：传统中国的教育［M］. 上海：华东师范大学出版社，2017：336.
② 李弘祺. 学以为己：传统中国的教育［M］. 上海：华东师范大学出版社，2017：337.
③ 李弘祺. 学以为己：传统中国的教育［M］. 上海：华东师范大学出版社，2017：337－338.
④ 李弘祺. 学以为己：传统中国的教育［M］. 上海：华东师范大学出版社，2017：338.
⑤⑥ 李弘祺. 学以为己：传统中国的教育［M］. 上海：华东师范大学出版社，2017：340.

容复杂的经典如甚至《周易》、《尚书》、《左传》、《仪礼》、《周礼》等作为幼儿读经的主要内容”。[①] 就这种违背次第性原则的现象，刘石泉将其概括为“目标偏高难度大”。这体现为量大和学习难度高两个方面。就量大而言：

> 当前国学教材的编著方式常见的是选书和选文两种形式，而选书又占据绝大部分。尽管所选书籍多是节选，但体量仍然非常庞大，要求学生的阅读量非常惊人。如育灵童教育研究院编著的《小学国学经典教材——国学》共有12册，即《弟子规》《三字经》《千字文》《笠翁对韵》（选）《论语》（选）《大学中庸》（选）《孟子》（选）《老子》（选）《庄子》（选）《史记》（选）《资治通鉴》（选）《历代美文选》。每一册对应小学的每一个学期，也就是一个学期要求小学生在完成自己正常学习任务的同时，还要学习一部国学经典，每一部国学经典又还有一定的分量。这对学习时间紧张的小学生来说不能说不是一个较高的要求。中国少年儿童出版社2017年2月出版的《中华国学启蒙经典》丛书，尽管“收录了十册最为经典的国学典籍。十册中有全文收录的，也有取其精华，去其糟粕，摘录经典佳句的。但十册之多的古籍阅读量对于小读者来说还是非常之大。[②]

就学习难度高而言，“如《中华文化经典基础教育诵本》的编辑宗旨就是强调背诵。其要求背诵的经典有二十一种之多，不仅量大，而且难度很高。有些内容对于当今的本科专业学生来说都感到陌生，而编者却要求小学生背诵，其难度可想而知”[③]。

这种违背次第性原则的冒进、躐等、拔苗助长的现象绝非个别，求全、求多、求难是多年来国学教育的内容安排和教学的一种较普遍现象。针对这种现象，人们提出了国学课程内容的组织、安排和教学的种种次第性方案。就国学内容的组织、安排的种种次第性方案，试作以下七种例举：

方案1——黄济认为，中小学国学教学主要是教一些国学常识，“小学阶段，主要以教学蒙养教材为主，同时兼学一些短浅的诗文；初中阶段，可以选读‘四

---

① 方朝晖．探索符合人性和时代需要的读经方式[EB/OL]．(2016－12－07)．https://www.aisixiang.com/data/102447.html.

② 刘石泉．当前中小学国学教材特点及编写建议［J］．广东第二师范学院学报，2018，38(6)：18.

③ 刘石泉．当前中小学国学教材特点及编写建议［J］．广东第二师范学院学报，2018，38(6)：18－19.

书’篇章，并兼学诗文；高中阶段，可以对‘诸经’和‘诸子’进行选读，同时选学一些较深和较长的诗词和文赋。诗文的学习要贯穿中小学的全部学习阶段，在诗词的学习和写作中可兼学一些‘声律启蒙’”。对于“四书”的学习顺序，应按《论语》《孟子》《大学》《中庸》的次序来安排。① 在高中，对“诸经”和“诸子”选学一点，使学生读一点中国最古老的文献，② 而“……称得上的‘国学’学习和研讨，应当放到高等学校，甚至是国学院中去进行”③。

方案2——方朝晖提出的方案是：在小学及以下阶段，有选择地读一部分经典，特别是一些文句优美、押韵良好、内涵深厚且有助于打下文字基础的蒙学类经典，也许是最佳选择。比如《三字经》《千字文》《百家姓》《弟子规》《声律启蒙》以及一部分唐诗宋词，依然是幼儿国学启蒙教育最好的教材。到了小学特别是初、高中阶段，除了上述蒙学经典外，在《论语》《孟子》《礼记》《诗经》《周易》《左传》《老子》《庄子》《楚辞》《史记》《汉书》等经典中精选一部分分阶段讲授，注重趣味性和生动性，应该是必要的。到了大学阶段，可以学会一些专题、专书方面的专门国学课程。④

方案3——郑国岱认为，国学教育的重点是“四书”教育。“四书”教育对成人和未成年人的次第性安排应不同。成人或国学学问已经有一定基础的学习者的“四书”教育的学习顺序是从《大学》到《论语》，再到《孟子》，最后是《中庸》。未成年人的“四书”教育的学习顺序是从《论语》到《孟子》，再到《大学》《中庸》。⑤

方案4——重庆市江北区编著出版的三册《国学经典诵读》的国学课程内容安排的方案是：“第一册为《弟子规》与《声律启蒙》，是供小学一、二年级使用的注音读物，注重启蒙教育阶段学生基本行为规范的养成，注重识字量的增加与纯正汉语言感觉的培养。第二册为《论语》《孟子》《学记》选读，供小学三、四年级使用，力图使学生对儒家思想占主导的中国传统文化有初步了解。第三册为《老子》《庄子》《大学》《中庸》，供小学五、六年级使用，让学生从更深层

---

① 黄济. 在中小学如何开展国学教育［J］. 课程·教材·教法，2015，35（2）：5.

② 黄济. 在中小学如何开展国学教育［J］. 课程·教材·教法，2015，35（2）：7.

③ 黄济. 在中小学如何开展国学教育［J］. 课程·教材·教法，2015，35（2）：14.

④ 方朝晖. 探索符合人性和时代需要的读经方式［EB/OL］.（2016－12－07）. https://www.aisixiang.com/data/102447.html.

⑤ 郑国岱. 基础教育视域下国学教育的内涵、体系、方法研究［J］. 广东第二师范学院学报，2016，36（4）：36.

次，对中国传统文化的丰富性有体认”①。

方案5——北京师范大学出版社的国学教材内容的安排的方案是“小学阶段以蒙学为主，初中阶段以四书为主，高中阶段以五经为主”②。

方案6——人民教育出版社于2012年出版的《中国传统文化教育中小学实验教材》的方案是“小学低年级段以蒙学经典《三字经》《千字文》等为主；中年级段学习《声律启蒙》《中国古典诗词欣赏》等，为孩子们奠定诗词美学基础；高年级段开始学习儒家经典，如《论语》《孟子》《中庸》等；初中阶段则学习《孙子兵法》《古文观止》等经典，让孩子们能够接触到诸子百家的典籍和思想；高中阶段则进行传统文化通识教育”③。

方案7——2016年，广东第二师范学院中小学国学课程实验教材编委会出版的一套小学国学教育教材内容安排的方案是：“一（上）《弟子规》，一（下）《三字经》；二（上）《千字文》，二（下）《百家诗》；三年级（上下）《论语》（选读）；四年级（上下）《孟子》（选读）；五年级（上下）《道德经》（译解）；六（上）《中庸》（译解），六（下）《大学》（译解）。共计12册书，对应12个学期，每学期选择书目中的经典内容，由经典原文（及译文）、与原文内容密切相关的故事、古诗等组成单元，每学期四到五个单元，18到20课时即可上完（即每周1课时）”④。

以上所列举的国学教材内容安排的次第性方案，次第性意识是较为突出的。但是以次第性原则来衡量，这些国学教材安排的内容的难度总体上还应进一步降低。将古时的蒙学教材和一些古诗文作为如今小学的国学教材内容，难度是适当的，这也是上述七种方案的较为一致之处；但将“四书”，特别是“五经”作为中学特别是小学国学教材内容，则难度较大；就小学而言，哪怕是节选“四书”“五经”的部分内容作为其国学教材的内容，难度也较大。

针对香港文字学会的国语公民教材违背次第性原则的现象，钱穆曾说：“文字学会提出国民学校国语公民教材，应选读论语、孝经，此一节恐难适应时代实情。犹忆幼年时在私塾读论语、孟子，仅能背诵。师长既不讲解，其实并无所得。即使兼以讲解，亦恐非当时所能接受。今日之国民学校学生，虑其多数之中材，亦未必遂能多胜于如穆之当年，选论语作教材，实非妥当办法。至于孝经，

① 何成银. 小学国学教育区域化推进研究：以重庆市江北区为例［J］. 教育研究，2010，31（1）：105.

② 李娇龙. 中小学国学教育开展的现状［J］. 中小学教材教学，2018（5）：42.

③④ 余新明. 中小学国学教育的“课程意识”［J］. 语文教学与研究，2018（24）：9.

则更非所急。‘提倡孝道’与诵读孝经，乃属两事。举孝经作为学校教材，穆则期期以为不可”①；“其次，中等学校国文教材，文字学会提议应读四书并选读礼记，此层穆亦未敢苟同”②。钱穆“未敢苟同”的原因是“教育当为大数中材着想，少数杰出优秀者，固可例外，然不能以之律中下。八百年前朱子规定四书，首大学，次论孟，最后中庸，本为成年学者而设。其先尚有小学一阶段。而中庸尤难读。朱子戒学者通透论孟，始及中庸。今之中小学似应相当于朱子时之小学阶段。决不能以今日之中等学校，与八百年前古人所意想中之大学阶段相拟，最多将论孟选择极少一部分，纳入国文课本，万不宜希望今日中学生能全读四书，至于礼记更不宜用作今日中学生教材”③。钱穆在此不仅以自己的亲身经历，而且以相关理据反对中小学生读《孝经》，更不要说诵读程端礼主张的“九经”了。钱穆也反对中学生通读“四书”，因为现代教育体制中的中学生不是古时的大学生，如果要中学生读“四书”的话，也只能选择“四书”中《论语》《孟子》中的极少一部分内容作为国学课程内容。因为要中学生通读“四书”，会因难度太大而使他们不能理解其中的内容。

所以，将上述七种国学教材内容的次第性安排方案与钱穆的主张相对照，上述七种方案的难度仍较大。例如，重庆江北区要求小学三、四年级进行《论语》《孟子》《学记》选读，五、六年级学习《老子》《庄子》《大学》《中庸》，难度显然过大。因而，为了贯彻次第性原则，我们既不可如程端礼在《日程》中所安排的那样，要求 8 至 15 岁的儿童、少年（与现今的中小学生大致处在相同的年龄阶段）通读《大学》《论语》《孟子》《中庸》《孝经》《易经》《尚书》《诗经》《仪礼》《周礼》《春秋》，也不可将上述七种方案作为我们今天国学课程教材安排的蓝本。贯彻次第性原则，或者说为了使国学教育课程的难度与学生阅读、理解经典的能力相匹配，以使国学教育内容的难度是学生的学习、阅读能力能够胜任的，钱穆的主张应是最为合理选择。

当然，有人可能会对钱穆的主张不以为然。中国历史上，有不少人在其童年时代就能熟读、背诵《论语》《孝经》《尚书》等经典。例如，“西汉时的汉昭帝曾提及他在 18 岁之前就曾读过《论语》《孝经》和《尚书》。汉元帝在 12 岁时，也已经熟读了《论语》《孝经》。汉元帝的皇后邓氏在 12 时就已经学习过《诗经》和《论语》。东汉的顺帝在进入宫廷中的启蒙学校（小学）时也学习过《孝

① 钱穆. 文化与教育：新校本［M］. 北京：九州出版社，2011：285 – 286.

② 钱穆. 文化与教育：新校本［M］. 北京：九州出版社，2011：286.

③ 钱穆. 文化与教育：新校本［M］. 北京：九州出版社，2011：287.

经》。顺帝的梁皇后年少时也学习《史书》，并且九岁就能背诵《论语》和《诗经》。就学者而言，西汉末年的杰出学者范升九岁就已经熟读《论语》和《孝经》；马续七岁就读完了《论语》，到 15 岁，他已经掌握了《尚书》，16 岁时开始学习《诗经》"①；"朱子在年幼时除学习《孝经》外，还学习《论语》和《孟子》"②，等等。基于这样的史实，加上亲眼所见自己身边的特别勤奋、聪颖的儿童也能熟读、背诵《论语》《孝经》等古代经典，有的人就会认为现今的中小学生读"四书""五经"，难度是不大的。但基于史实和自己亲眼所见并不能成为现今中小学生都应该通读"四书""五经"的佐证。首先，现在与过去的语言环境不同。例如，过去的文言文书写、表达的环境，现今早已不再。其次，古时能熟读、背诵"四书""五经"甚至难度更大的经典者，有的是上材或特别聪颖者，但现今作为面向所有学生的国学教育课程，不能以上材者可读为标准，或如钱穆所说的不能以上律中下，它应当面向大多数中下材者，应当以大多数中下材者可读为标准；再次，古时能熟读、背诵"四书""五经"的儿童，有的并非上材者，他们在年幼时之所以能熟读、背诵《论语》《孝经》《尚书》《史书》等，主要是因为他们有着良好的教育条件，如他们有教他们学习、阅读这些经典的良师，这些良师在汉代通常是通五经而教太子的太子师，但现今这样的良师难觅；最后，不像现今的中小学生学习内容更为广泛，古时的儿童学习内容单一，他们可以心无旁骛地只读《论语》《孝经》《尚书》《史书》。

这里需要特别说明的是，反对中小学生阅读特别是通读《大学》《论语》《孟子》《中庸》《孝经》《易经》《尚书》《诗经》《仪礼》《周礼》《春秋》等难度较大的原典，并不意味着中小学生不可通读、学习任何原典。例如，小学生可通读在明代广为流传的启蒙教材《千字文》《百家姓》《三字经》等原典。再如，《太上感应篇》也可作为中小学生通读的原典。《太上感应篇》虽为道家经典，但"由于《太上感应篇》的确纳入了许多儒家观念，有些藏书家将它视为儒家类的著作"③。正因为如此，《太上感应篇》既可视为道家经典，又可视为儒家经典；它"合乎中国幼学教材，便于念诵，文句和篇幅简短，尽管它强调因果报应和在道德情感上的悲悯，但其重点是讲道德优劣在现世获得的奖赏或惩罚，这种入世观点合乎中国人的实用世界观。这部著作受到了社会各阶层的一致喜爱，也是明、清时代印行最广的书籍。道学思想领袖真德秀写了宣扬这部作品的

---

① 李弘祺．学以为己：传统中国的教育［M］．上海：华东师范大学出版社，2017：319.
② 李弘祺．学以为己：传统中国的教育［M］．上海：华东师范大学出版社，2017：329－330.
③ 李弘祺．学以为己：传统中国的教育［M］．上海：华东师范大学出版社，2017：265.

序文。赞助道学的宋理宗，下令印行这部作品并且广为散发”①。《太上感应篇》这一便于念诵、文句和篇幅简短或难度较小、并在明清时代印行最广的经典，应作为今天成就小学生道德的学生通读的原典。当然，初中生特别是高中生还可阅读学习《论语》《孟子》《礼记》《诗经》《楚辞》《史记》《汉书》等经典中的节选。

第三节　“专”“渗”结合原则

这里所谓的“专”即将国学课程作为学校课程体系中的专门课程，所谓“渗”即将国学课程与学校其他课程相结合，渗透、融合于其他课程教学。“专”“渗”这两种国学课程教学的组织方式在国学教育的课程教学中都应有其应有的地位，以致国学课程教学在学校国学教育中是以专门的国学课程与渗透于其他课程或专门型与渗透型相结合的结构形态存在。对于专门型与渗透型课程的结合，我们可分别从基础教育和高等教育两者来认识。

一、中小学的国学教学的“专”“渗”结合

现今，中小学比以往更重视传统文化教育。但总体上国学课程教学呈分散甚至碎片化状态。为改变这种现象，中小学应有专门的国学课程。“国学教育应该是中小学很重要的一门课程，有自己独特的价值和意义，它自己就是‘本体’（绝不是其他课程的工具或手段），有自己相应的规定性：一定的教学目标，一定的教学内容，一定的教学实施手段，一定的效果测评方法……因此，国家应该在中小学把国学教育设置成为一门独立的、完整的、成体系的课程，它要有一定的课时、一定的教材和一定的教学内容教学计划教学测评体系”②。另外，为解决国学教育系统性不够的问题，中小学在进行校本课程的建设时，可编撰与语文、数学、英语等课程并列的国学教材，供统一的或可选择的校本课程使用。至于中小学设立的专门的国学课程的内容，小学和中学应分别对待。小学可将蒙学和部分古诗词设立为独立的或专门的国学课程，中学特别是高中，可将“四书”内容的部分节选作为独立的通识课程。在课程的管理上将它们作为全体中学生的必修课。

① 李弘祺. 学以为己：传统中国的教育［M］. 上海：华东师范大学出版社，2017：265.
② 余新明. 中小学国学教育的“课程意识”［J］. 语文教学与研究，2018（24）：9.

为加强国学教育，中小学除了应开设专门的国学课程外，还应将国学教育渗透于其他课程教学。《纲要》强调指出："在中小学德育、语文、历史、艺术、体育等课程标准修订中，增加中华优秀传统文化内容比重。地理、数学、物理、化学、生物等课程，应结合教学环节渗透中华优秀传统文化相关内容。"① 按照《纲要》的这一要求，国学内容首先应加强对国家课程的渗透，即国学内容应渗透于中小学的国家课程的各学科课程，如在语文、历史、地理、政治、思想品德等教材及教学中，特别是在语文教材和教学中，应有更多的传统文化的内容。② 另外，可如有的学校那样，"音乐教师利用音乐课对学生进行经典诵唱，学校红领巾广播站配套跟上服务；……美术教师抓住契机对学生进行中华优秀文化的艺术熏陶，把我国最有名的书画作品引入教学"③，等等，都是将国学教育渗透于其他课程教学的有效探索。从国学内容渗透、融合于其他课程的现状来看，现今语文课的渗透、融合较为充分，"统编教材在语文课中关于传统文化的内容有明显的提升，然而在科学、美育、体育等其他教材设计中，没有太多涉及，即使是德育和历史课程中，涉及的内容也非常有限。学校老师只能根据自己的具体情况开展国学课程，其中不免有时间、精力分配的冲突"④。因而今后应加强国学内容对科学、美育、体育等国家课程的渗透。其次，如有的学者所指出的，"除了直接将国学教育的内容纳入课程体系、融入教材之外，在第二课堂和课外活动中开展国学教育也至关重要。只有课内课外联动呼应，才能达到国学教育的最佳效果"⑤。就小学而言，应将国学内容渗透于综合实践活动课，以"让学生在参与形式多样的中华优秀传统文化实践活动中获得知识、能力与道德体验"⑥。再次，各科教师应有国学教育的自觉意识，能自觉地在学科教学过程的各环节将所任教学科与国学联系起来，挖掘和彰显所任教学科中的中华优秀传统文化及其价值。

鉴于专门形态的国学课程教学易增加中小学生课业负担，因而，为不过多增加学生的课业负担，中小学国学课程教学的总体组织形态应在将专门型国学课程

---

① 教育部. 完善中华优秀传统文化教育指导纲要[EB/OL]. https://www.gov.cn/xinwen/2014-04/01/content_2651154.htm.

② 郭齐勇. 护持精神命脉　加强人文教化[EB/OL]. (2014-04-11). http://theory.people.com.cn/n/2014/0411/c40531-24878212.html.

③ 李娇龙. 中小学国学教育开展的现状 [J]. 中小学教材教学，2018 (5)：42.

④ 李娇龙. 中小学国学教育开展的现状 [J]. 中小学教材教学，2018 (5)：44.

⑤ 侯立兵. 国学教育与中小学教育改革 [J]. 广东第二师范学院学报，2018，38 (6)：5.

⑥ 方中雄. 对中小学开展中华优秀传统文化教育的几点认识与思考 [N]. 教育文摘周报，2017-10-18 (7).

与渗透型国学课程统一起来的基础上，优先选择渗透型国学课程。

二、大学的国学教学的“专”“渗”结合

围绕培养全面发展的人这一教育的根本目的，2015 年，权威部门发布的《中国学生发展核心素养》把学会学习、健康生活、责任担当、实践创新、科学精神、人文底蕴作为中国学生的核心素养。为了厚植大学学生的人文底蕴这一核心素养，理应将人文课程作为核心课程。在人文课程中，又应把作为人文课程的中国传统文化经典课程作为大学生必修的核心课程，或者说中国传统文化的经典课程应成为大学生的专门的必修课。

如今，大学忽视对大学生的人文教育、忽视对大学生的智识培养等现象较为严重。为加强对大学生的人文教育，首先，国学应整体进入大学，即或者将国学作为一门专业，或者作为大学的一级学科。这里，专门化力度较大的是将国学作为大学的一级学科，即如概论中论及的清华大学、北京大学、厦门大学、中山大学等高校成立国学院和国学研究院那样，使国学成为大学事实上的一级学科。其次是大学的所有学科，无论是文科、还是理科、工科、医科、农科，均应开设专门、独立的以经典导读为主的通识课程。现今，我国大学生的学习存在一种十分吊诡的现象，即他们都要花费大一、大二两学年时间，专门、系统地学习英语，且这两学年的英语课都有精读课程，而他们对自身传统文化的学习却普遍没有精读课程。因而，为加强大学的人文教育，大学应开设以经典导读为主的国学通识课程。所有的大学都像当年西南联大那样，“对各学科的大学生、大专生开设一门必修课——《大一国文》，主要精选古典名篇，指导大学生们精读，涵养大学生的心性，培养大学生的人格理想和人生智慧。所有大学的通识教育都应设核心课程，这些核心课程应是中外经典的导读课程，其中我国经典可以五经四书、前四史、诸子等经典为主”①。

如上所述，国学课程内容的“渗透”是《纲要》提出的中小学各科教学实施中华优秀传统文化教育的教学组织方式。为加强国学教育，“渗透”不仅应是中小学各科教学实施中华优秀传统文化教育的教学组织方式，它也应成为大学教学的组织方式。在大学，“把国学教育与各个学科教学内容有机结合，……如在《阅读与写作》和《古代文学》课程中指导学生们阅读古典诗词、诸子散文培养学生古典文化底蕴和优雅的情怀；在历史课堂上鉴古而知今，探索中华文化在中

---

① 郭齐勇. 护持精神命脉　加强人文教化[EB/OL]. (2014 - 04 - 11). http://theory.people.com.cn/n/2014/0411/c40531 - 24878212.html.

华历史沉浮中的作用及其时代价值；在思想政治教学中，让学生们从古老的哲学中学习人生智慧；在音乐课中欣赏乐曲学唱传统歌谣；在美术书法课中鉴赏经典书画，摹写国学篇目字帖等”①，都是这里强调的国学课程的渗透方式。

以上论及的“专”“渗”相结合的国学教学的组织形态，在各学段应有区别。小学、初中总体安排应以渗透型课程为主，以专门型课程为辅；而高中、大学则应是专门型课程与渗透型课程两者并举。

第四节　多样化原则

此处的多样化原则即为提高国学课程的教学效果，国学教材的编著形式、内容载体和教学途径、教学方法，应不拘一格，尽可能多样化。

一、教材的编著形式和内容载体应多样化

当前，国学教材的编著形式的单一化、模式化现象较为突出：

> 其最为常见的形式是经典原文、注释、翻译、讲解和练习。如育灵童教育研究院编著的《小学国学经典教材——国学》第一册选入清朝李毓秀的《弟子规》，分五个单元编排。每个单元的编排方法是：引言，《弟子规》原文，神奇汉字，日积月累，诗歌赏读，巩固练习包括填一填、画一画、说一说、读一读、连一连、议一议。这种编著形式的优点是深入浅出，简明易懂。但其后的每一册基本采用这一形式编写，难免显得单一僵化，缺少多样形式的灵动活泼。②

为克服国学教材编著形式的这种单一化现象，在国学课程教材的建设上，应尽可能使编著形式多样化，即除了编著附载了对经典权威解释的教材或原文加原文解释教材外，还可对经典作改编处理，以降低中小学生学习经典的难度。例

---

① 于洁．师范院校学前教育专业开展国学经典教育的思考［J］．延边教育学院学报，2016，30（5）：74.

② 刘石泉．当前中小学国学教材特点及编写建议［J］．广东第二师范学院学报，2018，38（6）：20.

如，可将经典改编为明清时期那样的谚语[①]读本、经典原文加变文[②]读本、善书[③]读本，还可将国学经典内容改编为学生喜闻乐见的绘本、漫画、童谣、卡通、版画、故事、戏剧，以激发中小学生学习国学的兴趣。儿童教育家陈鹤琴曾主张“如若小学生读经，也要采取诸如把‘经’的适合儿童的内容编作故事、戏剧，让孩子说，孩子演”[④]。今天的国学教材也可如陈鹤琴所倡导的对经典作改造那样，把经典改编成故事、戏剧，以增进儿童对经典的理解。

国学教材建设，除了编著形式应多样化外，国学内容的载体也应多样化。除了可以纸质版教材为载体外，还可以视频、音频、微电影、图片等为载体。

二、教学途径应多样化

提高国学教育质量，有赖于国学课程教学途径的多样化。国学课程教学途径的多样化即将课内与课外、校内与校外、线下与线上等学生学习国学的途径结合起来。

（一）课内与课外相结合

学校国学教育要发挥传承传统文化、经典育人的作用，课堂教学是主要途径。课堂教学要发挥传承传统文化、经典育人的作用，关键在于不断提高课堂教学的质量。但国学教学质量的提高又不能局限于课堂教学，而是应将课堂教学与学生的课外社团活动、综合实践活动结合起来，还应营建良好的文化氛围。就营建良好的文化氛围，学校“可通过在电视、报刊、网络上设专栏、办专刊等形式介绍中华优秀传统文化；校园广播可经常播放古曲、古乐，在学校教室、走廊及公共场所张贴古代先贤语录、国学经典语录；在校园内的壁画、雕塑、板报乃至建筑设计上都可对中华优秀传统文化进行宣传。通过在校园中营造浓郁的传统文化学习氛围，把传统文化教育寓于校园文化之中，能让学生沐浴在传统文化的气息中，在传统文化的熏陶下耳濡目染地接受传统文化”[⑤]。

---

① 李弘祺．学以为己：传统中国的教育［M］．上海：华东师范大学出版社，2017：406.

② 李弘祺．学以为己：传统中国的教育［M］．上海：华东师范大学出版社，2017：238－239.

③ 李弘祺．学以为己：传统中国的教育［M］．上海：华东师范大学出版社，2017：306－309.

④ 尤小立．“读经”讨论的思想史研究：以1935年《教育杂志》关于“读经”问题的讨论为例［J］．安徽史学，2003（5）：61.

⑤ 马文琴．加强中小学中华优秀传统文化教育的有效策略［J］．教学与管理，2016（18）：47.

（二）校内与校外相结合

提高国学教学的效果，除了应提高校内国学课堂教学效果、将课堂教学与学生的课外活动相结合、建设良好的校园国学文化环境外，还应充分利用校外相关社会资源。“我国传统文化博大精深，表现的形式和载体也丰富多样。除了有浩如烟海的文化典籍，还有各种文化遗存、非物质文化遗产等。有条件的地方可充分利用当地博物馆、纪念馆、美术馆、名人故居、名胜古迹等，组织学生定期参观学习，并开展形式多样的传统文化教育活动，使其成为学生在校外接受传统文化教育的活动中心”①。例如，“成都大学文学与新闻传播学院和新都的升庵故里联合打造了国学基地，2017 年春夏之交在升庵故里举行现场教学式演出和经典诵读活动，很受师生与当地群众欢迎”②。

另外，国学教育效果的提高，离不开家庭的协同配合，因而应促进学校国学教育与家庭教育、校内国学教学与家庭养成教育相结合，以形成育人合力。就此，“学校可以通过讲座、家校联系手册等方式与家庭进行沟通，向家长宣传传统文化教育的重要性。通过沟通和引导让家长意识到传统文化教育的意义，使其能以身作则，从而发挥代际之间的传承作用。学校还可以通过家庭作业、组织文化活动等方式让家长和孩子参与到传统文化教育的活动中来，为代际传承提供仪式化的契机”③。

为提高国学经典学习的效果，将国学经典的学习与家庭养成相结合，广州市海珠区东风小学做了独特且有益的探索：

东风小学深入开展了“树家风弘人文，承家训助成长”活动。“追寻名人家风，共品人文智慧”：学生和家长一起寻找关于名家名人的优秀家风、家训小故事，或阅读关于家风家训的经典书籍；“‘童’寻优秀家风，共承家庭美德”：学生和家长一起挖掘家庭中体现优良传统美德的家风家训、治家小故事；“我的家风我来晒，践行家训共成长”：各班选取优秀作品，在学校官方微信平台进行展示分享，部分学生家庭在节日庆典上演绎家风家训小故事。家风建设活动将家庭

---

① 马文琴. 加强中小学中华优秀传统文化教育的有效策略［J］. 教学与管理，2016（18）：47.

② 张睿睿. 大学国学教育的思考与教改建议：以成都大学“国学经典导论”课程的开展情况为例［J］. 教育与教学研究，2017（9）：101.

③ 刘正正. 论学校传统文化教育的困境及超越［J］. 中国德育，2019（2）：23.

中的人文传统教育与学校的活动结合起来，为人文传统教育开拓了新的空间。①

（三）线下与线上相结合

要提高国学教学效果，除了应重视线下教学外，还应充分发挥互联网的作用，做到线下与线上相结合。这正如马文琴所建议的："学校可通过创建传统文化网络教育平台，加强对优秀传统文化的传播。针对中小学生特点，还可以尝试把网络游戏与中华传统文化相结合，以游戏为背景，赋予游戏一种精神并围绕此精神开展传统文化教育。实践证明，将传统文化融入到网络游戏中，既能让学生享受到游戏的乐趣，又能让学生从游戏中感悟人生的哲理"②。

三、教学方法应多样化

论及国学教学方法，现今诵读、背记是常用的方法。"从中国传统经典教育的历史经验来看，这种方法确是有其独特优长之处的。它一方面顾及传统经典在文法上的特色，比如具有一定的行文韵律，容易上口读诵等；另一方面它也照顾到了儿童与青少年身心发展的生理规律特征，比如具有较强的模仿与记忆能力，而理解与逻辑思维能力相对较弱等。此外，进行国学教育，对经典进行长期反复读诵熏习，以达到对经典内容的高度熟悉，也是最为基础的教学要求，脱离开这一点，实际上也就谈不上对经典义理的深入体认。因此，中国几千年经典教育的历程中，读诵法始终都是一种居于核心地位的学习方法，其在国学教育方面的独特功效还是非常值得我们当今的国学教育加以继承借鉴的"③。

但是，除了诵读、背记，还应注重运用讲解、讨论等方法。一味地运用诵读、背记法会增加学生的学习负担，也会引发学生的反感情绪。而通过讲解、讨论法的运用，可增进学生对国学内容的理解，从而提高国学教学的效果。就诵读、背记法本身而言，为了提高诵读、背记的效果，诵读、背记的形式也应多样化。例如，在学生诵读、背记经典时，可配乐吟唱、舞蹈，还可充分利用现代教育技术，创建丰富多彩的教学情境，使教学形式尽可能生动活泼。④ 就增进学生对国学经典的理解，孔子第75代孙孔祥楷先生在他专设的"读经堂"既重视背

---

① 吉淑娟，郑国岱．人文传统教育的校本化作为：以广州市海珠区东风小学为例［J］．教育观察，2018，7（10）：129－130.

② 马文琴．加强中小学中华优秀传统文化教育的有效策略［J］．教学与管理，2016（18）：47.

③ 杜钢．国学教育的基本问题论新［J］．教育学术月刊，2012（1）：13.

④ 马文琴．加强中小学中华优秀传统文化教育的有效策略［J］．教学与管理，2016（18）：46.

诵经典法的运用，又运用其他方法启发学生理解经典的方法是值得学习、借鉴的：“他每年都组织小学生通过讲故事悟孔；中学生通过演讲解孔；高中生举行解读《论语》的辩论赛，并且规定参赛队伍须由数学教师带队，坚决拒绝家长从旁指点，屏蔽语文老师接近赛场，其重视学生的独立思考可见一斑。在祥楷先生的‘读经堂’里，源远流长的‘启发式’汩汩流淌。”① 可以想见，通过讲故事悟孔、演讲解孔、解读《论语》的辩论赛等，显然比单纯诵读、背记经典的学习效果会更好。

国学教学除了运用诵读、背记、讲解、讨论、辩论赛外，还应运用实践锻炼法。孔子曾说“兴于诗，立于礼，成于乐”（《论语·泰伯第八》）、“志于道，依于仁，据于德，游于艺”（《论语·述而》）。国学教学如果“没有‘礼’和‘乐的学习，没有‘艺’的调节，国学经典的文本学习就容易流于空洞，甚至面目可憎。反过来，六艺的修炼如果没有‘经’的学习，就容易流连小道，自鸣得意”②。所以，国学教学除了运用诵读、背记、讲解、讨论等方法外，还应重视实践锻炼法。因为国学教育的根本目的在于以传统文化对学生的人格进行熏陶，其落脚点在于行，在于形成一个人在现实生活中的良好品行。因而相对于诵读、背记、讲解、讨论等方法，实践锻炼法更为重要。所谓实践锻炼法，即将国学经典的读解与六艺修炼相结合。作为以文化人的国学教育，其关键和核心是回归生活，在于学生的行为养成，在于“将传统文化渗透到日常的生活中去，贯穿到行动中去，使之成为人们的一种生活方式，指导人们的行为举止”③。因而，国学教学不能只是运用从书本到书本的诵读、背记、讲解、讨论等方法和举办与传统文化相关的庆典仪式，而是应“……将传统文化渗透到日常班级教学活动中、师生日常生活中、学校文化制度建设中，给学生营造一个良好的文化氛围，使其耳濡目染”，“只有将认知教育与学生的实践相结合，并最终付诸生活实践，形成一种道德习惯，才真正达到了‘知行合一’，才真正实现了传统文化教育的目标”④。这要求我们转变对文化的理解。“文化”既是一名词，也是一动词。把文化看作一动词，文化即“以文化人”之意。国学教学要发挥传统文化的育人作用，最为重要的是应将传统文化之文化理解为一动词，理解为“以文化人”之意。据此，国学教学的最关键是按《中庸》提出的“五之堂”（“博学之、审问

① 史伦平．少儿读经之路 20 年回顾［J］．师道，2018（12）：11．

② 郑国岱．基础教育视域下国学教育的内涵、体系、方法研究［J］．广东第二师范学院学报，2016，36（4）：36．

③ 刘正正．论学校传统文化教育的困境及超越［J］．中国德育，2019（2）：22．

④ 刘正正．论学校传统文化教育的困境及超越［J］．中国德育，2019（2）：23．

之、慎思之、明辨之、笃行之”），引导学生“笃行之”，即在帮助学生理解经典的基础上，引导学生将理解了的伦理、道德原则和规范转化为他们的日常生活的道德行动，同时，通过他们日常生活的道德行动来增进他们对经典的理解。这也就是说，实现国学教学目标最重要的是做到“知行合一”，践行优秀传统文化中的思想、理念。

第七章
国学教育、教学的教训论

德国教育学家布雷钦卡认为，实际来看，“在实现教育目的的迄今为止的尝试中，教导我们应该避免什么要多于应该做什么”；并且，“应该避免什么的内容应该比应该做什么的内容更为具体”①。自20世纪90年代至今的国学教育实践，应该说我们已尝试、试验过种种提高国学课程教学质量的途径、方式、方法；在此过程中积累了多种多样，且具体的应该避免做什么或不应该做什么的认识，或者说我们积累了较多的国学教育、教学的教训；当然，我们也积累了较为丰富的提高国学教育、教学质量的有益经验。尽管不好说我们积累的应该做什么的有益经验就一定少于避免做什么的教训，但我们要提高国学教育的质量，既要重视总结国学教育、教学既往的有益经验，更应重视汲取过去的教训。本章主要阐述国学教育、教学应该汲取的教训，同时，也对相关有益经验作阐述。

第一节　不能将国学教育商业化、庸俗化

国学教育本是要对治现代性启蒙未遂的坏病或其医源性疾病，或

① 布雷钦卡．教育目的、教育手段和教育成功：教育科学体系引论［M］．彭正梅，译．上海：华东师范大学出版社，2008：205．

者说本是要对治现代社会把人的教育当作纯粹工具的培训，以回归教育的本质，提高教育的质量。但是，一直以来，在国学教育的热潮中，有人打着弘扬传统文化的旗号，改“儒”姓“钱”，将国学教育庸俗化、商业化，谋取商业利益，以致形成了巨大的“国学文化产业”市场、“古典文化消费”市场和“国学心灵鸡汤”市场，以致其所谓的国学教育“掉进了钱眼”，被工具化、市场化。在国学和国学教育热中，各地涌现的体制外的书院、孟母堂、民间私塾、读经班、国学班、女德班等机构，它们有的一方面将国学教育污名化，即以“国学”“女德”教育等为名，传授“三从四德”、占卜、风水、算命等封建糟粕;① 另一方面则大搞商业运作。这正如有学者所说的：“国学教育秩序混乱，功利化倾向严重，当下国学教育出现了一些功利化危机：有办学者的功利化，也有家长们的功利化。社会上一些国学办学机构，从事以赢利为目的的国学教育，无限夸大国学教育的某个部分的作用，让人们错误地相信，学了国学能够解决所有的问题，甚至有的机构以国学的名义兜售低劣的文化产品。一些国学教育者自身素质的低下，低俗化的内容，功利化的用心，可以说对国学教育造成了最直接的灾害，致使世人贬低国学教育，远离国学教育。鱼龙混杂的国学班市场，充斥着性质恶劣的体罚和浓厚的商业气息。”② 体制外的国学教育培训机构如此，体制内的学校也不例外。这正如有人针对有的大学所谓的国学教育所指出的，他们“用商业的方式炒作国学，甚至用国学来牟利，从根本上违背了学术的宗旨”③。对于这种现象，有人扼腕地叹息道：“‘发’什么‘蒙’呢？大约就是让娃娃们读点《三字经》、《弟子规》等之类的蒙学老书”；这两本书曾登上权威媒体的高端讲坛，“真是肥了先生的腰包，又赚了开坛者的名声，一举多得，‘国学产业’真是不得了”④。

诸如此类的现象不得不令人惊叹：我们过去要与之决裂的传统文化，如今竟成了一部分人拿来兜售的“香馍馍”。在一些人那里，商业化成为他们标榜传播国学精粹和开展所谓国学教育的基本标志。国学教育商业化现象如此严重，以致惊动了作为主流媒体的党报。例如，《人民日报》曾就国学教育的商业化现象进

---

① 杨建楠．斩断那些以“国学”为名的封建糟粕产业链[EB/OL]．http://news.cctv.com/m/a/index.shtml?id=ARTI49FRJYAODVR6PoH29K2X190414.

② 臧蕾，张斓．国学教育存在的问题与对策研究：以连云港市市民素质提升为视角［J］．淮海工学院学报（人文社会科学版），2018，16（12）：116.

③ 袁行霈．国学的当代形态与当代意义[EB/OL].(2016-11-02).https://www.aisixiang.com/data/101937.html.

④ 刘大桥．我们为何对儒学说“不”[EB/OL].(2015-01-28).https://www.aisixiang.com/data/83226.html.

行调查。其调查结果和就调查结果的评析如下：

在调查走访中，两类国学班给记者的直观印象是：贵！火！高昂的价格伴随火热的追捧，细细想来，这背后的原因其实很简单：有需求，就有市场。就是这么简单的经济规律。

就民办私塾而言，有文化传统的殷实家庭自然乐意掏腰包，其他的家庭也害怕孩子“输在起跑线上”而不得不进行教育投资。然而，可怜天下父母心，为孩子铺就一条好路子的心态却不想被“商家”利用，甚至酿出了“祸端”：没有办学资质、没有专业教师、没有高质量教材……在这样的教育环境下，一些孩子受到肉体伤害和精神误导也便不足为奇。

高校研修班也是抓住了“客户”心理，于是搭建平台提供“军师”和“合作伙伴”而开出高价，于是“群贤毕至”“叫好又叫座”。而实质上，有些所谓的高级国学班已然沦为“敛财工具”，也仅仅成为管理者混圈子的“交际场”，甚至还滋长着钱权输送的“甜果子”。

在经济规律的导航下，本身“君子喻于义”的国学，误入了“小人喻于利”的迷途。

诚然，在市场经济背景下，各市场主体有充分的自主权和选择权，“一个愿打、一个愿挨”的你情我愿早已不是新鲜事。然而，教育绝对有别于纯粹的经济行为，退一步讲，经济行为也必须在法律底线内行走。教育机构开办者和受教育者“掉进了钱眼”有悖国学的要义和教育的初衷，无视道德法纪而黑心办学也应受责处。

有一种声音值得深思：大热大冷都不是正道，国学要保持恒温，才能真正把传统文化继承和发扬下去。而这恒温需要更多清醒的理性，更多去功利化的平和，并以一种开放的姿态探索健康发展的道路。

改变国学班的生态，有关部门尽快制定相关规则，教育提供者承担起社会责任、回归业界良心，受教育者重新拾起信任感和求知欲，我们期待国学培训在物质的迷宫里不要走得太远。①

除了将国学教育商业化外，败坏国学教育的行为还体现为国学教育的标签化。就国学教育标签化的现象，任剑涛说：“儒家古典，在戏说的形式中满足了老少咸宜的审美需要，被人们视为拯救虚幻心灵的仙丹妙药。男尊女卑成为解决

---

① 郑海鸥．国学不是商家的“跑马场”[N]．人民日报，2014-08-28（19）．

社会人性秩序的不二法宝，蔑视女性尊严的说教成为畅行无阻的女德宣教，强迫人屈尊下跪的仪式似乎成为尊重长上的模式化动作，三字经、弟子规、女儿经成为四处口诵厉行的行为规范。总之，贴上儒家标签的传统观念与行为范式，成为今日中国的文化时尚。儒家，真是被标签化。”①

就国学热、国学教育热中的国学教育被污名化、商业化、庸俗化、恶名化、标签化现象的危害，王达三认为：“目前中国的儒家文化复兴，世俗化、功利化甚至商业化的色彩十分浓厚，可以说是一种浮躁的皮相热。照此下去，西方担心的不是儒家文化会取代西方文化，而是还能否从这个延续了数千年的古老文明中学习一点改良和优化自己的智慧了！”② 王达三的担忧不是没有道理的。也许有人会认为，文化的商业化有利于文化传播，有利于文化建设。他们会以圣诞节被商业炒作后，圣诞文化在中国的影响得以扩大为理据来支撑他们的观点。的确，每当圣诞节来临之际，我国的一些大城市都会对圣诞节进行商业化炒作，由于被商业化炒作，圣诞节的影响在我国扩大了。但另一方面，那些为谋取商业利益而炒作圣诞节的商家首先就是不信仰耶教的，那些被商家操弄的顾客也没有几个是真正信仰耶教的。与商家炒作圣诞节的商业行为一样，商业化炒作儒家文化的炒作者，他们首先就不信儒家文化；否则的话，他们不会以金钱嗜血、羞辱儒家文化。而被炒作者商业化绑架的那些所谓学习儒家文化者，因受炒作者对待儒家文化的非真诚行为的影响，也不会信仰儒家文化。如果因为国学教育的商业化，使人们产生了对国学、儒学的更多的了解这样的积极成效，那也是取法乎下而非取法乎上的做派。

对于如何克服国学教育的市场化、商业化的现象，柯小刚认为：“如果儒学界内部不发展良性的自我批评，不敢自我反省，发现问题也不讲，等到问题闹大了，官方出来取缔了，媒体开始讨伐了，整个儒学界都会受连累，圣贤经典也将再次遭受误解和污蔑，我辈岂不是儒学罪人、乡愿小人？哪里配得上‘儒士’之名？”③ 因而“儒学界应鼓励多种探索，也要及时总结经验教训，发现问题，自我批评，改正偏差”；“希望儒学界能负起学者应有的责任，帮助读经运动拨乱反正，走上正轨”④。无疑，要扼制国学教育的市场化、商业化等不良现象，

---

① 任剑涛. 当经成为经典：现代儒学的型变［M］. 北京：社会科学文献出版社，2018：410.

② 任重，刘明. 儒家重建：主张与回应［M］. 北京：中国政法大学出版社，2012：289，221.

③ 柯小刚. 当代社会的儒学教育：以国学热和读经运动为反思案例［J］. 湖南师范大学教育科学学报，2016，15（4）：38.

④ 柯小刚. 当代社会的儒学教育：以国学热和读经运动为反思案例［J］. 湖南师范大学教育科学学报，2016，15（4）：40.

儒学界的自我反省、自我批判、拨乱反正是重要的，但“有关部门尽快制定相关规则”更为重要。有的所谓国学教育的举办者，他们的出发点本来就不是为了弘扬传统文化，他们所谓弘扬传统文化的种种华丽说辞犹如中小学校外培训机构的广告语——“不要输在起跑线上”一样，只是他们为谋利而祭起的噱头，谋取丰厚的经济回报才是他们的主观蓄意或他们的根本目的。因而，要他们作自我批判比登天还难。多年来，将国学教育商业化者已尝尽由“国学教育”带来的甜头而成瘾、不能自拔。因而要扼制国学教育的市场化、商业化等不良现象，除了儒学界的自我反省外，更应重视制定和严格实施相关制度，以禁止不具有国学教育资质却以国学教育为借口开办国学教育机构者入行国学教育，并将已将国学教育商业化者清理出国学教育的阵营。只有这样，国学教育才能不至于因铜臭味而被破坏，才能承担起弘扬传统文化的责任，才能回归业界良心。但是，整顿假国学和伪国学教育，“……不能只停留在关停几个培训班的层面，必须进一步深挖，查清是谁给这些‘伪国学班’的开办开了绿灯，这些组织的源头究竟在哪里，斩断那些以‘国学’为名的封建糟粕产业链。同时也要加强宣传教育，引导人们在学习和传承传统文化时分清精华和糟粕，用制度和舆论筑起一道现代文明的保护墙，让祖国的花朵免受坑害”①。

第二节　不能直接拔高和任意夸大国学教育的价值、作用

教育的价值是双重性的，它既具有内在价值，也具有外在价值。教育的内在价值或促进人的身心发展的价值是教育的本体价值，是根本性的。之所以说教育的内在价值是根本性的，一方面是因为教育的育人性本质根本上通过教育的内在价值的实现得以体现；另一方面，教育的外在价值的实现根本上仰赖的是教育的内在价值的实现。例如，培养个人的社会责任感是教育的内在价值的诉求，而“培养个人责任感是良好的、道德的社会秩序的最好保障”②。所以，在审视和处置教育的内在价值与外在价值的关系时，应将实现教育的内在价值或本体价值置于首要位置，作为其直接目标。就国学教育而言，也应如此，其本体价值或直接

---

① 杨建楠. 斩断那些以“国学”为名的封建糟粕产业链[EB/OL]. http://news.cctv.com/m/a/index.shtml?id=ARTI4qFRJYA0DVR6PoH29K2X190414.

② 古德莱德. 学校的职能［M］. 赵晓燕，编译. 兰州：甘肃文化出版社，2005：36.

和首要目标应定位于学生的发展，即回到原点，通过国学教育生发出学生拥抱生命的意识和拥有生命的力量，特别是成就学生的良好的道德、人格品质。

但是，时下无论是体制外、还是体制内，都存在直接将国学教育的价值定位于其外在价值而僭越教育本体价值的现象。就体制外的国学教育，尽管外界质疑体制外读经学生的前途，但有的体制外读经机构将国学教育的价值直接定位为培养治国平天下的政治人才，或培养有格局的政治家。与此类似的主张是通过读经培养有着孔孟思想的思想家和企业家等。但吊诡的是，体制外的国学教育机构在要求学生读经以培养治国平天下的政治人才和有着孔孟思想的思想家、企业家的人才时，却禁绝学生学习、掌握政治、商业知识。体制内的中小学的国学教育也不例外，也存在将国学教育的价值直接定位于其外在价值而僭越国学教育的本体价值的现象。例如，当论及为何要增加语文教材反映传统文化的古诗文比例时，有人认为“这不仅是从教学意义上让学生建立相对完整的文化谱系观，更是让一个人真正地认识并热爱民族、国家乃至世界的开端”①；还有人认为实施国学教育是为了提高与硬实力相对应的国家的软实力。诸如此类的主张，僭越国学教育的本体价值的现象可见一斑。这些主张沿循了长期以来一直存在的、为人们所诟病的教育注重外在宏观价值而忽视受教育者生命体验、超越自我的教育价值模式。之所以出现这种现象，是因为在一些人看来，“未来的世纪是中国人的世纪、中国文化必定会在世界文化中取得统治地位”②。但这样的认识是一种理不一定直、气却很壮的玄想式的“气魄担当”的结果。

这种气魄担当式的国学教育潜藏着种种危害。首先，从气魄担当出发，国学教育将难以更好地继承中华民族优良文化传统。杜维明曾指出，我国学术界在研究传统文化时存在这样一种现象，即“……只从民族主义、爱国主义、中国人的特殊性格几个角度来讨论，在这种讨论中所肯定的，基本上是肤浅的、政治化的东西。真正能够比较健康地体现中华民族优良文化传统的研究，往往少得可怜”③。这也就是说，只从民族主义、爱国主义、中国人的特殊性格出发研究传统文化，注重的只是传统文化中的肤浅的、政治化的内容，忽视了传统文化的深刻的文化内涵，因而难以健康地体现和真正复兴中华民族文化传统。与对传统文

---

① 杨卉. 中小学语文教材大改版：古诗文占比超过50%[EB/OL].(2017-08-04). http://edu.163.com/17/0804/07/CQVRN1T200297VGM.html.

② 岳华. 儒家传统的现代转化：杜维明新儒学论著辑要［M］. 北京：中国广播电视出版社，1992：100.

③ 岳华. 儒家传统的现代转化：杜维明新儒学论著辑要［M］. 北京：中国广播电视出版社，1992：84.

化的研究一样，只从民族主义、爱国主义、中国人的特殊性格出发，国学教育将难以健康地发挥继承中华民族文化传统的作用。不仅如此，国学教育对传统文化的继承反倒会是反讽性的，会造成对传统文化的破坏。其次，只从气魄担当出发，国学教育将成为抵挡我们向他国学习的阻力。因为从玄想式的“气魄担当”的预言出发，将会导致对传统文化的爱屋及乌的晕轮心理或浪漫式迷恋，这样将会无视传统文化的纰漏而把传统文化视为无比高明的。这样将阻抑我们在文化上“引进外来”，进而影响我们更好地“面向未来”。

要祛除由“气魄担当”所导致的直接拔高国学教育意义与价值的现象，我们需强化文化意识。“概括而言，文化上的保守主义者（包括国粹派和本位论的信徒）……都拥有强烈的民族意识。在历史上，中华民族是一个文化意识远远超过民族意识的多元民族。但从鸦片战争以来，特别是甲午战争以来，中华民族的民族意识逐渐提升”①。可以说，自鸦片战争以来逐渐提升的中华民族的民族意识，到今天已成了一种高度发展的社会意识，这种高度发展的社会意识导致我们在看待国学教育时，首先不是从文化、从文化化人的视角来审视国学教育的价值，而是只从民族意识、民族主义的角度来审视国学教育的价值。因而国学教育、学生读经要做到不直接将其价值定位于其外在价值，我们应从国学教育的文化立场出发，强化国学教育的文化意识，即强化国学教育不是为了直接对外展示“软实力”等意识，而是为了弥补物质主义主导下的人的素质的缺陷和抵制教育功能的偏差的意识。

> 让我们永远记住一条：读经首要和根本的目的永远是实现人的健全成长。我们从来不是为了读经而读经，也不是因为经典多么重要而读经，读经最重要的目的是为了成为真正的人，包括完善自己的人格、学习做人的道理、提升人生的境界等。没必要让幼儿们过早地承担过于崇高的文化理想或过于沉重的民族使命。不要忘了：孩子首先是一个个活生生的人，然后才是读经者。一旦我们忘记了这一点，很可能就已经把经典教条化、非人化，脱离了生活和生命。②

在国学教育不直接将其意义和价值定位于其外在价值的同时，我们也不应夸

---

① 岳华．儒家传统的现代转化：杜维明新儒学论著辑要［M］．北京：中国广播电视出版社，1992：244.

② 方朝晖．探索符合人性和时代需要的读经方式［EB/OL］．(2016－12－07)．https://www.aisixiang.com/data/102447.html.

大国学教育的作用、意义。学生读经对学生的品德形成和发展，无疑具有重要的作用，但读经并非是学生的品德形成和发展的唯一途径。要成就学生良好的道德品质，除读经外，学校的其他德育途径也是重要的。并且，对学生的品德成长和发展而言，读经与学校德育的其他途径的关系是相互联系、相互促进的。因而，我们不能以学生读经代替学校其他的德育途径。就学生读经与学生的其他方面的发展而言，也是如此，我们不能夸大读经对学生其他方面发展的作用。某师范大学教育科学与技术学院曾经就儿童诵读中国传统文化经典与儿童潜能开发之间的相关性进行了实验研究。其实验的结果是“读经这种教育活动对同时提高儿童的识字量、记忆力、注意力和人格都有不同程度的正相关或促进作用，是值得推广的良好教育方法”①。其言下之意是，读经对提高儿童的识字量、记忆力、注意力和人格均好于其他途径。无需赘言，读经对增加儿童的识字量和促进他们的人格发展的作用一定意义上要好于其他途径，但我们不能说学生读经对提高儿童的记忆力、注意力的效果也要好于其他途径。可以说，在运用一定的合理的教学方法的前提下，任何有意义的语言文字材料的学习对提高儿童记忆力、注意力都会有帮助，并且读经与儿童学习其他有意义的语言文字材料对提高儿童记忆力、注意力的作用，应该说难分高下。

第三节　不能要求儿童纯读经

在大多数体制外的读经机构的举办者看来，“现代教育不给人提供切合中国人‘人心’的一套价值观念的建构，因此应该拒绝现代的教育体系，直接去办一些读经的学校”②。他们所谓的“读经的学校”，即按照王财贵的“读经教育学”建立的让儿童一门心思深入、长时熏习或“老实大量只读经”的纯读经机构。曾经一度，国内涌现出几百家学堂、私塾等纯读经机构，一大批儿童、少年从体制内的义务教育学校转入这些纯读经机构求学。在这些纯读经机构，儿童包本背诵、全日制只读经，别的都不学。强调儿童、少年纯读经者认为，教师要求学生纯读经不是教师“偏激排外”“教条僵化”“狂暴欺人”，而是教师对学生爱之深、责之切的体现，是中道而立能者从之的真知灼见，不是读经的学生求道的

① 任重，刘明. 儒家回归：建言与声辩［M］. 北京：中国政法大学出版社，2012：37.

② 干春松. 儒家不是还乡团[EB/OL].(2014－09－04).https://www.aisixiang.com/data/77549.html.

曲折困顿的颠簸小径，而“……是一条‘人之好我，示我周行’的康庄大道”①，是治疗中国传统文化失落、断层而给现代教育下的一剂“猛药”；而下这剂“猛药”是为了把孩子从现代教育体制中解放出来。这剂“猛药”要发挥应有的药效，应纯而又纯。这正如有的人所说的：“纯读经，倘若可以用百分比来表示的话，那么就是读经纯度百分之百。”② 强调纯读经者要求学生纯读经的心理学的依据是：一个人在0—13 岁期间的记忆力是最强的，13 岁以后，人的记忆能力日益衰退；并且 13 岁以后，由于受到太多的家庭和社会环境因素的影响，一个人就不会枯坐读经。因而在一个人记忆力最好的时候，也就是 13 岁以前，应让他及早和心无旁骛地一心只读经，“以储备一生的资粮，这是百年大计的上策”③。在体制外的纯读经机构那里，儿童生活的景象正如《一个读经少年的来信》的作者郑惟生所说的，在“三个人七条狗”的与世隔绝的环境下，全天候读经五年。可以说，郑惟生所说的这种学生“纯读经”的现象，对体制外的纯读经机构来说是较为普遍的。

那么，我们如何看待这种儿童纯读经的现象呢？

第一，儿童纯读经，有损他们身心健康。教育部于 2019 年 3 月 21 日颁发了《关于做好 2019 年普通中小学招生入学工作的通知》（以下简称《通知》）。《通知》要求严厉查处以“国学班”“读经班”“私塾”等形式替代义务教育的非法办学行为。在《通知》即将实施之际，《新华每日电讯》记者于 2019 年 7 月 26 日对最早一批被贴上“读经少年”标签的孩子进行了采访。通过采访，记者发现：“从大部分受访读经少年的经历来看，他们所接受的‘老实大量读经’跟‘填鸭式’教育并没有本质差别，都是忽视了成长规律、个体需求、不合时宜的功利教育。”④ 在长期接受这种专门读经的功利教育后，尽管他们多少有些收获，例如传统经典有所积淀、心性有所磨练、有“耐得住寂寞，坐得住，工作不怕苦，以及记性特别好的优点，”“但更多的还是徒增了烦恼，加剧了‘病情’”。例如，接受采访的读经少年宋金阁因长时间诵经造成声带受损，更为严重的是“二年多躁郁症的药物治疗，她的心肺和肾脏功能受损，精神状况也不太稳定”⑤。

第二，纯读经是“反社会”的。这里所谓的“反社会”是杜维明所揭示的

①②③　黄雨林. 读《一个读经少年的来信》有感［EB/OL］. https//douban. com/group/topic/88330539/? – i = 2396029YFJJHWY.

④⑤　蒋芳. 读经少年归来“试错”的成本不该是孩子的人生［EB/OL］. https//baijiahao. baidu. com/s?id = 1640117939313353621&wfr = spider&for = pc.

宗教性的“反社会”。杜维明认为：

在许多伟大的精神传统中，作为人与世界相联的人际关系被认为对人的宗教信仰是有害的，因此人在那种与整个的他人相联的形式或是与真实的自我相关的联系中，在完全经验到最高的真实前必须摒弃这人际关系。用这种思想倾向的某种标准化的表达方式来说，这个思想是这样的：人际关系必须被整个儿地抛掉，因为它引起了关于自我的虚假的观念。除非在根本上改变这种被认为主要从人与人的有害接触中导引而出的自我观念，否则真实的精神进步是不可能取得的。相应地，精神的自我净化成了人性丧失的同义词了，这即是说失去了人的人际关系的显著特性。禅宗教义中的“截断众流”的思想和在基尔凯郭尔意义上的从伦理阶段到宗教“信念的飞跃”的思想，两者尽管有着本质的不同及冲突，但它们都指出了超越人际关系而达到本质上与社会意识不同的自我意识的境界。就此而论，宗教性是不同于社会性的，而是相当激烈地反社会的。①

不好说主张纯读经者一定将儒学作为宗教，但他们组织儿童读经的方式与一些宗教成就一个人的自我一样，也强调杜维明所说的“截断众流”，强调儿童与社会隔离，也是激烈地“反社会”的；在他们那里，也是将人与人的接触、人际关系视为对儿童的成长有害无利的，也是试图以儿童与外部世界的隔离来“超越人际关系而达到本质上与社会意识不同的自我意识的境界”的。例如，曾经一度，有人在“深圳凤凰山上开起了上百家读经学堂”，这些“新学堂在深山之中，满山的草木长得疯野。出山没公路，得坐农用拖拉机。十多个学生，每人一间十平方米的毛坯房，糊了粗糙的水泥，没有自来水，没有厕所，没有暖气，也没有电子产品。学生们各占一座山头，不许互相来往。四下也没有村落，傍晚时山黑云暗，一两盏灯。12 岁的孩子，这样的生活体验，不免有凄清之感。漫长的冬日，四点半就要起床读经。寒风瑟瑟，小屋子里，只能听见自己背书的声音、窗外粗野的风声，火炕下柴火烧裂时毕剥的声音”②。可以说，深圳凤凰山上开办的上百家读经学堂比哪一间教堂、修道院、佛家寺庙与社会的隔离程度或“反社会”的程度都要高。

---

① 岳华. 儒家传统的现代转化：杜维明新儒学论著辑要［M］. 北京：中国广播电视出版社，1992：420.

② 罗婷. 读经少年圣贤梦碎：反体制教育的残酷试验［EB/OL］.（2016－08－29）. https://www.sohu.com/a/112607130_ 362353.

第三，纯读经是反儒学的。正因为纯读经是“反社会”的，所以它是反儒学的。之所以这样说，是因为“中国传统的知识谱系从根本上来讲是实践主义、经验主义、历史主义的。它不是把彼岸世界放在第一位，不是把上帝放在第一位，而是把人、现实的人、人的现实生活放在第一位”①。这对儒家而言，更是如此。在多元一体的中国传统文化中，儒家文化具有突出的入世特性，而“儒家入世的特性使得儒家伦理必须扣紧生活世界”②。因而儒家在伦理学上的一个基本信念是“日常生活的世界有内在价值，我们不能抛弃掉日常生活去追求一个更高的真理。甚至可以说，最高的价值和意义可以在日常生活中体现”③；“儒家最终极的关怀和意义，……必须在日常生活中体现。离开日常生活就不可能是最高的价值”④。儒家虽然强调通过慎独、主敬、主静等内省方式实现个体道德的自我提高、内在超越，但儒家道德的自我提高、内在超越的途径是社会性的；作为内省的自我修养的手段和作为与他人、宇宙普遍交往的自我的完全实现之间是辩证的，相互影响的。就儒家的自我提高、内在超越的社会性途径及其必要性，在杜维明看来，“一个儒者确实是为了自我实现而与他人交往的。他的人格的真实性不能脱离开他的社会性，如果他不以某种颇有意味的方法与他人往来，那么他就不仅是粗暴地对待他的社会关系，并且粗暴地践踏了自身的真实的自我。不管他所能达到的精神境界有多高，从儒学的观点看来，除非他在人际关系的环境中进行自我修养，否则他的自我转化的要求就是不真实的”⑤；“……在儒家学说的范围内，认为自我修养可以离开人际关系而独立进行是不可思议的”⑥。儒家把圣人视为真实人性的最高形式，人要完全实现人的存在，他就必须时时地倾心于学为圣人。但学为圣人不是通过使自己从弥漫人际关系的世界中摆脱出来，而是首先通过密切自己与他人的关系的真诚的意愿来完成的。⑦ 例如，“圣”作为

---

① 姜义华．“弘扬传统”应避免排外主义和儒学宗教化[EB/OL]．(2017-09-25)．https://www.aisixiang.com/data/106121.html.

② 杜维明．21 世纪儒学面临的五大挑战（下）[J]．探索与争鸣，2011（11）：7.

③ 杜维明．21 世纪儒学面临的五大挑战（下）[J]．探索与争鸣，2011（11）：6.

④ 杜维明．21 世纪儒学面临的五大挑战（上）[J]．探索与争鸣，2011（10）：5.

⑤ 岳华．儒家传统的现代转化：杜维明新儒学论著辑要［M］．北京：中国广播电视出版社，1992：420.

⑥ 岳华．儒家传统的现代转化：杜维明新儒学论著辑要［M］．北京：中国广播电视出版社，1992：421.

⑦ 岳华．儒家传统的现代转化：杜维明新儒学论著辑要［M］．北京：中国广播电视出版社，1992：412.

“仁”的充分实现必须体现于“礼”，必然地要遵循着“礼”所规定的路径。① “在儒家学说的范围内，一个人如不经过‘礼仪化’的过程而能成为一个真正的人，这是不可想象的。这个礼仪化在这里也即人性化”。而“‘礼’呈现为一个综合了个人、家庭、国家、天下这四者的形式”②。杜维明在此告诉我们，儒者是追求自我实现的，他把圣人作为真实自我或自我实现的最高形式；但儒者的自我实现是在与他人交往的过程中实现的。学者陈来也表达了与杜维明同样的看法。他说：“儒家强调‘自做主宰’，但这是强调修身的主体性和自主性，这与儒家注重社会取向的价值观是不同角度的主张，因此，这种修身的自主性不是价值上对于社会人伦的独立性。独立于社会、疏离于德性的人不可能拥有真正的独立人格，也不能体现人格尊严。”③ 正因为如此，我们说把儿童、少年封闭在一个与他人、社会的隔离环境中，且要求儿童纯读经的成人的方式，是背离儒家本义的，是有违儒家的自我修养、成就自我的方式的。

第四，纯读经会导致儿童难以适应社会。与以往不同，在如今信息和各类知识极其丰富的时代，一个人的视野越宽阔，掌握的知识越全面，发展就可能会越全面，就可能更好地适应社会，因而“从这个角度讲，读经可以和其他知识学习相结合，如数理化、史地生等一切现代社会必要的知识的学习都可以和读经同时进行。另外，读经还可以与很多其他技艺学习（如舞蹈、音乐、绘画、书法、音乐、体育等）相辅相成、齐头并进”④。我们“不能想象一个孩子不学习数理化、史地生，不接受现代人文社会科学知识，仅靠读经就能适应现代社会”⑤。因此，我们不应当提倡脱离现代生活的纯读经，而应将读经作为人的全面发展的途径之一。否则的话，会使学生难以适应社会发展的要求。就纯读经机构的儿童的出路或他们的社会适应性，有人信心十足地认为是完全没问题的。例如，上海孟母堂的孩子在读经几年后，有的出国读书了。⑥ 但有的纯读经机构的儿童、少年就没这么幸运了。例如，宋金阁在小学六年级时便进入一所全日制读经机构。在这所纯读经机构长期学习后，宋金阁尤感与社会的隔阂。她说：“我遇到的这个圈子

---

① 岳华. 儒家传统的现代转化：杜维明新儒学论著辑要［M］. 北京：中国广播电视出版社，1992：425.

② 岳华. 儒家传统的现代转化：杜维明新儒学论著辑要［M］. 北京：中国广播电视出版社，1992：423.

③ 陈来. 儒学美德论［M］. 北京：生活·读书·新知三联书店，2019：314.

④⑤ 方朝晖. 探索符合人性和时代需要的读经方式［EB/OL］.（2016－12－07）. https://www.aisixiang.com/data/102447.html.

⑥ 任重，刘明. 儒家回归：建言与声辩［M］. 北京：中国政法大学出版社，2012：212.

里的大部分人，都被要求服从和听话。等我真正走上社会，发现很多是不切实际的，是在灌心灵鸡汤。”① 再如，自10岁退出体制学校（想必是从某一小学中途退学）、在专门读经的私塾连续读经长达9年的郑惟生，在他写给同济大学人文学院教授、道里书院的创办者柯小刚的信中申诉道：“脱离体制太久，除了背经什么都不会，谁都没能上大学”；“回望这些年身边那些和我一样背诵了大量经典（二十万字以上）的同学，多因没有出路而终止了十多年的读经历程；而当他们一旦停止私塾学习，又没有进学深造途径，大多数同学都变得非常沉沦，情绪低落，只能借电视剧和电子游戏排遣焦虑、打发时光”②。郑惟生和其他大多数同学“没有进学深造途径”不是因为社会没有向他们提供深造的机会，而是因为他们长期纯读经，以致他们知识面狭窄和文化水平、学习能力低下而无法把握深造的机会。为已离开纯读经的体制外机构的读经者的前途着想，柯小刚建议他们通过参加自学考试等方式获得大学学历。因而，“这两年，有近十位读经学生跟着柯小刚学习，一边在同济大学旁听，一边准备自考”③。但柯小刚发现，“这群学生的功底太差，识字量不行、错字连篇、英语更是处在小学入门水平。一篇八百字的作文他们写得吃力，他也改得吃力，要从标点符号改起”④。郑惟生这位曾经的纯读经少年，后来获得了自考本科文凭，于是在2019年，他考研，报考上海一所“985”大学，但考研英语差了一分，因而只能申请调剂到西部一所“985”大学。初审通过后，他带着希望去这所西部的“985”大学办理手续，但却被告知不符合调剂原则。因为西部这所“985”大学规定，被调剂考生的本科学历必须为“普通全日制”，这也就意味着自考本科学历不在其认可的范围内。因而，郑惟生没有被这所“985”大学录取。尽管西部这所“985”大学的相关规定不尽合理，但郑惟生的遭遇从一个侧面说明了他的儿童、少年期的纯读经的经历已使他难以适应社会。

当然，如此看待纯读经，在强调纯读经如何重要的人士看来是不着边际、不明就里、没有道理的。因为在他们看来，要求学生纯读经本来就不是要把学生培养为对社会具有广泛适应性的人。在他们看来，“只有文化教育才是值得从事的

---

① 蒋芳. 读经少年归来“试错”的成本不该是孩子的人生[EB/OL]. https://baijiahao.baidu.con/s?id=1640117939313353621&wfr=spider&for=pc.

② 郑惟生. 一个读经少年的来信[EB/OL]. (2016-06-23). https://www.douban.com/group/topic/87759488/.

③④ 罗婷. 读经少年圣贤梦碎：反体制教育的残酷试验[EB/OL]. (2016-08-29). https://www.sohu.com/a/112607130_362353.

事业，只有孔子才是值得效法的榜样，只有做读经老师才对得起读经学堂的培养”①。并且，他们认为，纯读经只是表，而不是里。他们所谓的里是通过纯读经之表来培养能力挽狂澜、继承传统文化的儒学大才，培养这样的大才只有通过纯读经而别无他途。但他们的此般认识只能说是一种武断。牟宗三是海内外人们公认的现代新儒家中的大儒，刘述先将他称为“中国的康德”。但牟宗三却在回忆其幼年私塾读书经历时说：“读书固然重要，但我当时似乎总感到有在读书以外超越了读书涵盖了读书的气氛。读书不是唯一凸显的生活，这意识一直维持到现在。”② 柯小刚就此评论道：“我想，那时的私塾幸亏还比较乡土自然，半天读经，半天玩泥巴，小牟宗三还算能读下去。如果那时的私塾也象今天这样高压紧张，功利性太强（求道之难在于，一不小心也可能功利化、工具化），每天十小时纯读经，十年‘包本’背诵三十万字，我想牟先生可能早就逃学了，今天也就少了一位新儒家大学者”；“无论个人生命还是文化生命都是‘活出来的’，不是工具性地‘读出来的’，更不是高强度的十年全日制‘纯读经’背出来的”。③

大陆的体制外的纯读经教育已历经 30 多年时间，人们乐见这样的教育模式能培养出“大儒”，但它一定不能把所有的不明就里的自幼就开始纯读经、长大以后有着各自理想的学生都培养成大儒，更不可能把他们中的每一个人都培养成如熊十力、王心斋、王权溪、牟宗三这样的大儒。对很多纯读经的儿童而言，纯读经的结果是使他们像那些学了奥数后，余生都厌恶数学、不再愿学习数学者一样，余生都会厌恶、不再愿意学习传统文化经典，或如读经少年郑惟生所说：“他们对十年读经教育的反叛，是余生再也不愿接触和国学有关的任何东西。”④ 柯小刚曾建议一位纯读经十年的学生，“以健康的学习方法学完经典之后，开学堂教书。这位学生如遭电击马上拒绝：‘宁死我也不干’”⑤。这足以证明纯读经下的“愚昧读经，野蛮背诵”之危害。而从牟宗三幼年的经历来看，不纯读经反倒可能把学生培养成如牟宗三这样的大儒。这也就是说，纯读经不一定能培养大儒，不纯读经不一定不能培养大儒；纯读经使人发展片面，进而不能使人更好

---

① 郑惟生. 一个读经少年的来信[EB/OL].(2016-06-23). https://www.douban.com/group/topic/87759488/.

② 牟宗三. 五十自述［M］. 台北：鹅湖出版社，1990：53.

③ 柯小刚. 回归生命的学问. 写给读经孩子的一封信［EB/OL］.“寓诸元竟”微信公众号.

④ 罗婷. 读经少年圣贤梦碎：反体制教育的残酷试验[EB/OL].(2016-08-29). https://www.sohu.com/a/112607130_362353.

⑤ 史伦平. 少儿读经之路 20 年回顾［J］. 师道，2018（12）：10.

地适应社会，不纯读经却能使人发展得更全面，进而使人能更好地适应社会。既然这样，权衡利弊，不纯读经才更合理、更有意义；就纯读经和不纯读经两者，我们应选择不纯读经。为了学生能更好地适应社会，读经不能成为他们学习的全部，我们"必须明确在中小学中，特别是在初中和高中时所学的数、理、化、生，是今后进行专业学习的重要基础，如果错过了这个时间，而后再行补学是很难的。这是培养一个全面发展的现代化的人的重要基础，所以要把古与今、文与理、中与外做好全面安排"①。

第五，纯读经违背了教育的共同性要求。日本教育学家藤田英典指出："学校教育是作为一个以公民社会、产业社会为基础，传授'正统、有用的知识(学校性知识)'的体系而发展起来的"；作为学校教育的义务教育，"它是作为一个为所有孩子提供基础共同教育的'至高无上的体系'而发展起来的"②。它承担着培养孩子作为一个公民所必须具备的基础文化素质、在社会生活中所必需的基本能力、在高一级学校的学习或技能培训中所必需的基础学力等多种功能，或者说义务教育是以公民所必需的公民性文化素质、生活能力、基础学力的形成为主要任务的。③ 对义务教育来说，"所有儿童都必须掌握并具备 3R（读、写、算），关于该社会的基本知识和态度，在道德、社会、政治等方面的判断能力，作为公民所必须具备的基础文化素质和生活能力等方面的知识和能力。义务教育是所有儿童学习和掌握这种共同的基础性知识（common basic knowledge）的场所，也就是说，是作为共同教育的实施场所而制度化的。在这个意义上，教育的共同性是义务教育的基本条件"④。义务教育具有划一性和强制性，但这不是义务教育的弱点，而是其优势，它的划一性和强制性的规定恰恰是为了向所有孩子提供共同的基础教育，是为了"……保障那些教育资源缺乏和那些不实行义务化就不能享有'学习权、教育权'的儿童的教育机会"⑤。只要具备了共同的基础教育的条件，无论是公立学校、还是私立学校，都可实施共同的基础教育。自 20 世纪 70 年代以来，这一"至高无上的体系"或共同教育体系已成为世界教育的主流。而现当代世界之所以要建构这种共同教育体系，是为了使每一个体能更好地适应社会。随着社会的不断发展，社会日益高学历化、社会知识和信息基础的日益多样化和深化。但是，当今世界又是价值多元的世界，人们比以往更强调

---

① 黄济. 在中小学如何开展国学教育［J］. 课程·教材·教法，2015，35（2）：15.
② 藤田英典. 走出教育改革的误区［M］. 北京：人民教育出版社，2001：192.
③ 藤田英典. 走出教育改革的误区［M］. 北京：人民教育出版社，2001：209.
④ 藤田英典. 走出教育改革的误区［M］. 北京：人民教育出版社，2001：207.
⑤ 藤田英典. 走出教育改革的误区［M］. 北京：人民教育出版社，2001：206.

个人的自我实现。因而人们的教育价值取向出现了多元化。这体现为个体对教育价值选择的多样性。这种选择的多样性即教育的私事化。可以说，教育的私事化是一种必然。但追求自我实现的教育的私事化，不能违背义务教育的共同性而一味地强调所谓的教育的私事化。教育的私事化是以共同性为前提的私事化。而我国家长将孩子送入义务教育学校外的私塾、学堂等私立培训机构纯读经，追求的是教育的纯粹的私事化、个别化，它将教育的私事化、个别化与共同教育对立起来了。这种纯粹的私事化、个别化违背了义务教育的共同性。这是导致儿童难以适应社会的根本原因。

第六，纯读经有违《中华人民共和国教育法》。现今世界上除了少数国家，如除了在伊斯兰教原教旨主义主导下的中东个别国家所举办的专门阅读、学习《古兰经》的学校外，世界上没有哪一个国家，其教育机构，无论是私立教育机构还是公立教育机构，只对学生进行传统经典教育。这不是因为纯读经没有“市场”，而是因为世界各国法律普遍禁止学生纯读经。我国出现的纯读经的私塾、学堂、书院等校外培训机构禁止学生学习除他们自拟的所谓经典之外的人类文明发展的知识成果，违反了《中华人民共和国教育法》第一章总则第七条的规定，即违反了“教育应当继承和弘扬中华优秀传统文化、革命文化、社会主义先进文化，吸收人类文明发展的一切优秀成果”的规定。如上所述，学生纯读经不可能使学生获得全面发展，而这又违反了《中华人民共和国教育法》第一章总则第五条的规定，即违反了“教育必须为社会主义现代化建设服务、为人民服务，必须与生产劳动和社会实践相结合，培养德智体美劳全面发展的社会主义建设者和接班人”的规定。

既然纯读经是有违《中华人民共和国教育法》的相关规定的，那么，社会上大量举办纯读经机构，且举办后还能长期存在，是令人匪夷所思的。要解决这一令人匪夷所思的问题的关键是应禁止私塾、学堂、书院等校外培训机构招收义务教育阶段的适龄儿童、少年全日制纯读经。

教育部基础教育司司长吕玉刚就一些儿童、少年中途退学而报读体制外的私塾、学堂、书院的现象，曾说：“因为我们国家规定，义务教育是国家统一实施的、适龄儿童少年都必须接受的教育。如果家长不送孩子到学校去上学，这是和义务教育法相抵触的，首先亮明这个观点。适龄儿童入学接受义务教育，既是权利也是义务，具有强制性”；“一些家长不送孩子上学，在家里或者是送到私塾、国学班等地方去学习，这些机构很难按照国家规定的课程标准要求，开齐开足开好相关课程，很难保障我们适龄儿童少年完成国家规定的义务教育。这对孩子一生的成长是很不利的"①。

为确保儿童、少年能完成国家规定的义务教育，吕玉刚曾表示：

> 首先是要做好劝返工作。发生这些情况了，学校要摸清情况，及时和家长保持联系，在学籍信息系统进行标识，并进行劝返。劝返不回来的，要向当地乡镇政府、县级教育行政部门书面报告，这是我们学校应该做的事情。
>
> 第二步要责令改正。当地的乡镇人民政府或者县级人民政府的教育行政部门对适龄儿童的父母或者其他法定监护人，没有送孩子去上学的，应当给予批评教育，责令限期改正。提出严肃的批评，讲清法律的规定，当然也要做好思想工作。
>
> 第三步，依法处置。吕玉刚说，"对逾期不改的，由司法部门依法发放相关的司法文书，敦促其保障辍学的学生尽快复学；情节严重的或者构成犯罪的，要依法追究法律责任。"②

为了更好地贯彻、落实义务教育法，确保全体儿童、少年能接受国家规定的完整的义务教育，2019 年 4 月 2 日教育部办公厅印发了《禁止妨碍义务教育实施的若干规定》（以下简称《规定》）。《规定》提出了清理伪国学、禁止妨碍义务教育实施的五个方面的要求。可以说教育部出台的《规定》抓住了问题的核心，并且这一《规定》比吕玉刚的表态更为刚性。所以，我们可以乐观地期待，随着《规定》实施，校外培训机构招收义务教育阶段适龄儿童、少年全日制纯读经的问题能得以较好地解决，进而不再会出现儿童、少年纯读经的现象。

为了更好地贯彻义务教育法，依照相关规定治理校外培训机构的少年纯读经的现象是重要的。与此同时，义务教育学校不排斥"问题儿童"也很重要。将子女送入校外纯读经机构的家长，可以分为两类。一类是对义务教育学校提供的共同性教育不满而将教育私事化，以追求子女教育的差异化或他们子女的自我实现。另一类是因义务教育学校对"问题儿童"的排斥。可以说，有的家长把子女送入校外纯读经的培训机构是不得已而为之。他们之所以将子女送入纯读经的机构，是因为有的基础教育学校，特别是义务教育学校排斥对他们子女的教育。他们的子女，有的厌学、学业成绩不好，有的品行不端、不服管教，有的是网瘾儿童。而他们就读的学校往往简单、粗暴地对待他们，对他们或者进行显性排

①② 阚枫. 教育部回应"在家上学"：入学接受义务教育有强制性[EB/OL].(2017-09-05).http://www.sohu.com/a/169620241_123753.

斥，或者进行隐性排斥。在此情形下，家长别无选择，只得把子女送入能接收他们子女的校外纯读经机构。所以，要更好地贯彻义务教育法，从根本上解决儿童纯读经问题，还有赖于义务教育学校担负教育好每一个儿童的教育职责。

对于体制外儿童纯读经所产生的严重的不良后果和违法办学行为而造成的学生的生存窘境，体制外读经机构的举办者也是十分清楚的。但对于体制外的纯读经机构何去何从，有的纯读经机构的举办者却十分高调，他们认为随着体制内教育对儒学不再袖手旁观或“当‘读经体制化’越来越完善之时，私塾也就完成了倒逼体制教育改革的使命，逐步退出历史舞台”①。但这种倒逼论显然是不能成立的。现今的“读经体制化”是社会广泛的文化自觉和政府重视的结果，而不是体制外读经倒逼的结果，不是因为体制外的相关机构对读经的重视而调动了体制内学校学生读经的积极性。如果这种倒逼论能够成立，那么，这种倒逼的代价也太高了，它是以牺牲一大批儿童的成长、发展和他们的前途为代价的，是违背教育的道义标准的。

第四节　不能一味地要求儿童死记硬背经典

一直以来，以“直面经典，不求甚解，但求背诵，终身受益”和“读书千遍，其义自见”为指导方针，大陆体制外的纯读经的私塾、学堂、书院和有的体制内中小学的课内外读经活动，从“读经扎根”“传统至上”的理念出发，奉行的是先由儿童记诵，待成年后再回忆、理解、运用的“反刍主义”，贯彻的是“先求熟读，不急求懂”的教学原则，运用的是只许儿童诵读、记忆经典（可简称为“诵记经典”）或对经典的死记硬背、不提问、不解经、背不下来则进行体罚的教学方法。这在相当一部分人那里所依凭的理由是：学生读经不理解没关系，只要记住就行了，“就是在心里种下了一粒善意的种子，经过岁月的发酵，遇到合适的时、地、人会生根发芽，等孩子长大了，会指导他以后的选择与发展”②。例如，有人认为，“在小学阶段，应该多背诵中国的传统文化典籍，小学生可能不会理解，但是不要求他们理解。因为中国传统的文化典籍实际上是教人怎样做人做事的，而怎么做人做事实际上贯穿在人的一生当中。小学生记忆力

---

① 冷长安. 要不要“全日制读经”？儒家内讧了[EB/OL].(2015－05－23). https://www.aisixiang.com/data/88216.html.

② 贾会锦. 基于实践的国学教育思考［J］教育教学论坛，2018（19）：7.

好，当把这些东西记住了，是很难忘记的，这样，在他以后的成长中，他会遇到很多事情，然后会想起以前学的东西，就会有恍然大悟、举一反三、触类旁通的感觉——这才是真正的‘终身学习’”[①]。儿童只要能把古文经典背下来，“长大了自然会消化，一生受用不尽”[②]。不仅如此，儿童死记硬背、诵记经典还会产生诸多边际效应。例如，有人认为儿童“在读的基础上熟记、体会消化，最后反映到学生学习生活实践中去，这样的做法不仅有利于学生传统道德意识的提高，同时有利于学生朗读能力、作文能力以及分析能力的提高，是德育与智育的完美结合”。[③] 有人甚至认为儿童不理解经典合乎儿童的天性。例如，有人在论及儿童读经时指出：“至于懂不懂，不是他的事。他对于自己懂，很高兴，对于自己不懂，他也很高兴，对于自己懂不懂，他自己都不晓得，我们大人不要那么紧张，提醒他你一定要懂，这是违反了他的天性。”[④]

王财贵是大陆强调儿童以死记硬背的方式读经的推波助澜者，被称为“读经运动的灵魂人物”。他于1999年来大陆巡回宣讲他的“读经教育学”。在儿童读经的方式上，王财贵的“读经教育学”[⑤] 力主死记硬背。他的这一主张在大陆产生了极大的影响。例如，有人在推介王财贵的儿童读经方法时说道：

> “小朋友，跟我念。”
>
> 这是王财贵老师的口头禅。几乎每次的读经宣讲会上，他都会向家长和老师强调这个读经的“不二法门”。
>
> 为什么是小朋友？答曰：小朋友记性好，且机械记忆能力大于理解能力。
>
> 为什么跟我念？答曰：小朋友不需要讲解，只要跟大人一遍一遍念，记住就好。
>
> 跟我念什么？答曰：经典——“四书”“五经”，唐诗宋词、老庄、柏拉图、莎士比亚……
>
> 一些家长时常问我，怎么教孩子读经，我说，很简单，就四个字，王老师说的“老实读经”，“那枯燥怎办”，“那就枯燥的读下去，哪一天他体会到枯燥的

---

① 任重，刘明. 儒家回归：建言与声辩［M］. 北京：中国政法大学出版社，2012：37.

② 任重，刘明. 儒家回归：建言与声辩［M］. 北京：中国政法大学出版社，2012：211.

③ 金海东. 学习传统文化　筑牢道德基石：吉林省磐石市积极开展中小学传统文化教育［J］. 精神文明导刊，2009（12）：45.

④ 任重，刘明. 儒家回归：建言与声辩［M］. 北京：中国政法大学出版社，2012：38.

⑤ 有关王财贵的“读经教育学”的主张，可参见史伦平发表于2018年第12期《师道》上的《少儿读经之路20年回顾》一文。

快乐，那是他真开始读经了”，这个就是读经的魅力。一个没有经过如此简单而重复的学习过程的人，起码他是没有深刻的自省能力的，也谈不上读进古人的智慧去，没有专注力的自省，所谓人才都是浮云，这个能力是要“大量读经”养成的。①

由王财贵的“读经教育学”的这位推介者的这番言论可知，王财贵的死记硬背的读经主张可谓深入人心。如王财贵这样的有关儿童读经的死记硬背及其推介者的主张可统称为儿童读经的无需理解论。但无需理解论是错谬的，之所以这样说，是因为：

（1）国学教育是人文性的，而非知识性的。就知识教育而言，学生要掌握相关学科的知识，须以理解为前提。因而知识教育强调学生对知识的理解，反对死记硬背。人们对知识教育尚反对一味地死记硬背，国学教育不是知识教育而是人文教育，它不是知识性的，而是智性化的，就更不能要求学生死记硬背了，因为“人文教育是理性教育，人的理性的重要体现之一就是人与他人交谈、对话、说理的意愿与能力”②。这也就是说，国学教育作为人文教育，它把经典当作特殊的老师，读者通过与经典文本和经典文本的作者之间的对话，运用自己的理性，建立起与经典意义和经典作者的智慧之间的联系。而读者理性的运用以读者对经典文本的理解为前提。

（2）以呆读死记的方式学习经典，记忆效果甚微。一个人要学有所得、学有所成，离不开对已学内容的识记，对已学内容的识记是一个人学习，乃至成长、发展的基础，记忆力强也是一个人智商较高的体现。无疑，学习、识记传统经典一定意义上也是学生的学习、成长、发展的基础，他们诵记一些经典无可厚非。这恰如康德在《论教育学系科之争》一书中所言：“‘tantum scumus，quantum memoria tenemus’（我们能记住多少，就知道多少）这条格言自然有其正确性，因此对记忆力的培育是很有必要的。所有的事物都是这种情况，即知性首先追随的是感性印象，而记忆力则必须保存这些印象。”③ 但一个人所识记的知识内容只有以理解为前提，才能记得更牢，记得更多，保存得更久、更多；反之，则容易遗忘。钱穆在其《病与艾》一文中曾说：

---

① 任重，刘明．儒家回归：建言与声辩［M］．北京：中国政法大学出版社，2012：53.

② 徐贲．阅读经典：美国大学的人文教育［M］．北京：北京大学出版社，2015：序15.

③ 康德．论教育学·系科之争［M］．杨云飞，邓晓芒，译．北京：中国轻工业出版社，2018：47.

我幼年曾受一段私塾教育。当时读了《论语》读《孟子》，读到《滕文公章句上》，我的私塾生活遽尔中止。《孟子》便没有读完。后来不记得在哪一年的冬天，忽然立意要将《孟子》通体读过一遍，于是拣定了阴历开岁的大年初一，我把自己反锁在一间空屋里，自限一天读完一篇。第一个上午便读《梁惠王章句·上》，读到能通体背诵为止，然后自己开锁出门吃午饭。下午则读《梁惠王章句·下》，到能通体背诵，再开门吃晚饭。如是七天，直到新年初七之晚餐，我的一段心事始告完毕。

这大概是廿余年前的事了。但我每逢新年，往往回忆到那七天。虽则在阳历的新年，我也会时时连带想到这件事。今年的阳历新年，我依然照例想到了此事。只是以前所能通体背诵的，现在已通体忘却，只记得有那么一回事，又常零碎的记起七篇里的几许话。①

对于天资聪颖的钱穆这样一位国学大师，幼时能通体或完全记诵下来的《孟子》，到了成年时则“已通体忘却”，只是“零碎的记起七篇里的几许话”。其原因正是因为没有理解《孟子》。钱穆如此，对于今天需要学习国学经典之外的其他功课而可能会对学生诵记的经典内容产生前摄抑制和倒摄抑制的学生，到时候能记住经典的多少内容呢?！我们能指望死记硬背产生怎样的效果呢?！

（3）阻碍学生主体性的发展。学生是教育过程中的主体，具有主体性。学生的主体性发展是学生良好发展形态的标志。学生的主体性要获得发展，要求在教育教学过程中，发挥学生的主体性，或者说在教育教学过程中应发挥学生的主动性、自觉性、创造性。学生主体性发挥是发展学生的主体性和学生真正掌握知识内容的前提。离开了学生主体性的发挥或罔顾学生的主体性，不仅不能使学生的主体性得以发展，而且学生也不能真正掌握知识。同样，就学生对经典内容的掌握或感悟、体味而言也是如此，也是以学生主体性发挥为前提的，或者说是以学生自主建构、以他们的认知结构主动同化、顺应经典内容为前提的。这里，学生自主建构、主动同化经典内容或理解经典内容的过程正是学生主体性发挥的过程。其实，学生读经之“读”是学习之意，因而学生读经即学生学习经典。既然是学习经典，那么，经典的学习与教学中学生对其他内容的学习要求是一致的，即学生对经典内容的掌握应以学生对经典内容的理解为前提。按照这一要求，国学教育或读经就应使学生理解经典。而理解的过程恰恰是学生主体性发挥、发展的过程。并且就诵记经典而言，对经典内容的理解有助于学生对经典内

① 钱穆. 文化与教育：新校本［M］. 北京：九州出版社，2011：169.

容的记忆。这在心理学上称为意义识记。学生对经典内容理解得愈充分，学生对经典内容的记忆则愈牢固。目前，在要求学生读经的教育者那里，普遍将学生学习经典称作学生读经。这未尝不可。但这里的读并不是无需理解的诵读和诵读基础上的记忆，而是在诵读的基础上，思考经典、发挥经义。如果将学生读经理解为学生无须理解的诵记经典，那么，这里的读是呆读，记则是死记。而在呆读死记的情形下，无论学生读得多么整齐、悦耳，读经的场面是何等壮观，无论学生记住了多少经典内容，背诵得又是何等流利，都是没有学生真正的主体性参与的，学生对经典内容的掌握都是机械的。此时，学生无异于一具纯粹的装载知识内容的"载重驴子"。而作为"载重驴子"或装载知识内容的储存器，"经典文本对学生的生命成长就无法构成有效的浸润作用"①。

（4）阻碍国学教育目的的实现。时下要求学生读经的体制内学校大致可以分为两种类型。一种类型是尽管学校要求学生读经，但学校教育者并不清楚学生读经的意义。另一种类型是学校教育者比较清楚学生读经的意义。就前者而言，他们之所以要求学生读经，或者是一种不得已的应景。很多时候，我们可见学生背诵经典时声情并茂，似乎学生学习经典的积极性很高、效果很好，但实际上学生是为了应付教师、应付学校。在目前教育者的非理性权威还较为盛行的情况下，学生应付教师、应付学校似乎具有必然性。就后者而言，他们认为学生读经具有重要的个体发展意义，即学生读经可以启迪学生的智慧，提高学生的人文素养，完善学生的人格，增强学生对他人、对社会的责任感，增进学生个体对人生与生活意义、价值的认识，熏陶学生良好的审美情趣和对个人、国家和世界的美好情操，帮助学生养成积极健康的生活态度和生活方式。能有此番对学生读经意义的认识是难能可贵的。但如果学生在学习经典时不能理解经典内容必然是实现不了如此期许的。因为在教育者看来，无需理解的学生学习经典的实际结果是学生不理解经典内容，而学生不理解经典内容是与实现学习经典的目的相冲突的，或者说手段与目的是不相匹配的。

人的行为目的与实现目的的方法或手段两者是统一的。这种统一体现为目的统摄、涵盖手段，手段服从于目的。这里，目的统摄手段即手段是目的性手段、目的规定手段的合理性、有怎样的目的就要求选择怎样的实现目的的手段之意。就实现学生学习经典的目的而言也是如此，即学生学习经典的方法只有与学习经典的目的相匹配，学生学习经典的方法才是实现学习经典目的的方法。而建立在

---

① 郑国岱. 基础教育视域下国学教育的内涵、体系、方法研究［J］. 广东第二师范学院学报，2016，36（4）：32.

学生对学习内容的理解基础上的有意义学习是与学生学习经典的目的相匹配、相一致的，是实现经典学习目的的方法。在学生不理解经典的情况下，学生死记硬背经典内容的方法是僭越学生学习经典的目的期许之方法，或者说，死记硬背是与经典学习的目的不相匹配、南辕北辙的方法。之所以这样说，首先是因为不能理解经典内容，学生就不能将经典内容人格化。学生不能理解经典内容，就不能明晰经典的意义，而不能明晰其意义，即使记住了经典内容，经典内容对学生来说仍是外在的，学生仍不能将其内化、生命化、人格化。而不能人格化，就不能实现国学教育的育人目的。其次是因为死记硬背会扼杀学生学习经典的兴趣。学生对学习材料感兴趣是学生掌握学习材料并将其内化的前提。学生对经典内容的掌握和在掌握基础上的内化也不例外，也是以学生对经典内容感兴趣为前提的。而学生要对经典内容感兴趣，就应帮助他们理解他们所学习的经典内容。但生吞活剥、死记硬背式地学习经典，使学生失去了理解经典、对经典内容感兴趣这一前提。

无需理解论者可能会争辩说，要学生记住的经典内容，即使学生今天还不能理解它们，到时候他们就会自然理解它们了，因而到时候经典学习的目的就能实现了。学生们到时候真的就会自然理解经典内容吗？学习过程存在这样一种现象，即在刚开始阅读一段学习材料并记住它以后，隔一段时间再阅读或再现它时，学习者会发现对它的理解更全面、更深刻了。但一般情况下，这是以初始阅读和记忆时对学习材料的基本理解为前提的。这也就是说，后续的理解是以先行的基本理解为基础的，无先行的基本理解，也就无后续的更全面、更深入的理解。同样，学生今后要理解或更全面、更深入地理解经典内容，也是以他们对经典内容的先行理解为前提的。今天学生对经典内容没有基本的理解，在今后也就很难能理解它们，更谈不上更全面、更深入地理解了。认为到时候学生自然就能理解了，那只是教育者的一厢情愿。之所以会出现“无需理解”论及其滥觞，原因主要有以下两个方面：

一是片面地看待中国古代启蒙教育的方法。

在一些人看来，相对于其他学习内容，经典对学生来说是特殊的，学生在学习特殊的经典时，只能通过诵记的方式来学习。在他们看来，古代学生便是通过诵记的方式来掌握经典内容的，因而现今要学生学习经典应如古人那样，采用诵记的方式。“中国古代启蒙教育多以背诵为方法，这是不争的事实”①。但是，古代启蒙教育中的背诵或死记硬背的方式是传统教育中落后的教学方法。传统的教

① 李弘祺. 学以为己：传统中国的教育［M］. 上海：华东师范大学出版社，2017：606.

学方法并不一定都是落后而阻碍人的发展的，但毋庸置疑，死记硬背是传统教学方法中落后、有碍学生主体性发展的方法。今天学校教育者要求学生死记硬背经典内容，是向传统落后的教学方法的回归。既然死记硬背是落后且有碍学生主体性发展的教学方法，那么，这种回归是不合理的，是应坚决摒弃的。在普遍要求教育者将学生视为教育的主体，并强调应通过教育教学过程发挥、发展学生主体性的今天，学校竟还一味地要求学生死记硬背，并且，这种要求竟然还是教育者的一种自觉行为，真是令人睁目，真是教育的悲哀：既是教育者的悲哀，更是学生的悲哀。其实，包括儒家教育方法在内的中国古代教育方法，绝不只是今天的呆读死记。在孔子的教学那里，警示的是“学而不思则罔”（只记诵章句而无理性思考就会迷惘、混沌、糊涂），倡导的是“不愤不启，不悱不发，举一隅不以三隅反，则不复”的方法，而孟子主张的是“以意逆志，深造自得”的方法。所以，在儿童读经的方式上只强调死记硬背，与儒家的教育思想不符。再者，“……事实上，幼儿的理解力远比大人想象的强。一个一岁多的小孩，在看动画、听故事时也会有自己强烈的偏好和选择，事后能根据自己的理解提出很多问题，产生很多心得”①。所以，在儿童读经方式上，如果我们能遵从孔孟等儒家教育思想和从儿童的理解能力出发，国学教育则应避免要求学生一味地死记硬背而导致阻抑学生主体性发展的这样一种不应有的教育悲哀。

二是教师不能理解经典。

长期以来，体制外的读经机构广泛盛行学生对经典的死记硬背。在他们那里，不需理解的背诵被尊奉为把握经典奥义的万能大法，而把对经典的理解视为对经典的亵渎。但2016年，体制外的读经机构的“无需理解”论被一个由懵懂到觉悟的读经少年——郑惟生的现身说法“内爆”了。郑惟生严厉指责了学生读经的“无需理解”论。他说，在专门读经的学堂，学生读经不需要理解，只需要心如木石、“凭嘴吐噜”，但“铁一般的事实证明，不许理解的记忆是极其脆弱的。稍一停搁，便随风陨灭，毫无踪迹”；“至于那些曾经背得滚瓜烂熟的经文，很快就忘得一干二净了。而且，由于当时背的时候并不理解意思，等到电视剧中听到台词里引用经典名句，也并不知其所以然”②。在痛陈不理解经典所产生的结果基础上，郑惟生痛斥了不理解经典在学生读经中的危害和阐述了理解

① 方朝晖．探索符合人性和时代需要的读经方式[EB/OL]．(2016－12－07)．https://www.aisixiang.com/data/102447.html.

② 郑惟生．一个读经少年的来信[EB/OL]．(2016－06－23)．https://www.douban.com/group/topic/87759488/.

在学生读经中的必要性，他说："怕理解错误而不许理解是愚昧的，也是毫无用处的，甚至会带来比'理解错误'更加有害的结果"；"理解不必很深，将来也可以逐渐加深，但'不许理解'的'背诵'肯定不是古代私塾的读经方法，只能是'前无古人，后无来者'的当代创造"；"其实，对经典的感觉和理解，即使非常朴素，谈不上多深的经学和义理，也是读经生活的阳光、空气和水。只有阳光、空气和水才能带来土壤的呼吸和种子的萌发。古老经典和鲜活生命的相遇本来是经典生命日新的保证，但这二者如果被禁锢在一个缺乏阳光、空气和水的地方，读经的人生命萎缩，经典怎么可能发芽?"① 对郑惟生的控诉，柯小刚作了如下回复：

僵硬死板的"分析讲解""中心思想、段落大意"自然是最有效的阅读兴趣杀手，但一味不允许理解的死记硬背恐怕更能迅速扼杀孩子的自发感受力。牟宗三先生说得好，真正的"理解"并不是"外延性的解析"，而是带有生命感受的契入。为了培养这种深度的契入，生命感受、知性解析、精神理性三个层面必须相须为用、相与涵养，相机教学，因为，它们的源头本是一个东西，只是在不同的时候有不同的发用和表现。正如拙文《当代社会的儒学教育》曾讲过的那样，片面的"理性启蒙主义"诚然有害整全心性的养成，但是，刻意排斥理性的蒙昧主义读经方法恐怕也只能养成封闭麻木的心灵。诚然，儿童有较多感性，教育应以感性培养为主，不宜过多理性讲解。然而，在"纯读经"的理论和实践中，只有简单粗暴的背背背，完全没有感性培养的位置（感性的教育被粗暴地斥责为"西化教育"），所有期待都被付诸"右脑（伪）科学"的"深度开发奇迹"（他们所谓"越是有口无心的背诵，越能深度开发右脑"，不知左右脑也是相须为用、相与涵养的）。截然划分左右的脑根本就不是人脑，而是电脑；截然划分背诵和理解的读经根本就不是读经，而是流水线装配；截然划分 13 岁之前和之后的人生根本就不是人生，而是"民族文化复兴计划的试验品"。②

郑惟生的指责和柯小刚的回复说明，要实现学生学习经典的目的，应以学生理解经典内容为前提。但是，学生的理解需要教师引导、帮助。教师的引导、帮

---

① 郑惟生. 一个读经少年的来信[EB/OL].(2016－06－23). https://www.douban.com/group/topic/87759488/.

② 柯小刚. 回归生命的学问：写给读经孩子的一封信［EB/OL］. "寓诸无竟"微信公众号.

助是学生理解经典内容的必要条件；同时，通过教师的引导、帮助，学生理解、掌握经典内容的效率会更高。教师引导、帮助学生理解经典内容意味着教师应能恰当地诠释经典内容。而教师要能恰当地诠释经典内容，又意味着教师自己要能理解经典内容；教师自己不能理解经典内容，就不能引导、帮助学生理解经典内容。这正如黄济所言，对于国学学习，“要使学生学懂，首先教师要懂；教师讲得有多深多透，与教师对教材的掌握、理解和灵活运用有密切关系。”① 在学生学习经典的过程中，如果教师能理解经典内容而不对学生作诠释，说明教师懒教，教师懒教意味着教师对学生不负责任，意味着教师缺乏应有的职业道德；如果教师是因为自己不能理解经典内容而不对学生作诠释，说明教师无能。在相当大的程度上可以说，在“无需理解”论者那里，是因为他们自己不能理解经典，就以无需理解论来推搪引导、帮助学生理解经典，才强行要学生死记硬背经典。因而，要求学生单纯地诵记经典是教师自己不理解经典或无能的借口，“无需理解”论是以无需理解来掩饰教师自己不理解经典内容。但这种掩饰能瞒得住中小学生，能瞒得过世人，却瞒不住教师自己的良知。当然，掩饰者自有获得快慰的途径，即俯听学生“琅琅上口”地背诵经典。②

法国文艺复兴时期的思想家、作家蒙田认为普鲁塔克的《名人传》是一部经典，因而他在《论对孩子的教育》一文中建议儿童应阅读、学习这一经典；但是，他反对儿童以死记硬背的方式阅读、学习这一经典。他说：“孩子们阅读普鲁塔克的《名人传》，怎能不大有裨益呢？但是，为师者不要忘记自己的职责，不要让学生死记硬背……老师不光要教学生历史故事，更要教会他如何判断。在我看来，这是我们的大脑需要特别专注的内容……普鲁塔克宁愿我们颂扬他洞察是非，而不是学识渊博。”③ 蒙田的这番话对我们今天的国学教育应该说具有启发意义，即今天的国学教育决不应提倡无需理解的呆读死记，“不管多大的孩子读经，都应最大限度地开发和利用他们的理解力和审美力”④。为帮助学生理解经典，除教师诠释经典或解经外，教师应基于儿童的理性或尊重儿童与经典，与他人对话、交谈、说理的意愿和能力，组织学生研读经典，以增进学生对经典的理解。而这方面我们应向古人学习。因为通过对话、交谈来读书、理解经典是古人的基本教学方法。尽管中国古代启蒙教育多以背诵为方法，“但更为重

---

① 黄济. 在中小学如何开展国学教育［J］. 课程·教材·教法，2015，35（2）：16.

② 吴全华，谢亚萍. 学生读经无需理解吗？［J］. 广东教育（综合版），2011（6）：56.

③ 徐贲. 阅读经典：美国大学的人文教育［M］. 北京：北京大学出版社，2015：110.

④ 方朝晖. 探索符合人性和时代需要的读经方式［EB/OL］.（2016－12－07）. https://www.aisixiang.com/data/102447.html.

要的是对于那些已经完成基本识字教育的青少年，他们在私人精舍、书堂或书院，不分年龄地以会话进行学习，所以至少可以说传统中国的教学法主要就是利用不分年级、大家参与、以对话或会话的方式来进行，不强调讲话本身的格式，而重视对学问本身的体会"①；"用小组、不分年龄、通过会话或对话的方式来教学，因应问题施教，从而培养学生间的共同结论和密切的友谊，这是中国教育哲学的基本理念"②。例如，宋代的"朱熹讲学以轮流对话（dialogue）或会话（conversation）为基本方式"，他重视面对面的个别谈话或对话，并且留下了很多的语录；"由于禅宗和朱熹的影响，对话的学习方式从唐宋以后得到了充分的提倡，成为以后数百年主要的教学方式"③。通过对话来帮助学生理解经典这一古人的基本教学方法，特别值得现今的国学教育借鉴、继承。

第五节　不能刻意强调教学形式上的仿古

对于传统文化的继承，有抽象的继承和具体的继承。这里所谓抽象的继承④，是指注重继承传统经典中具有普遍意义的社会文化、伦理道德意涵，⑤ 比如对中华传统文化中的"传统美德"的继承，便属抽象的继承。这种抽象的继承是相对于具体的继承而言的。所谓具体的继承，指的是以传统文化的活动形式来继承传统文化。

继承传统文化，最关键的是作抽象的继承，或前文述及的贯彻强度继承原则时所强调的对传统文化的精神、价值的继承，"我们继承传统文化，根本之道在于继承其精神"⑥。而抽象的继承要取得应有的成效，在方式上应具有时代性，不能沿袭传统文化的展现或活动的方式、方法。但时下无论是体制内和体制外的学生读经，往往乐此不疲的是注重一些臆想或杜撰的"原汁原味"的仪式化形式，存在较为严重的"复古"倾向。在他们那里，为提高学生读经的记忆效果，要求学生言古言、行古礼、穿古服，要求学生读经时摇头晃脑；为达至所谓的孝

① 李弘祺．学以为己：传统中国的教育［M］．上海：华东师范大学出版社，2017：606.

② 李弘祺．学以为己：传统中国的教育［M］．上海：华东师范大学出版社，2017：607.

③ 李弘祺．学以为己：传统中国的教育［M］．上海：华东师范大学出版社，2017：605.

④ 抽象的继承法是20世纪50年代冯友兰提出的一个概念，其所谓抽象的继承法，探讨的是怎样继承传统文化。此处的抽象继承不是冯友兰意义的抽象的继承。

⑤ 任剑涛．当经成为经典：现代儒学的型变［M］．北京：社会科学文献出版社，2018：45.

⑥ 楼宇烈．中国文化的根本精神及其传承［J］．人民教育，2017（13）：19.

敬父母的知行统一的教育成效，便要求学生给父母下跪磕头。例如，某省一高中学校为了对学生进行感恩教育，要求“2 000 多名学生集体身穿校服、排列整齐与父母相对，在主持人‘深深感谢你给予我生命’、‘父母者，人之本也’等台词下，向父母三叩首”①。在一些人看来，似乎不如此，便不足以彰显传统文化的重要性和传统文化的价值，便无从实现继承传统文化的目的。可以说，这种注重具体继承的现象一定程度上与有的人的主张不无关联。例如，有人认为，“由于基本技艺和生活方式的改变，人们的服装、语言、发式、社团的标志应有相应的‘儒化’或‘华夏古制化’”;② 只有这样，才能产生儒化效益，才能更好地继承传统文化。但认为服装、语言、发式、社团标志、行为方式等外在仪式的改变或仿古就能产生儒化效应的主张是牵强的。

可以说，重视仪式教育的作用是儒家教育的一个传统。例如，在汉代的儒家私人教育那里，当老师去世时，弟子会尽可能准备好老师的丧礼、集体讨论老师的谥号、为老师守丧。东汉的经学大师郑玄去世时，就有一千多人参加了他的葬礼，其中大多数是他的学生。这样的师徒关系上的仪式实践，既表达了弟子师儒师的信念，也取得了显著的儒化效果，“汉代人认为只有切实奉行各种仪式与仪式化的行为，才能妥善治理社会与国家。在理想的世界里，这种高度形式化而且规范性的行为，反映了他们根深蒂固的信念，认为自然与人类秩序之间有相互感应的关系”③。而现今国学教育继承传统文化的仿古式的、具体的继承方式与汉代的师徒仪式的实践有着实质性的差异，且现今的具体的继承方式已没有汉代人的那种根深蒂固的文化信念，这决定了现今国学教育的具体的继承传统文化的外在仪式难以使学生儒化。

就国学教育继承传统文化的各种具体继承的方式，葛剑雄认为，“……所谓传统，应当看其内核的东西，比如一些基本的人伦、情理，这些是很难变的，至于孔子怎么拜，汉服怎么穿，孝顺父母要不要磕头，这些不重要，而形式都是跟着当前现实需要而变化的”④。其言下之意是，对传统文化的继承不应注重传统的形式，复古式的具体继承是不重要的，继承传统文化的方式应与时俱进，应随“当前现实需要”而变化。与葛剑雄一样，陈来、庞朴、陈明也认为复古式的具体继承对继承传统文化是不重要的。陈来指出：“现代人并不需要学习那么多古

---

① 廖瑾．河南一高中让两千余学生集体跪拜父母，专家：跪式感恩像作秀[EB/OL]．(2018-11-23)．http://www.sohu.com/a/277356468_260616.

② 任重，刘明．儒教重建：主张与回应［M］．北京：中国政法大学出版社，2012：173.

③ 李弘祺．学以为己：传统中国的教育［M］．上海：华东师范大学出版社，2017：477.

④ 葛剑雄．不能脱离现代来谈传统文化［N］．长江日报，2014-05-08（15）.

礼知识，古人如何站立起坐，如何行礼作揖，如何穿着冠带等。"① 庞朴指出："至于礼仪，孔子早就把礼和仪分开了。我们需要的是礼，是礼的实质。穿什么服装呀，用什么礼节和仪式呀，次要的，方便为宜，各随其便。无论是文化复兴，还是重建儒教，都应该有两个维度，一个是民族特色，一个是时代节奏。两个一定要并提，单提一个肯定会出问题。"② 陈明认为："……现在有些人把汉服看得过于重要，当成了旗帜，这是很不好的。衣服其实不太重要，孔子就说过他就不知道儒服是怎样的，入乡随俗。越武灵王提倡'胡服骑射'，这是很好的，文化本来就具有工具性，只要能帮助国家发展就好。"③ 这里，陈明所说的孔子不知道儒服是怎样的或不知儒服为何物是有出处的。"鲁哀公问孔子曰：'夫子之服，其儒服与?'孔子对曰：'丘少居鲁，衣逢掖之衣；长居宋，冠章甫之冠。丘闻之也，君子之学也博，其服也乡。丘不知儒服'"④。这表明孔子并不主张儒教有独立的制度，或者说，儒者的身份并不需要独立的制度和反映这种制度的外在仪式来体现。儒者所在意的是"学"的精神，儒者并没有也不需要特别的服装，而是提倡入乡随俗。⑤ 就此而言，现行的学生学习经典时的复古或仿古现象是一些人有违儒家思想主张的臆想的结果。国学教育要更好地发挥对传统文化的抽象的继承的作用，我们应祛除这种臆想，"要摒弃要求学生穿古代袍服、念《论语》要摇头晃脑等做法"⑥。

强调继承传统文化的具体的继承方式所暗含的逻辑是：既然学生读的是古代经典，那么，要取得一定的教学效果，教学方式就应是"原汁原味"的，就应采取复古的方式。但这种逻辑是难以成立的。"因为如今读经的学生，他们生活在当下的生活世界，而不是过去的生活世界；与过去相比，当下生活世界的精神价值、人的发展形态、生活方式、学习方式已经发生或正发生范式性转变。因而学生的学习、包括对古代经典的学习都只能从当下的生活世界出发，以当下的生活世界为基础和依托，并且是为了彰显当下和未来生活世界的意义的。简言之，当下学生读经的方式不应复古，而应合乎时代性"⑦。否则的话，就是不合时宜的。

---

① 陈来. 儒学美德论［M］. 北京：生活·读书·新知三联书店，2019：23－24.

② 任重，刘明. 儒教重建：主张与回应［M］. 北京：中国政法大学出版社，2012：147.

③ 任重，刘明. 儒教重建：主张与回应［M］. 北京：中国政法大学出版社，2012：167.

④ 李慧玲，吕友仁. 礼记［M］. 中州古籍出版社，2010.

⑤ 任重，刘明. 儒教重建：主张与回应［M］. 北京：中国政法大学出版社，2012：173.

⑥ 张广斌. 对中小学开展中华优秀传统文化教育的几点建议［EB/OL］.（2017－07－17）. http://www.fx361.com/page/2017/0717/4053424.shtml.

⑦ 吴全华. 中小学生读经与时代精神［J］. 广东教育（综合版），2010（3）：26.

牟宗三、方东美、杜维明、钱穆等港台新儒家对于传统文化的继承发挥了举世公认的重要作用，他们“……在花果飘零的特定背景下致力于儒家文化的灵根再植，为岌岌可危的儒家文化保存了一线生机而功不可没”①。但是，港台新儒家也有失误之处，“……他们借鉴西方哲学话语将儒家义理理性化的结果，是将儒学变成了哲学，变成了抽象的理论体系，变成了需要博士硕士经由导师辅导才能读懂的深奥学说，而不再是《中庸》所说的匹夫匹妇也能领会和践行的人伦之道”②。这也就是说，港台新儒家，特别是牟宗三、方东美、杜维明等因走高大上路线而使以儒家思想为主体的国学变得异常深刻，故而与现实生活相疏离。如果此言不谬，那么，与港台新儒家的异常深刻不同，如今大陆国学教育所致力的国学复兴，在有的人那里，一定程度上却失之肤浅，甚至滑稽。他们过于强调对传统文化作原汁原味的具体的继承，其结果是继承传统文化的国学教育活动像现今电视中热播的历史古装戏那样，尽管能给人一种时空穿越感，能频繁地引人注意、吸引眼球，但因其与现实过于疏离而只能被人们当作一种有其自身蒙太奇特点的一幕幕戏剧来消费，消费者既包括舞台上的演员——教国学的教师和学国学的学生，也包括舞台下的观众——国学教育的旁观者。他们所做的具体的继承，昭示的是他们继承传统文化的国学教育的教条化、形式化。

①② 赵法生. 当代儒学向何处去？[EB/OL].（2014－02－20）. https://www.aisixiang.com/data/72444.html.

第八章 国学教育的教师教育论

影响国学教育质量的因素是复杂、多样的，但关键是教师队伍素质。《纲要》指出，加强中华优秀传统文化教育必须正视和解决的一个困难是“教师队伍整体素质有待提升”。① 要提高教师队伍整体素质，包括师范院校在内的教师教育机构应加强师范生的国学素质的培养，广大大中小学、幼儿园也应努力提高在职教师的国学教育素养，以形成提高国学师资素质水平的前后衔接、连贯、完整的一体化国学师资教育体系，只有这样，才能不断提高国学师资的国学教育素质。而无论是教师职前培养、还是职后培训，要提高国学师资的素质水平，首先须明确的是国学师资应具有怎样的素质。本章以下先阐述国学师资所应具有的国学教育素质，然后再阐明教师职前培养和职后培训应如何提高国学师资的素质水平。

① 教育部. 完善中华优秀传统文化教育指导纲要[EB/OL]. http://www.gov.cn/xinwen/2014-04/01/content-2651154.htm.

第一节　国学教育对国学师资的素质要求

一、高度认同[①]国学教育的价值、意义的心理品质

相对于社会和家庭国学教育，学校国学教育无疑是复兴传统文化的主渠道。而学校国学教育要发挥复兴传统文化的主渠道作用，学校国学师资应成为国学教育的积极实践者，应成为自觉复兴中华传统文化的中坚力量，而这要求国学师资应在体认中华传统文化的基础上，具有高度认可、高度赞同国学意义、价值的心理品质，进而具有高度认可、高度赞同国学教育的意义、价值的心理品质。

论及国学在内的中华传统文化的意义、价值，徐复观曾指出，传统是由一群人创造，得到多数人的承认，受过长时间的考验，因而成为一般大众的文化生活内容；能够成为一个传统的东西，其本身即系一历史真理；例如，先秦儒家“经典”这一文化系统是“布帛粟菽”，我们应依靠它们恢复人的本性本味；我们要承认变中有常，人类始能在宇宙中历史中取得一个立足点；而常道之显露，总是超越历史性而永远与人以提示指示的；中国的经，不能说都是常道；但在人之所以为人的这一方面，确显示了常道，而可对自己的民族，永远在精神的流注贯通中，给我们以启发鼓励、提示、温暖。[②] 楼宇烈也持类似的看法，他认为：“传统文化是建设和发展现代文化的根基”，“继承与发扬其中的优秀部分，对于建设现代中国新文化和现代伦理价值观是极其重要和必不可少的”；“以孔子为代表的儒家学说，如经过科学的实事求是的分析与批判，扬弃其封建性的糟粕，那么还是有不少合理的因素可以为现代社会、现代人所借鉴，为现代文明的建设服务”。[③] 例如，“儒学中那些有关指导人生修养、提高精神生活、发扬道德价值、协调群己权界、整合天（自然）人关系等学说。我们如果能密切结合时代的问题和精神，把儒家这些学说中所蕴含的现代意义充分阐发出来，则必将大有益于

---

① 这里的认同为认可、赞同之意，因而高度认同即高度认可、高度赞同之意。

② 徐复观．青年与教育［M］．北京：九州出版社，2014：14－17．

③ 楼宇烈．发扬人文精神，重视自我修养：纪念孔子诞辰2550周年[EB/OL].(2022－12－06).https://www.aisixiang.com/data/138800.html.

当今社会的精神文明建设”①。以中华传统文化为内容的国学教育不仅能提高学生的人文素养、构建学生的精神家园、启迪学生的智慧、完善学生的人格，而且能增强学生对他人和社会的责任感，增进学生个体对人生与生活意义、价值和乐趣的认识，熏陶学生良好的审美情趣和对个人、国家和世界的美好情操，帮助学生养成积极健康的生活态度和生活方式；正因为如此，国学教育具有提高社会道德水平、振奋民族精神、实现国人民族文化认同、维护国家文化安全、建设文化中国、提高国家的文化竞争力、提升国家软实力等意义和价值。国学师资只有高度认同传统文化和国学教育的意义和价值，才会真诚、积极地致力于国学教育实践。

布雷钦卡认为教育目的在不同的主体间存在不一致现象，在同一主体内也存在不一致现象。就后者，他说：“我们有理由认为，教师拥有两个不同的主观的教育目的层次：一个是表达出来的（显性的）、遵从既定的规范和相关人士的期待的目的；一个是没有表达出来的（隐性的）、很少被反思却强烈地影响着日常的教育行动的目的。显性的教育目的常常只具有一种仪式性或‘公示性’，而对隐性的目的却少有表述和表现。‘教师的具体行动至少部分地与表述出来的教育目的相矛盾’。”② 由这种矛盾导致的结果是“……人们口头认可的教育目的，在现实中根本没有被落实，而实际追求的教育目的却不愿意公开承认。这是情感和行动上的不真诚”③。客观地说，当下国学师资在对待国学教育时，有的存在布雷钦卡在此所说的情感和行动上不真诚或不一致现象，但那些积极投身于国学教育实践、为国学教育做出贡献者，都是高度认同传统文化的意义、价值，进而高度认同国学教育的意义、价值的情感和行动的真诚者，而不是情感和行动上的不真诚者。而要做情感与行动上的真诚者，高度认同传统文化教育中的因材施教、长善救失、举一反三、述而且作、知通统类、外求博学、内省改过、立志慎独、自问反思、躬行践履、砥砺磨练、虚心涵养、居敬持志等教学原则主张和道德教育方法等思想是重要的，但更为重要的是应将中国传统文化作为一个整体来对待，从而高度认同这一整体特别是儒家思想这一整体对于解决当代乃至未来中国人和社会发展面临的问题所具有的积极的文化意涵。

---

① 楼宇烈.《财富之道儒家说》带你走进儒学　找到财富宝藏[EB/OL].(2023－01－19).http://www.aisixiang.com/data/140151.html.

② 布雷钦卡.教育目的、教育手段和教育成功：教育科学体系引论［M].彭正梅，译.上海：华东师范大学出版社，2008：149.

③ 布雷钦卡.教育目的、教育手段和教育成功：教育科学体系引论［M].彭正梅，译.上海：华东师范大学出版社，2008：145.

就目前而言，国学师资对中华传统文化、国学教育意义和价值的认同，要成为一种始终不变的定力、信念，除了国学师资自身能真切体认传统文化，从而具有高度认同传统文化的文化自觉、文化自信外，还有赖于克服由历史虚无主义而导致的不良舆论环境。

20 世纪初，在西方强权的入侵面前，特别是在其绝对的优势武装的屡屡得手面前，一些知识分子在陷入惊慌失措的情况下，崇拜西方文化，而对自己传统文化的基本价值、历史真理丧失了信心。这体现为 20 世纪初的新文化运动期间，一部分知识分子除了继续沿着“戊戌变法”的基本方向，主张引进西方的器物和有形制度外，还将矛头集中指向中华文化传统的精神层面。① 他们“探根溯源”“高屋建瓴”，以西方现代性文化批判中国传统文化，历数传统文化的毗陋，攻击中国传统文化的道德本位论、道德中心主义、道德教化，形成了脱古入今、否定传统文化的“一犬吠影，百犬吠声”的声势浩大的浪潮。② 经由一部分知识分子对传统文化的批判、攻讦，超越历史的，对我们以启发、鼓励、提示、温暖的常道与整个传统文化一道，被否定了。这相较于欧洲近代的反传统，有过之而无不及。之所以这样说，是因为“欧洲近代黎明期，只是反教会教皇，而并不反教义。这便不是反对宗教之本身。到了十七世纪，才流行‘理论神’，使新思想与教义调和，也没有把宗教一笔抹煞。所以真正说起来，欧洲近代的反传统，是有其自然底节制。但中国的经，并无一特定负荷之固定团体，与其他社会势力相对立；于是这一反，便直接反到经的本身，反到传统的根荄，等于连根拔起”③。可以说，“世界上找不出任何例子，像我们许多浅薄之徒，一无所知地自己抹煞自己的文化”④。因而，“到 20 世纪的第二个十年时，中国知识分子的主流将西方入侵者们的文化确认为是更高级的，西方的科学与不同颜色的民主是时代之神的化身，是可普遍化的真理，西方的先进技术和武装是‘放出闪光芒’的不可战胜的力量，而中国传统文化、文字、科技（比如医学）、特别是儒家文化是低级的甚至是不道德的，所以必须被‘打倒’。以各种方式尝试的‘全盘西化’成了时代的大潮流，儒家文化的主体部分和精英部分轰然倒塌”⑤，直至最终儒家文化被主流知识分子唾弃。在许多知识分子的心目中，儒家是封建、专制、黑暗的代名词、同义语，儒家是中国落后、不发达的总根源，而“民主、自由等西方

---

① 任重，刘明. 儒学复兴：继绝与再生［M］. 北京：中国政法大学出版社，2012：45.

② 任重，刘明. 儒学复兴：继绝与再生［M］. 北京：中国政法大学出版社，2012：202.

③ 徐复观. 青年与教育［M］. 北京：九州出版社，2014：11.

④ 徐复观. 青年与教育［M］. 北京：九州出版社，2014：16.

⑤ 任重，刘明. 儒学复兴：继绝与再生［M］. 北京：中国政法大学出版社，2012：57.

自由主义思想逐渐成为当代知识分子所普遍认同的‘共法’”①，以致包括儒家文化在内的传统文化成了如牟宗三所说的“国际游魂”，如列文森所说的成了“博物馆”中的陈列物。可以说，儒家文化等传统文化“……在主流社会中的最后毁灭或被严重摧残主要不是西方人直接操刀所致，而是假那些西方化了的中国知识分子之手”②。延续新文化运动的全盘性反传统文化的观念，20 世纪中期又掀起了一轮又一轮的向传统文化全面开战和与之决绝的摧毁传统文化的运动。这些运动“……获得城市知识分子等精英群体的全力协助，由此也形成了一个与传统完全断裂并且截然对立的思想观念体系，并通过强有力的宣传、教育体系传播到全社会”③。一如既往，今天，一部分持自由主义观念和立场的知识分子在对待民族传统文化的态度上，整体上仍然显得幼稚和浅薄。他们或明或暗地扮演着反传统文化的角色，不同程度地攻讦传统文化和国学教育。对于古今中外文化，在他们当中的有着激进的自由主义倾向者那里，最受奚落、贬斥的是中国传统文化。整体来看，对传统文化的否定已积淀为一部分国人的深层次的文化心理，已成为一部分国人的一种集体无意识，并且“这种文化心理最显眼地表现在我们这个国度里那些受过高等教育的知识分子身上”④，他们当中“还有相当多数的人对国学没有客观的认同和明晰的认识”⑤。

在以往各种形式的文化革命的知识分子阵营中，许多反传统文化者是教师，并且他们很多是教师中的“佼佼者”、教师中的“名师”。与过去一样，如今诋诟、反对复兴传统文化者，也有一些是教师，其中有的是声调和名望皆较高且学术大权在握、有着激进的自由主义倾向的教师。这说明如今传统文化要真正复兴，解铃还须系铃人，“还取决于这个社会的精英分子对它的接受”⑥。也就是说，传统文化的真正复兴取决于包括教师在内的知识分子能够克服自己的幼稚和浅薄，能够真切体认，进而认同包括儒家文化在内的传统文化对于中华民族的意义，并能自觉地将复兴传统文化作为自己不可推卸的责任；“我们假使不是民族精神的自略狂，则作为一个中国人，总应该承认自己有文化，总应该珍重自己的文化”⑦。现今的激进的自由主义者之所以否定传统文化，是因为他们对传统文

---

① 任重，刘明．儒学复兴：继绝与再生［M］．北京：中国政法大学出版社，2012：243.
② 任重，刘明．儒学复兴：继绝与再生［M］．北京：中国政法大学出版社，2012：57－58.
③ 任重，刘明．儒学复兴：继绝与再生［M］．北京：中国政法大学出版社，2012：20.
④ 任重，刘明．儒学复兴：继绝与再生［M］．北京：中国政法大学出版社，2012：83.
⑤ 李娇龙．中小学国学教育开展的现状［J］．中小学教材教学，2018（5）：44.
⑥ 任重，刘明．儒学复兴：继绝与再生［M］．北京：中国政法大学出版社，2012：41.
⑦ 徐复观．青年与教育［M］．北京：九州出版社，2014：16.

化作外在而直接的情绪性反对。如果他们能真正进入中国传统文化的内部，依照传统文化本身的逻辑来把握它，对包含多重内涵的文化传统作具体的辨析，使之呈现逻辑的清晰性，那么，他们就可能不会一味地拥抱西方而抛弃自家的“无尽藏”，他们就可能会“回心转意”，就可能会体认传统文化资源的价值所在，进而可能会支持复兴传统文化的国学教育。这样，国学教育的发展就有了良好的舆论环境，国学师资对国学教育的认同就会更坚定，国学教育的发展就会更加顺遂。客观地说，他们对中国传统文化的牢固观念决定了要他们“回心转意”并非易事。但如果他们能不情绪性地动辄以敌视的态度对待传统文化和反对国学教育，就是国学教育和复兴传统文化的福音了。以此为前提，仰仗已然觉悟、高度认同传统文化和国学教育的价值、意义和具有国学教育的其他素养的国学师资，我们也完全可以期待国学教育目标的实现和传统文化的复兴。

二、知行合一、多行身教的实践智慧

古今中外，成年人一般都被视为未成年人的道德权威。但成年人的道德权威主要是通过身教而非言教确立的。就家庭教育而言，我们说家风重要，一定意义上强调的是作为成年人的家长在道德上的身体力行重要。国学教育的直接和首要目标在于培养学生的良好道德品质、启迪学生的智慧、完善学生的人格。而要使学生能更好地立德、成人，教师的身教比言教更为重要；教师作为学生的道德权威，尽管应行言教，但更应多行身教。

多行身教与儒家立德、成人的方式具有高度的一致性，是儒家的本质要求。儒家文化主张知行合一，知中有行，行中有知，知是基础。因为儒学是实践智慧，而“在儒家的立场上，实践智慧是伦理德性，也是道德知识，故实践智慧必须包含着知行合一的方面”；“知行合一”或内化于心与外化于行两者相统一是儒家思想最核心的特征。但是，儒学的实践智慧以外化于行或实践为重点。因为“儒学根本上是做人之学”，“儒家的实践智慧……毫不犹豫地强调道德的善是人类实践的根本目标，重视人的精神修养和功夫实践”。儒家所展开的实践智慧主要的指向是修身、“做人”或“成人”，“所以儒家的实践智慧包含着人的自我转化与修养功夫，追求养成健全的人格；”即儒家强调实践智慧必须化为实践的行动，任何时候它都离不开主体实践而外求；例如，“在思辨与实践之间，孔子已经明白表现出了偏重，即重视实践而不重视思辨”①。这正如梁启超所言：“《论语》之最大价值，在教人以人格的修养。修养人格绝非徒恃记诵或考证，最要是

---

① 陈来. 儒学美德论［M］. 北京：生活·读书·新知三联书店，2019：333－351.

身体力行，使古人所教变成我所自得。”① 这种注重身体力行的基本性格在孟子那里即“尽心”。孟子所谓尽心，主张把心的道德主体与客观结合在一起，使心德实现于客观世界中，而不是停留在“观想”“观念”的世界中，即“孟子的尽心，必落到践形上面。能践形才能尽心。践形，乃是把各官能所潜伏的能力（天性）彻底发挥出来；以期在客观事物中，有所作为，有所建构，否则无所践形”；“这不仅与普通宗教之空谈天国，根本不同；即与后来禅宗‘明心’而不‘践形’，有本质上的分别”②。就整个儒家思想而言，也是如此，即更加注重实践。这正如梁漱溟所说：“儒家之为学也，要在亲切体认人类生命之极高可能性而精思力践之，以求践形尽性”；“儒家期于成己，亦以成物，亦即后世俗语所谓做人”③；“古书中被看作哲学的那些话，正是古人从其反躬内向的一种实践活动而来”④。正如方东美所说：“说到道德，我们是不尚说教的，我们是以身教作为榜样，让人们自动效法。”⑤ 也正如徐复观所说：“中国的义理，与西方哲学不同，在其实践底基本性格。”⑥ 所以，如果国学师资能做到知行合一，并更加注重身体力行，注重身教，便是对儒家文化的最好的实践，同时，也是实现国学教育目标的最为有效的途径。而国学师资要能做到知行合一、注重身教，要求国学师资应是真诚的儒行者，应成为践行儒术的志士仁人或仁德的追求者、积极实践者，应成为学生的道德榜样。如果国学师资只是坐而论道，只是一味地说教，而不起而行之，那么，国学教育必然不能成为“成德之教”（牟宗三语），立德树人的目标必然会大打折扣；反之，如果国学师资要求学生行仁义礼智信、温良恭俭让，而同时自己首先是仁义礼智信、温良恭俭让的实践者，国学教育将会产生显著的成人之效；换言之，国学师资“如果能够知行合一，主张什么，便实践什么，即使不会立竿见影，也会慢慢产生显著的效果”⑦。

国学师资要成为仁德的追求者、积极践履者，首先要求国学师资能致力于

---

① 梁启超. 国学小史［M］. 北京：商务印书馆，2014：440.

② 徐复观. 青年与教育［M］. 北京：九州出版社，2014：166－167.

③ 中国文化书院学术委员会. 梁漱溟全集：第七卷［M］. 济南：山东人民出版社，1993：498.

④ 中国文化书院学术委员会. 梁漱溟全集：第七卷［M］. 济南：山东人民出版社，1993：756.

⑤ 蒋国保，周亚洲. 生命理想与文化类型：方东美新儒学论著辑要［M］. 北京：中国广播电视出版社，1993：359.

⑥ 徐复观. 青年与教育［M］. 北京：九州出版社，2014：17.

⑦ 黄体军. 儒学复兴的忧思［N/OL］. 齐鲁晚报，2016－08－07. https://epaper.qlwb.com.cn/qlwb/content/20160807/ArticelA09002FM.htm.

"化理论为德性"。这里的"化理论为德性"之"理论"具有"理想"的意义，"化理论为德性"之"德性"即道德品质之意。[①] 因而"化理论为德性"一定程度上为"化理想为德性""化理想为现实"之意，它"不是指向理论的建构，而是指向道德的修身实践"[②]，指向理论要求的"身体力行"；"把理论上的原则贯彻到自己的行为中"[③] 是"化理论为德性"的首要要求，这一首要要求具体体现为心口如一、言行一致、真诚力行、刻苦磨炼。而理论上的原则能够得以贯彻的前提是理论或理想必须被确信而成为信念，"由此才能彻至行动并化为德性"；"换言之，理论要化为德性，必须对人具有道德权威的意义，理想没有道德权威，不能被信仰，就缺少了化为德性的基本条件"[④]。就国学师资成为仁德的追求者、践履者而言，也是如此，也要求其"化理论为德性"，要求国学师资能将儒家经典确信为道德权威文本，将其中的仁德要求转化为自身的信念，进而将其作为人生理想。就这里强调的"化理论为德性"，我们须回到原始儒家孔子那里。孔子曾说"为仁由己"。孔子在此所讲的"由己"既是指将仁德设定为自己的信念、理想、人生目标，也是指设定仁德这一人生信念、理想、目标后，由自己选择实现仁德目的的途径、方法，只有这样，才可能实现"我欲仁，斯仁至矣"的心想事成的状态。所以国学师资要"化理论为德性"，应确立修身立德乃至立高德的人生志向、信念、理想，在此基础上，成为仁德的追求者、践履者。

其次要求国学师资能成为道德自律者。国学师资要成为知行合一、注重身教的学生道德成长的真正的示范者，应成为不"束身寡过"的合格的道德自律者，而不应是"乡原"。所谓"乡原"或"'乡愿'即遵从习俗并装出一副有道德外貌的人"[⑤]，或者说"虽然他似乎遵从儒家的规范而行动，其实却完全不是自觉地从事道德实践，而只是一味地顺从惯例。孔子把这种人称之为'德之贼'，因为自我修养、使自己和礼一致的自觉努力这些可贵的方面在'乡愿'身上荡然无存"[⑥]。就此而论，国学师资要成为仁德的追求者、积极实践者，国学师资不应是"乡愿"，或不应成为孔子所说的"德之贼"，而应成为自律的道德实践者、

---

① 陈来. 儒学美德论［M］. 北京：生活·读书·新知三联书店，2019：522.

② 陈来. 儒学美德论［M］. 北京：生活·读书·新知三联书店，2019：333－351.

③ 陈来. 儒学美德论［M］. 北京：生活·读书·新知三联书店，2019：530.

④ 陈来. 儒学美德论［M］. 北京：生活·读书·新知三联书店，2019：536.

⑤ 岳华. 儒家传统的现代转化：杜维明新儒学论著辑要［M］. 北京：中国广播电视出版社，1992：414.

⑥ 岳华. 儒家传统的现代转化：杜维明新儒学论著辑要［M］. 北京：中国广播电视出版社，1992：406.

真正的儒者，成为立基于“真我”体悟的真实的人（anthentic person）。[①] 因为“如何作一个儒者即等于如何作一个真实和完整的人。只有在人性的本质层，引发自觉的真义才是儒家体验之学的灵魂。如果没有儒家的灵魂，即使循规蹈矩地服从道德的制约，最多也不过作个乡愿型的迂儒罢了”[②]。不作“乡愿”型的迂儒，而具有自觉的真义、儒家的灵魂，这对作为学生道德成长的道德示范者的国学师资的道德要求是很高的，即他不应作小人儒，而应作君子儒，或不应作俗儒、贱儒，而应作雅儒、大儒，他应“有超越的本体感受但不神化天命，有内在的道德觉悟但不夸张自我，有广泛的淑世悲愿但不依附政权，有高远的历史使命但不自居仁圣”[③]。这意味着，作为儒家思想的继承者、学生仁德的示范者，对自身的仁德应有高要求，应意识到儒家思想“……对儒者要求躬行实践的强度和广度，并不亚于诸如犹太教、基督教、伊斯兰教、佛教或印度教等精神传统对其信徒的要求”[④]。而国学师资要成为道德自律的君子儒，应借镜儒家修身养性、涵养德性的方式。中国传统文化的儒、释、道三家都有着丰富的伦理思想。其中儒家伦理文化“在教人如何进德达善、修身自律方面提出了一系列富有积极意义的思想。孔子极为重视道德修养方法的探究，提出了学、思、行三种主要的道德修养方法。孟子提出了‘存心’‘养气’‘寡欲’和‘反躬内求’等修养方法。荀子提出了‘以心知道’‘善假于物’和‘锲而不舍’的修养方法。《大学》提出了‘格物’‘致知’‘正心’‘诚意’的修养路径。宋明理学家则又创立了‘居敬穷理’‘自存本心’和‘省察克治’的修养方法”。儒家的道德修养的方法“计有博学、慎思、审问、明辨、笃志、力行、格物、致知、止心、诚意、自省、自讼、格心、自治、反身求诚、见贤思齐、闻过即改、存心养性、养浩然之气等等”[⑤]。我们可从儒家的这些修身养性、涵养德性中汲取智慧，以“正本”、“慎独”、“谨小”、内省改过、自问反思、调适情绪、躬行践履、砥砺磨炼、变化气质为修身方法，通过这些方法，化“理论”为德性，提高道德修养水平，成为道德的自律者和躬行

① 岳华. 儒家传统的现代转化：杜维明新儒学论著辑要［M］. 北京：中国广播电视出版社，1992：537.

② 岳华. 儒家传统的现代转化：杜维明新儒学论著辑要［M］. 北京：中国广播电视出版社，1992：30.

③ 岳华. 儒家传统的现代转化：杜维明新儒学论著辑要［M］. 北京：中国广播电视出版社，1992：434.

④ 岳华. 儒家传统的现代转化：杜维明新儒学论著辑要［M］. 北京：中国广播电视出版社，1992：523.

⑤ 韩东屏. 论道德修养［J］. 中州学刊，2015（10）：88－93.

者。这方面，我们应以儒家荀子为榜样，因为儒家经典的学习可以说就是从荀子那里开始的，“荀子或许可以说是中国思想史上第一个思考并系统地演绎所谓‘经典’观念的人”，而荀子演绎儒家经典的方式即以身教影响其弟子。① 要求全体国学师资都成为具有如荀子等大儒般灵魂的道德示范者是不现实的，但至少国学师资应有司马迁所说的“高山仰止，景行而止，虽不能至，心向往之”的志向，具有成为大儒般灵魂的抱负，并实际地为此而努力奋斗。

三、较丰富的国学知识和较强的国学教学能力

时下，国学师资的国学教学素质与实现国学教育目标之间的差距较大。这体现为国学师资难以有效地引导学生理解国学经典、难以胜任国学教学的现象较为普遍。例如，“受多种因素的影响，大多数中小学教师的中华优秀传统文化知识有限，他们对中华优秀传统文化的认同不够、施教能力不强”②。有的中小学的国学师资对国学经典一知半解、望文生义，甚至“目前一些国学课的老师们坦言他们对于传统文化的认知实际上和学生们处在同一层次”③。中小学如此，大学也不例外，国学师资匮乏和素质不高是目前各大学的普遍现象。例如，李学如通过调查安徽省本科院校，“发现开设传统文化课程的学校，授课教师几乎 90% 以上为历史或中文教师所兼任，专任教师很少。这些兼任教师讲传统文化只是‘副业’，平时在自己的专业领域里耕耘，对传统文化不做专门化深入研究，专业知识储备不够充分，教学质量难以保证。尤其是理工科类院校，从事传统文化课教学的专职教师数量更少，基本上集中在少数文科院系或马克思主义学院。毋庸置疑，师资力量薄弱已经成为制约传统文化课程建设的瓶颈性因素之一”④。国学师资的国学素质的这种状况严重制约着国学教育质量的提高。因而，为提高国学教育质量，国学师资应不断提高自身的国学教学素质。

首先，国学师资应勤于学习国学经典，掌握较为丰富的国学知识。

教师职业是一种专业。教师职业作为专业，教师的知识结构应是完整的。否则的话，教师职业就不能被称为专业。教师具有完整的知识结构意味着教师既应

---

① 李弘祺. 学以为己：传统中国的教育［M］. 上海：华东师范大学出版社，2017：318.

② 方中雄. 从国家文化战略布局出发思考中华优秀传统文化教育［J］. 中小学管理，2017（8）：31－34.

③ 余敦康，成中英，牟钟鉴，等. 关于在中小学专门设立中华经典课程的呼吁书［EB/OL］.（2014－04－14）. https://www.aisixiang.com/data/73930.html.

④ 李学如. 高校传统文化课程实施：困境与解困——以安徽省本科院校为考察中心［J］. 现代教育论丛，2019（3）：31.

掌握本体性知识、文化知识，也应掌握条件性知识、实践知识。所谓本体性知识是指教师所具有的特定学科专业知识；所谓文化知识即教师所具有的超出其所教授的特定学科专业知识的知识；所谓条件性知识即教师所掌握的教育类知识，如教育学、心理学、教材教法知识；所谓实践知识即“教师为完成教学任务，实现教育目的，在教育教学过程中所形成的课堂情境性知识，以及知识传授、能力培养等方面的方法论知识”①。要实现一定的教学目标，或者说教学要有应有的质量，教师的知识结构应是这四者的综合。就国学教育而言，国学师资的知识结构也应是完整的，他们也应掌握教授国学的本体性知识、文化知识、条件性知识和实践知识。而实现国学教学目标，前提是国学师资应加强学习作为文化知识和本体性知识的国学知识。国学师资可分为国学非专任教师和国学专任教师。就国学非专任教师而言，国学知识属于他们的知识结构中的文化知识，相较于国学专任教师，他们的国学知识的掌握相对薄弱，因而需要加强对国学知识的学习和掌握。就国学专任教师而言，国学知识是他们的本体性知识，因而相对于国学非专任教师而言，他们的国学知识较为丰富，但要充分实现国学教学目标，也应加强对国学知识的学习和掌握。这是因为一方面，“国学是一个非常广博、深厚、完整的学术领域，其知识的宽度和深度都具有极大的挑战性。涉及的学科领域广，对教师的素质要求高”②；另一方面，“对待古代经典的学习和传承，必须持严谨的态度，要广为阅读，多方求证，认真探索其精神实质，不能简单像对待演义小说那样去对经典做演义”，要以负责的态度来传承传统文化、传承国学，“不能做误导，要对古人负责，对经典负责；要对后人负责，对学习对象负责。要有‘如临深渊，如履薄冰’的严谨态度，方能识其真谛，接近原意”③。加强国学知识的学习、掌握较为丰富的国学知识不仅是国学师资教授国学时把握国学的“精神实质”“接近原意”“对经典负责”的前提，而且是国学师资教授国学时能深入浅出的前提。教师对知识内容的讲解可划分为两种水平：一是深入浅出，二是浅入浅出。教师对知识内容的讲解能做到深入浅出，反映了这位教师有较高的学养、学识水平和教学能力；而教师对知识内容的讲解只是停留于浅入浅出的水平，至少说明其学养和学识水平较低。不仅如此，两者的教学效果迥异。深入浅出的教学效果明显优于浅入浅出的教学效果。深入浅出，不仅能使学生深刻地理

---

① 张爱群. 试论师范生知识结构的建构［J］. 安徽师范大学学报（人文社会科学版），2002（3）：369.

② 黄贤忠. 当前大学生对国学教育的认知和需求：以某高校调查数据为例［J］. 重庆文理学院学报（社会科学版），2018，37（5）：74.

③ 黄济. 再谈如何看待“国学热”［J］. 中国教育学刊，2008（1）：25.

解所学知识，既使学生能知其然，也能知其所以然，而且可拓展学生的知识；而浅入浅出往往使学生对其需掌握的知识处于知其然而不知其所以然的状态，也难以拓展学生的知识。所以，无论是专任国学师资，还是非专任国学师资，国学知识掌握得越多越好，越深入越好。就国学师资掌握丰富的国学知识的重要性，钱穆曾说："教材程度当有限量，教师程度则可无限量。教师于该项学问（国学——笔者注）深入，则听受者愈得益。深入可以浅出。"① 这也就是说，教师掌握的国学知识越为丰富、掌握的程度越高，其国学教学就越能做到深入浅出，其国学教育的效果就会越好，学生获益就会越多。

其次，国学师资应具有较强的国学教学能力。

要提高国学教学质量，国学师资应在深入钻研国学经典、掌握丰富的国学知识的基础上，提高引导学生理解、掌握国学经典的教学能力。国学师资引导学生理解、掌握国学经典的教学能力主要包括以下几方面：

（1）具有用教材教的能力。教材只是学生成长、进步的媒介、阶梯之一。如果教师只是教教材或只是"抓米下锅"，必然限制学生的发展。因而要提高教学质量，教师不能只是教教材；除了教教材外，还应能开发新的国学课程资源或能"找米下锅"。就国学教学而言，更应如此。我国是五千年或七千年文明古国，传统文化十分丰富，不好说可作为国学课程资源的传统文化是无限的，但它一定是巨量的，因而国学师资无论依照何种国学教材进行国学教学，课程资源都是十分有限的。为了促进学生对国学经典的认识和理解，国学师资在教国学教材外，应能对国学教材中的课程资源作相应的整合、补充。这就要求国学师资应具有开发国学课程资源、规划国学课程的能力。例如，国学师资应具有研制编写国学校本教材的能力。这正如孙鹏野所说："教材是基础课程学习的参考依据，也是学生要学习的主要内容，作为传统文化教师，扎实掌握大纲的要求和教材的内容，是课程顺利实施最根本的保障。除此之外，传统文化专业教师不仅要具有对国家已有教材的掌控能力，还需要具有结合本地本校实际情况研制编写传统文化校本教材的能力。"②

（2）具有较强的国学课堂教学能力和指导学生进行课后国学学习的能力。这里所谓国学课堂教学的能力，指的是国学师资能依据不同的国学教学内容、任务和不同的授课对象、不同的教学情境，自主地进行教学设计，选择合理的教学

---

① 钱穆. 文化与教育：新校本［M］. 北京：九州出版社，2011：288.

② 孙鹏野. 工欲善其事，必先利其器：谈传统文化教育专业师资培养［J］. 高考，2018（3）：197.

策略与方法；所谓指导学生进行国学课后学习活动的能力，指的是国学师资能指导学生课后的经典阅读和国学社团活动，即国学师资应具有对学生课后国学活动的策划、组织、实施、总结的能力，使学生能“身临其境地感受传统文化的魅力，巩固学生课堂所学知识，增加学生的社会体验和个人生活经验”①。

（3）具有国学教学的创造能力。这里所谓的国学教学创造能力，是指在国学教学的过程中，国学师资“在现代教育理论的指导下，创造性地解读国学的课程文本、创立课程体系、创新教学方法、创建教学模式，以形成良好国学教学效果的能力”；“作为一名国学教师，不仅能够正确解读国学的课程文本，更应该具有较强的教学创新与创造能力”；“国学教师只有具备了国学教学创造力，其国学教育才能由自发走向自觉，从而提升国学教育的品位”②。在种种国学师资所应具有国学教学的创造能力中，国学师资能够创造性地解读国学课程文本或对传统文化做出新的解释、创造性转换的能力是最为基本的，因而是最为重要的。所谓对传统文化做出创造性转换的能力，即能将在历史上具有重要价值、发挥了重要作用的经典解释为在当今也具有重要价值和意义的创造能力。国学师资对传统文化作创造性转换的能力，不仅具有必要性，而且具有可能性。就必要性而言，经典之所以成为经典，在于它经久不衰、历久弥新，它总是内含和传达对人类亘古长存的本性、价值、未来道路的思考，它“提供了传统与当代、世界与民族进行对话创造的丰富资源”③，因而，它具有开示真理和警醒、启发后人的作用。但经典的这种开示、警醒、启发作用的实现，取决于后人对经典的创造性转化。只有通过创造性转化，才能创生传统文化的时代意义，进而经典才能古为今用。因为经典表达的是过去人们对人生和社会问题的关切和价值倡导。从国学师资创造性转化经典意义的可能性来说，“任何作品或学说都不是仅有一种‘客观意义’，不同时代，不同国度的不同读者完全可以从同一文本中获得不同的启示，完全可以对同一文本做出相对合理的不同解释。在这种情况下，阐释者的解说就不仅仅是一种‘理解’，而且更是一种‘创造’”④。这也就是说，作品或经典意义的开放性，为读者包括国学师资创生经典的意义提供了可能性。对于如何创造性转化经典的意义，葛剑雄对孝道的创造性解释具一定的借鉴意义。他说：

---

① 孙鹏野. 工欲善其事，必先利其器：谈传统文化教育专业师资培养［J］. 高考，2018（3）：197.

② 谢文庆. 基于教学创造力的国学师资培养研究［J］. 教师教育学报，2019，6（2）：41.

③ 余三定，郭晓鸿，王巍. 经典阅读的意义与方法：《北京大学研究生学志》《云梦学刊》座谈会发言选登[EB/OL].(2013－12－19).https://www.aisixiang.com/data/70618.html.

④ 陈漱渝. 如此“儒学热”能解决现实问题吗？［J］. 哲学研究，1995（5）：4.

> 以孝道为例来说，古代人说“不孝有三、无后为大”，讲究传宗接代，这是没错的，当时人的生育能力低，自然死亡率也高，所以是有它现实意义的。这一套现在怎么继承呢？现在你看上海，还有西方发达国家的城市，很多女孩子都不愿生孩子了，生养成本太高，等等，如果都这样了，我们的民族怎么繁衍，国家怎么发展？所以现在我们对孝要有个新的解释，包括承担社会责任，还不是仅仅从个人出发，所以要提倡适度的生育，有条件的还可以生两个，这恰恰符合新的“孝道”，不仅是对父母，也是对社会的责任。如果是这样的话，传统文化就有它的现代魅力。如果只是讲“传统美德”就是尊老爱幼，那么全世界谁不是尊老爱幼？我刚才对传统孝道的解释，这才是转换。①

葛剑雄在此将生儿育女在传统上只被视为尽孝道解释为在现今社会是尽孝道与承担社会责任的统一。这种“旧瓶装新酒”式的解释赋予了生儿育女新的道德内涵。客观地说，在短时间内，每位教师都有如葛剑雄这样的对传统文化价值做新的阐释的能力是不可能的。但每位教师至少应具有对传统经典做出创造性的阐释的意识，并努力尝试创造性地解释传统经典。这种尝试要求教师不仅应掌握较为丰富的国学知识，而且应全面、准确地把握时代精神。在此基础上，以时代精神观照、解释传统文化，以致传统文化能复活于当下乃至未来。

（4）具有引导学生超功利学习国学的能力。国学教育属提高人的智慧水平的超功利的人文教育，因而国学师资应具有引导学生超功利地学习国学的能力。现今，无论是中小学生、还是大学生，课程知识学习的功利取向都较为严重，甚至有的学生对待学习只有功利取向。这导致学生在修读国学课程这样的人文课程时，也将其功利化。为了克服这种现象，需要国学师资具有从人文教育的高度，引导学生体认传统文化的精神力量，将传统文化、国学原典所蕴含的人格、精神化为学生生命力量的能力，或者说应具有经由国学教学开启学生“生命的力量”的能力，从而使国学教学过程成为用传统文化中的仁义礼智信等德目熏陶学生美德和塑造学生正确的人生观、价值观的过程。

以上阐述的国学师资与国学教育相匹配的三方面素质是互相联系、互相影响、互相支撑、互相促进的有机整体。这一有机整体既是实现国学教育目标的手段，也是国学师资的人生意义的充盈和自我价值的实现，因而是目的性与手段性的统一，是国学师资的职前培养和职后培训的核心目标。

---

① 葛剑雄．不能脱离现代来谈传统文化［N］．长江日报，2014－05－08（15）．

第二节　国学师资队伍建设与教师教育

目前，我国国学师资队伍建设不容乐观。这体现为，一是国学师资偏少，具有中华传统文化积淀的教师稀缺。虽经多年努力，国学师资规模扩大了不少，但缺额仍很大。即使自2018年开始，在高校陆续增设"国学"本科专业的情况下，国学师资缺口仍达百万之巨。二是素质普遍不高。这体现为国学师资难以胜任国学教学，难以有效地引导学生理解经典，更缺乏对传统文化的创生能力。国学师资素质不高的现象，正如侯立兵所言："前几年，国内有的出版社引入了台湾版的国学教材在大陆试用，在使用过程中出现了一些水土不服的问题，推广的效果似乎也不尽如人意。例如，从2013年开始，经过修订的台湾版《中华文化基础教材》引入大陆，原来计划在30所学校率先推广使用，结果在推广范围和效果两方面均不尽如人意"，而"台湾版《中华文化基础教材》引入大陆之后之所以推行效果不佳，一个至关重要的因素就是师资问题。2013年《人民政协报》曾以《台湾国学教材进入大陆遇尴尬》为题对此专门进行深度报道，试点学校北京四中、郑州五中等一线语文教师都坦陈：对于四书五经这些国学经典自己以前所受的教育都只停留在文学常识方面，而对于其内容和意义缺乏系统深入的理解，因此教学难度很大"①。

这些现象说明，加强国学师资队伍建设，解决国学师资不足特别是素质偏低的问题，已迫在眉睫。而成就国学师资的合格素质，离不开国学师资的培养、培训。国学师资的培养、培训通过为国学教育的普及输送合格师资和提高在职国学师资的素质而成为发展国学教育的关键。国学师资的培养、培训不仅有利于提高师范生或未来教师和在职教师的国学底蕴，而且有利于提高他们的道德修养和他们的国学教育教学能力。

一、国学师资队伍建设与国学师资的职前培养

目前，我国教师的职前培养体制已由以往的师范教育转型为教师教育。因而，为解决国学教育师资素质偏低的问题，凡教师教育机构都应重视对国学教育师资的职前培养。但在教师教育体制中，师范院校是教师职前培养的主渠道，因而师范院校在国学师资的职前培养上应发挥主渠道作用。在笔者看来，师范院校

---

① 侯立兵. 国学教育与中小学教育改革［J］. 广东第二师范学院学报，2018，38（6）：4.

要发挥在国学师资培养上的主渠道作用，有必要采取以下措施。

（一）创建有利于国学师资培养的良好环境条件和加强国学师资队伍建设

1. 创建有利于国学师资培养的良好环境条件

第一，应将儒学设置为大学的一级学科。中国传统文化从其成分构成来看是复杂、多样的，但如牟宗三所言："儒家是中国文化的主流，中国文化是以儒家作主的一个生命方向和形态"①；也如方东美所言："中国思想中，主要是儒家指导中国人的生活。"② 这体现为"直到19世纪三四十年代中国与西方发生直接冲突时，中国的文化结构，是儒学传统在政治、经济、民间习俗和精英文化中占据主导地位"③；"从总体而论，中国文化的主流、主干、主导、主体就是儒家文化"；"儒家文化的这种地位是历史形成的，也是维系中华民族的精神生命和意义世界完整统一的必要条件，从而支撑着中华民族不断地靠拢积聚，从而抟成一个庞大的令人自豪的民族，且一直延续到今天"④。所以，尽管中国传统文化复杂、多样，但儒家文化的地位和作用，决定了儒家文化是中国传统文化的主体、根干。为提高国学在教师职前培养中的地位，在学科建设上，师范院校应积极争取将作为国学主体、根干的儒学设置为师范院校的一级学科。这一是因为我国"在现代高等教育学科体系里没有一个一级学科能与儒学相对应或涵盖儒学，因而设立儒学为一级学科势在必行"。将儒学设立为一级学科既是中国人在当代教育领域文化自觉与自信的见证，也是"传""守""进""新"的客观保证。⑤ 二是因为把儒学引入现行师范院校的教育体系，并将其设立为一级学科，能吸引以儒学研究和教学为专业的优秀人才，从而能源源不断地培养和输出合格的国学师资，使国学教育和国学发展事业后继有人。

第二，应组建国学研究院。除上文论及的中国人民大学、北京大学、清华大学、厦门大学等高校设立或复建国学研究院外，还有一些大学也相继创办国学教育与研究机构，如兰州大学的敦煌学研究所、湖南大学岳麓书院国学研究基地、

---

① 郑家栋. 道德理想主义的重建：牟宗三新儒学论著辑要［M］. 北京：中国广播电视出版社，1993：28.

② 蒋国保，周亚洲. 生命理想与文化类型：方东美新儒学论著辑要［M］. 北京：中国广播电视出版社，1993：268.

③ 任重，刘明. 儒学复兴：继绝与再生［M］. 北京：中国政法大学出版社，2012：42.

④ 任重，刘明. 儒学复兴：继绝与再生［M］. 北京：中国政法大学出版社，2012：107.

⑤ 黄体军. 儒学复兴的忧思[N/OL]. 齐鲁晚报,2016－08－07. https://epaper.qlwb.com.cn/qlwb/content/20160807/ArticelA09002FM.htm.

安徽大学中国传统文化研究院以及首都师范大学国学传播中心等。[①] 这些大学的国学教育、研究机构或国学学院，从理论和实践两个方面共同推进了大学国学教育的复兴，因而值得师范院校学习和借鉴。例如，师范院校的教育学院或教育科学学院、教育学部、教师教育部可与中文学院或文学院、历史学院、哲学学院合办国学教育专业，组建国学学院。

第三，师范院校应研究并确立国学师资培养目标和教学目标，制定国学教学大纲。当前，虽然师范院校较以往更重视国学教育，但大多数尚无明确的国学师资培养目标、国学教学目标和国学教学大纲。因而为提高国学教育质量，师范院校应尽快厘订国学师资培养目标、国学教学目标、国学教学大纲，把国学教育纳入学校整体人才培养规划、教学计划，以统筹学校的国学教学。

第四，学校应创造条件，从经费上扶持国学教学。例如，为扶持国学教学，学校在经费上除了争取国家财政经费的支持外，还应争取社会赞助。

第五，学校应发挥自身的人才优势，丰富国学教学资源，加强国学学术研究，创办出有影响力的国学学术刊物，[②] 从而为教师和学生研究、学习国学和国学教学提供平台支撑。

2. 多种方式并举，加强国学师资队伍建设

高水平的师资力量是提高师范院校国学教学质量的基本前提。但现今的国学师资水平不高是制约我国师范院校国学教育发展的瓶颈。为提高国学教学质量，从而为社会培养素质合格的国学师资，师范院校应多种方式并举，着力解决其自身的国学师资素质不高的问题。

首先，应招聘国学专业毕业生，加强和充实国学师资。目前，武汉大学、中国人民大学、复旦大学、南昌大学、郑州大学、深圳大学等高校的国学院已形成本科、硕士、博士的国学教育系统。师范院校应积极、主动招聘这些大学的本科、硕士、博士毕业生或博士后，以加强和充实本校的国学师资。

其次，应加强国学师资培养。一是通过组建专门的国学研究院所开展国学研究，培养国学师资。二是从自身实际情况出发，从本校教师中挑选具有较深厚国学功底的教师组成实力较强的国学教研团队，[③] 开展国学教研活动，提高国学师

---

① 冯浩. 大学国学教育制度研究［D］. 重庆：西南大学，2015.

② 罗旭，刘广富. 当前境内外高校国学教育比较研究［J］. 山东农业工程学院学报，2018，35（3）：164.

③ 李旭，白洁. 反思与审视：我国大学国学教育的发展［J］. 山西高等学校社会科学学报，2018（10）：59.

资的国学教学水平。三是与上述大学的国学教育、研究机构或国学学院联合培养本校的国学师资。

再次，应积极争取外援。一是应积极争取国内其他大学的援助，即有条件的学校可聘任国内其他大学和研究机构的国学专家、学者来任教。如可聘任中山大学博雅学院、山东大学儒学研究院、兰州大学敦煌学研究所、湖南大学岳麓书院国学研究基地、安徽大学中国传统文化研究院、首都师范大学国学传播中心的国学研究人员给师范生授课。二是应积极争取港澳台甚至境外高校的援助。尽管我国高校包括师范院校的国学师资队伍已经形成一定的规模，并且有的水平较高，但从国际影响力及对当前世界范围内的国学教育发展的作用来看，港澳台及境外学者并不弱于大陆地区的学者，甚至在某些方面占有优势。师范院校应通过一定的机制，积极争取他们的帮助，以提高自身的国学师资水平。例如，可“从境外以中国‘绿卡’、兼职教授、客座教授等多种形式吸引和引进更多的知名国学研究专家和教育家”①。

简言之，将走出去培训、请进来培训以及校本培训相结合，提高本校教师特别是国学师资的水平。

（二）构筑“概”“元”、“专”“融”、“选”“必”结合的课程和加强教材建设

课程教学是实现培养目标的基本途径。为培养素质合格的国学师资，师范院校应构建国学“概”“元”结合、“专”“融”结合、“选”“必”结合的课程，并加强教材建设。

1. 构建“概”“元”、“专”“融”、“选”“必”结合的课程

（1）构建“概”“元”结合的课程。

这里的“概”指的是概论性的通识课程，“元”指的是元典通识课程。为培养合格的国学师资，师范院校在国学通识课程的建设上应“概”“元”结合。

就国学通识课程，师范院校可开设面向全校师范生的概论性的通识课程。“历史教育是传统文化教育的一个重要组成部分，它能够培养学生的民族认同感、自信心和自豪感，能够培养学生的世界视野和发展视野，培养学生健全的人格。但是，调查发现，师范生在中学阶段学习的历史知识还很不够，师范院校还需要进一步加强历史教育。因此，师范院校可以在不同的年级分阶段开设中国古代

① 罗旭，刘广富．当前境内外高校国学教育比较研究［J］．山东农业工程学院学报，2018，30（3）：164．

史、近代史、现代史以及当代史的课程，让师范生从不同的历史阶段了解祖国悠久的历史和灿烂的文化，从而培养其民族精神，激发其民族自豪感、自尊心和自信心”①。所以，为提高师范生的国学素养，师范院校应向全体师范生开设中国古代史、近代史、现代史以及当代史等概论性通识课程。当然，还可开设“中国文化通论”、“中国古代文化知识专题”、“汉字与文化”、“书法鉴赏”、“民俗学”、“古典音乐鉴赏”、“美术作品鉴赏”和解义儒、墨、道、法、佛等学派常识等概论性的通识课程，以帮助学生广泛了解中国传统文化，② 丰富学生的国学知识，“让学习者理解国学的主要特色；梳理国学的发展流变，让学习者认识国学传承的规律与趋势”③。

师范院校除了开设上述概论性的国学通识课程外，还应开设元典类通识课程。师范生对概论性国学通识课程的学习，只能了解国学的一些大概，甚至对国学的了解是浮光掠影式的。而要对国学作深入把握，了解其精粹，师范生必须学习、研读国学元典，把元典学习作为国学通识课程体系中独立的课程。例如，可引导师范生学习、研读《史记》《学记》《大学》《中庸》《论语》《孟子》《道德经》《庄子》《墨子》《韩非子》《诗经》《尚书》《礼记》《易经》《春秋》等国学元典。

就师范生学习、研究国学元典的必要性，全国斌从国学教育目标的角度作了阐述。他说：

国外名校文科的课程设置，多以历史上流传久远的名家名著、经典为教学内容，通过师生的反复研读，反自其原创性的内涵。我国的一些院校也有这样的做法，如清华大学给所有的学生开列一本经典著作，华中理工大学也为所有学生开列一百本经典著作作为人文选修课。我国师范院校在传统文化教育中也应该大量增加原（元）典的教学，如《论语》导读、《孟子》研读、《庄子》要义等，指导师范生直接阅读人类文明史上具有原创性的经典著作，与思想、文化、艺术、哲学大师进行心灵沟通与思想对话，这样，师范生所获得的精神上的满足与提升是全面深厚而不是片面肤浅的。原典强调的是涵咏，是陶冶，是沉醉其中，是主体的主动参与与全身心投入。让师范生在经典的诵读与研讨中体验美好，体验快乐，体验崇高，可以在潜移默化中提升他们对美的感受力、鉴赏力、创造力以及

---

①② 全国斌．师范院校传统文化教育的缺失与对策［J］．教育理论与实践，2011，31（25）：51.

③ 丰建霞．高师院校完善中华优秀文化传统教育的培养目标和路径探讨［J］．黄冈师范学院学报，2018，38（5）：10.

自我完善的能力。①

全国斌在此所说的国外名校文科的课程设置，多以历史上流传久远的名家名著、经典为教学内容，例如，作为全美通识教育母版的哥伦比亚大学的通识课程便是如此。在哥伦比亚大学，“必读的书一定包括英译的古希腊史诗、悲剧、修昔底德、柏拉图、亚里士多德，古罗马的维吉尔和奥维德，接下去是但丁、马基雅维利、莎士比亚、霍布斯，一直到马克思和韦伯”②。师范生的国学元典的薄弱基础也说明，师范院校开设国学元典课程也是必要的。苏曼、王华对安徽师范类院校国学教育现状的调查显示：“对于《论语》的阅读，62.32%的学生表示会偶尔翻翻，29.71%的学生只知道有这本书，只有6.04%的学生选择完整读过”；“关于‘四书五经’的阅读情况，70.05%的学生表示，在中小学课本里学过一些，22.71%的学生读过教材以外的部分，完整读过的只占4.35%，还有2.9%的学生从未读过”③。这说明，安徽师范类院校的师范生对国学经典虽有一些涉猎，但大部分学生对于《论语》这样的国学元典只是有个泛泛的了解，完整读过的学生很少。安徽师范类院校如此，全国其他省份的情况也大致如此。因而，师范院校开设国学元典课是十分必要的。

师范院校开设元典课程不仅具有必要性，而且具有可能性。首先，师范生有着良好的文言文阅读功底。学习国学，文化功底是基础。对于师范生阅读元典的文化功底，“调查结果显示，有83.82%的师范生可以借助注释阅读；有9.42%的学生不借助工具也可以顺利阅读；只有6.04%的学生表示阅读起来非常困难；仅有0.72%的学生表示根本不能读，讨厌文言文。可见，有超过九成的学生具备阅读国学经典的能力和基础”④。其次，师范生有着学习国学的积极期待。“对师范生是否愿意参加学习国学经典，弘扬传统文化的活动调查时，表示有时间和精力就参加的，有61.35%；表示非常期待的，有35.27%。问卷显示，希望大学开设国学基础课程的类型，43.48%的学生希望是选修课；24.64%的学生希望是

---

① 全国斌. 师范院校传统文化教育的缺失与对策［J］. 教育理论与实践，2011，31（25）：51.

② 甘阳，丁雄飞. 古典学和中国学术共同体［EB/OL］.（2020－01－01）. https://www.aisixiang.com/data/119665.html.

③ 苏曼，王华. 安徽师范类院校国学教育现状的调查报告［J］. 太原城市职业技术学院学报，2018（11）：142.

④ 苏曼，王华. 安徽师范类院校国学教育现状的调查报告［J］. 太原城市职业技术学院学报，2018（11）：141.

必修课；30.68%的学生表示两者均可；只有1.21%的学生认为无所谓”①。师范生良好的文言文功底和对学习国学的积极期待，为师范院校把元典作为国学通识课程体系的必要组成部分，提供了可能性。师范院校在开设概论性国学通识课程的基础上，应引导师范生由浅入深，研读国学元典中的若干元典，哪怕研读其中的一部也好。

（2）构建“专”“融”结合的课程。

所谓的“专”“融”结合，即师范院校的国学课程建设应实现国学专门课程与国学融合、渗透于各科教学相统一。在国学课程的建设上，师范院校除了应重视建设上述由浅入深的专门的国学通识课程外，“学校还应该注意把优秀传统文化教育的内容分解、贯穿到各相关学科的课堂教学中去”②。即将国学教育内容融合、渗透到各专业不同培养目标的各相关学科教学的各个环节中去，实现国学教育与学科教学的有机统一，或者说实现国学教育内容与学科教学内容的相关式综合。

各专业的学科教学是学校教育实现培养目标的主要途径，也是实现国学教育目标的一条主要途径。通过各专业的各学科教学渗透国学教育，把国学内容与各专业的各个学科教学内容有机结合起来，是实现国学教学目标的有效方式。“如哲学、史学、文学、美学等学科，这些学科是研究和传承中国传统文化的核心，是中国传统文化教育的支撑学科，教学过程中应该贯穿中国传统文化这个维度。……此外还有民俗学、人类学、民族学、艺术学等学科，乃至一些自然科学学科”③。这也就是说，一定程度上，各专业的各学科教学都可渗透国学教育。就国学内容渗透于各专业的各学科教学，特别值得一提的是，应在“两课”（马克思主义理论课和思想政治教育课）教学中融入、渗透国学教育。“高校思政课是对大学生进行思想政治教育的主渠道，而思想政治教育的两个根本属性是政治性和文化性，不能只强调其中一个而忽视另一个”④。这也就是说，我们除了强调思想政治教育的政治性而将马列主义、毛泽东思想教育视为思想政治教育外，

---

① 苏曼，王华．安徽师范类院校国学教育现状的调查报告［J］．太原城市职业技术学院学报，2018（11）：142.

② 仝国斌．师范院校传统文化教育的缺失与对策［J］．教育理论与实践，2011，31（25）：51.

③ 丰建霞．高师院校完善中华优秀文化传统教育的培养目标和路径探讨［J］．黄冈师范学院学报，2018，38（5）：9.

④ 侯秋月．高校国学教育新模式探析：以西安建筑科技大学为例［J］．西安建筑科技大学学报（社会科学版）［J］．2018，37（3）：90.

还应重视思想政治教育的文化性，将它与国学教育中的传统伦理道德教育相结合，这“既可以避免使政治思想课流于枯燥的理论讲授和空洞的政治说教，也能够扩展‘两课’的教育功能”①，提高“两课”的实效性；同时，两者的结合，可一定程度上实现国学教育的现代化。2019 年 11 月 12 日由中共中央、国务院印发的《新时代爱国主义教育实施纲要》所确立的主要目标、任务之一是传承和弘扬中华优秀传统文化，引导人们树立和坚持正确的历史观、民族观、国家观、文化观，不断增强中华民族的归属感、认同感、尊严感、荣誉感。②“两课”应自觉地将《新时代爱国主义教育实施纲要》规定的这一目标、任务渗透于其中，实现中华传统文化的真精神与“两课”相融合。为此，在教学过程中，“教师可以在教学内容上做出一定的调整，适当向中华优秀传统文化方向倾斜。在课程内容上进行局部调整，这样并不增加课时，不会增加学生的学业负担，同时课程更能切合当下需求，增加影响力”③。

（3）构建“选”“必”结合的课程。

迄今为止，师范院校普遍未设立国学院，因而也就没有如国学院的国学专业那样的国学必修课，其国学课程普遍是以选修课的形式设置的，哪怕是其文史哲学科专业学生的国学课程，也是以选修课的形式设置的。这导致学生只能零散地从大学语文必修课、传统文化选讲等选修课教学和不定期开展的人文讲座中了解国学，“但选修课的教育内容难以体系化，所能够产生的教学效果也难以保障”④。

因而，师范院校要发挥培养国学师资的主渠道作用，应提高国学课程在师范教育的课程体系中的地位，即在课程管理上，除了将有的国学课程设置为选修课程外，还应将有的国学课程设置为必修课，至少应将国学元典阅读类通识课程作为所有师范生的必修课，从而为准教师们打下较扎实的传统文化功底。

2. 加强教材建设

构建以上“通”“元”结合、“专”“融”结合、“选”“必”结合的师范院

---

① 全国斌. 师范院校传统文化教育的缺失与对策［J］. 教育理论与实践，2011，31（25）：51.

② 新华社. 加强新时代爱国主义教育　凝聚奋进新时代实现民族复兴的磅礴伟力：中央宣传部负责人就《新时代爱国主义教育实施纲要》答记者问［N］. 人民日报，2019－11－13（06）.

③ 何禅娟. 中华优秀传统文化课程在师范类院校的建设探索：以广西教育学院为例［J］. 教育现代化，2019，6（27）：179.

④ 罗旭，刘广富. 当前境内外高校国学教育比较研究［J］. 山东农业工程学院学报，2018，30（3）：163.

校的国学课程体系，都应重视教材建设。现今，师范院校尚缺乏国学教育内容体系及配套教材，与之相伴的是教材编写随意、选材不当、过于庞杂、流于肤浅或深奥难懂等教材质量不高的现象较为突出。例如，现今高校开设的“中国文化概论”课程，不仅内容、体系大同小异，而且大多良莠不齐。为提高师范院校的国学教材的质量，各师范院校有必要进行教材建设的顶层设计，在顶层设计时应考虑教学目标、教学内容、教材编写、课程开发、课程实施条件（特别是师资储备情况）等多方面的因素。至于什么样的顶层设计是合适的，各师范院校及其学院应从自身的实际情况出发进行自主研究。在顶层设计的基础上，学校应组织专家编写与实现国学师资培养目标相匹配的多层次、成系列、体系化的国学教材和普及读物。

需要强调的是，在教材建设方面，为了增强广大准教师们对中国传统文化的认同，成就他们未来应有的国学教育实践的自觉性，需要改革现行的公共课教育学教材内容。公共课教育学是教师职前培养阶段的师范生或未来广大学校教师形成基本的正确教育观念和初步掌握教育、教学方法、技能的必修骨干课程。但现今的公共课教育学教材有关中国传统文化方面的内容存在两方面的不足。一是涉及中国传统文化方面的内容较为偏狭。这主要体现在公共课教育学教材论及的教育与文化的关系部分。在这部分，当论及教育的文化制约性时，贬斥中国传统文化的倾向十分明显，即它从所谓的文化自省出发，往往阐述的是中国传统文化对教育的消极影响。例如，有的公共课教育学教材在论及教育的文化制约性时，认为中国传统文化教育重功利轻发展，重共性轻个性、重服从轻自主、重认同轻创造，认为“中国人文传统强调人伦秩序而忽视自然探究，重社会人格而忽视个体独立；重群体和谐而忽视个体自由；重仁义而忽视理性；重求善而忽视求真；重等级而忽视平等；重守成而忽视创新；重权威而忽视批判；重合作而忽视竞争；重知足而忽视进取”①。诸如此类的以“重……而忽视……”的语式结构所呈现的对中国传统文化的评价，从上下文的脉络关系来看，皆是把中国传统文化及由中国传统文化形塑的教育视为阻碍人的个性、主体的创造性发展、进而也是阻碍中国现代化的，皆是重在否定中国传统文化。而在论及中华传统文化中有哪些优秀之处和如何继承中华优秀传统文化时，或者语焉不详，或者一笔带过。二是中国传统文化方面的内容很薄弱。例如，有的公共课教育学教材的课程论部分在论及课程教学的现代化时，孤立地看待课程现代化，只就文化现代性与课程现代化之间的关系论述课程的现代化，而没有把课程的现代化与传统文化勾连起来，阐

① 徐春. 人的发展论［M］. 北京：中国人民公安大学出版社，2007：429.

述它们两者的相互联系。不难想见，师范生学习了这样的公共课教育学教材内容，他们或者会认为中国传统文化一无是处，或者会片面、机械地理解包括课程教学现代化在内的教育发展。所以，为增强师范生对中国传统文化的认同，应改革现行的公共课教育学教材内容，即公共课教育学教材的中国传统文化与教育的关系部分，不仅应全面、客观地阐述、分析中国传统文化与教育的关系，而且应增加、充实中国传统文化方面的内容。

（三）采取课内与课外、“理论”① 与实践相结合的教学途径

1. 课内与课外相结合

课堂教学是教学的主渠道。实现国学教学目标，应发挥课堂教学的主渠道作用，同时，应开展与传统文化相关的课外活动，把两者有机结合起来。

首先，注重课堂教学，发挥其主渠道的作用。

黄贤忠在对包括师范生在内的大学生对国学的认知和态度的调查指出：“在被问及接受国学教育的最佳学习方式时，高居榜首的是看电影或电视剧，有66%的大学生选择这一项。排在第二位的是阅读图书，有59%人认为这个选项也不错。第三位的选择是上课和听讲座，选择比例为57%。第四位是音乐歌舞，人数约占36%。还有15%人选择其他方式”；“与此紧密相关，当问及‘你认为传播国学的最佳渠道’时，学校提供的教育竟然成为首选。这一选项获得了80%的支持度，互联网70%，图书65%，电视43%，手机32%。这再次证明大学生高度认同高校在国学教育过程中所扮演的角色。虽然，他们也选择了其他的补充选项，例如互联网、图书等重要渠道，但是很清楚，手机、电视这类明显带有娱乐性质的渠道并未普遍获得学生的认同”②。

黄贤忠的调查告诉我们，大学生认为学习国学的最佳渠道是学校提供的国学教育，而学校的课堂教学是包括师范生在内的大学生了解、学习、认识国学的主要途径。问题是课堂教学如何才能成为师范生学习、认识国学的主要途径。课堂教学要成为国学教学的主要途径，发挥其应有的作用，教师应“创新教学模式，更新教学方法。教学模式和教学方法在实现教学目标方面具有无可替代的作用，

---

① 国学更多是思想认识、文化价值理想，而非现代社会的学科理论。如果用理论来指称国学，那么这里的“理论”一词是个摹状词。因此这里需用引号来标注它，以将它与其他学科理论区别开来。

② 黄贤忠. 当前大学生对国学教育的认知和需求：以某高校调查数据为例［J］. 重庆文理学院学报（社会科学版），2018，37（5）：74.

在大学国学教育教学过程中，教师要特别注意讲究教学模式和教学方法。具体来说，可以通过不断整合与创新，学习借鉴并融会贯通先进的教学模式，摒弃简单枯燥的说教，改变硬性的、填鸭式的单一模式"①。教师在注重系统讲授的同时，可组织学生讨论，也可运用多媒体辅助教学。如在讲授时，可结合教学目标，播放历史类电影等影视作品；还可与专题讲座、案例分析相结合。

其次，开展与国学教育相关的课外活动。师范院校的国学教育除了上课和专题讲座等课堂教学外，还应广泛开展与传统文化相关的课外活动。课堂教学时间毕竟有限，因而，除课堂教学外，为增进学生对国学的认识，还应充分利用学生的课外活动时间，开展与国学教育密切相关的各种形式的课外国学教育活动。第一，应组织学生开展国学经典课后阅读活动。在开展国学经典课后阅读活动的过程中，学校要组织充分的宣传和动员工作，使学生理解和认识到国学学习的重要性；在此基础上，订立详细的国学经典书单，设立校园国学论坛、国学QQ群、微信群、公众号，经常性地组织相关主题讨论，以使学生能就阅读心得和疑问进行交流，并制定相关的督查管理制度、检查考核制度，② 对学生课后国学经典阅读进行督查管理和检查考核，以确保学生课后国学经典阅读活动的应有质量。第二，应将国学教育与学生社团活动结合起来。"社团活动开展得怎样，是实施中华优秀传统文化教育最终是否在核心要素上取得效果，是否深刻持久的指标。因此，及时扶持、热情鼓励、不断引导社团发展，是不可忽视的重要方面"③。为提高师范生的国学素养，师范院校应鼓励学生成立丰富多样的国学社团，如古代诗词协会、书法与绘画协会、古代文学社等，以这些协会或学社为依托，经常性地举办相关活动，如开展国学经典诵读比赛、读书报告会，"充分利用春节、清明节、端午节、中秋节、重阳节等传统节日组织相应活动，大力弘扬爱国、感恩和孝道文化等；还可结合传统文化精神和社会现实问题组织一些深层次辩论活动，如围绕环境污染、国际争端、文化冲突、道德沉沦等问题，组织沙龙辩论或网上主题辩论，让学生在了解、识记国学文化知识的基础上开展思辨性学习，把国学传统精神融合、应用于现代生活。此外，还可以利用暑期组织学生开展实践活动，如组织孔府行活动，寻找伟人的踪迹；组织汉服表演，以感官形式推行传

---

① 李旭，白洁. 反思与审视：我国大学国学教育的发展［J］. 山西高等学校社会科学学报，2018，30（10）：58.

② 罗雪英，汪全莉：大学生国学阅读现状调研与引导机制探讨：以湖南省8所综合大学为例［J］. 图书馆学研究，2019（14）：87.

③ 张云，李玉龙. 师范院校进行中华优秀传统文化教育研究［J］. 中华文化论坛，2014（6）：181.

统文化；到中小学、社区推广国学阅读，带动全社会国学学习风尚”①。

2. “理论”与实践相结合

所谓“理论”与实践结合，即国学课堂“理论”教学与现实生活相结合。国学课堂教学要取得应有的成效，不能从传统文化到传统文化，而应将传统文化与现实生活结合起来。例如，既对传统文化作现实生活的阐释，又对现实生活作传统文化的点析；就此，可挖掘学校所在地的历史名人事迹中的传统文化、传统道德内涵，也可阐发现实中的道德楷模身上所携具的传统美德，引导学生学习他们的君子人格；还可组织学生去名人故居旧址、名胜古迹、博物馆、文化馆进行实地考察或进行现场教学。再如，为了使师范生能关注和了解中小学的国学教育动态，可争取中小学校向师范生开放，以组织他们去见习、观摩中小学的国学教育的课堂教学、国学课外活动和开展中小学国学教育的调查，以使师范院校的国学师资培养与中小学国学教育实践相结合。

当然，将“理论”与实践相结合，更为重要的是应注重将师范生的国学“理论”学习与他们的身体力行结合起来，使师范生的国学学习尽可能做到知行统一，使他们的国学学习成效不仅能内化于心，而且能外化于行。传统文化中的儒学的最核心的特征和特色是“突出人的实践智慧，而不突出思辨的理论智慧”。例如，“在思辨与实践之间，孔子已经明白表现出了偏重，即重视实践而不重视思辨”②。再如，《礼记》中说：“博学而不穷，笃行而不倦”。③ 师范院校的国学教学应回归儒家重视道德实践的传统，既组织师范生接受儒家典籍训练，也组织他们接受儒家礼仪训练和日常制度化的礼敬往圣先贤；既启迪师范生的儒家实践智慧、涵养他们的实践精神，又引导和组织师范生学中做、做中学，从事“仁者爱人”的关爱实践，如与需要付出爱心的老人院、医院终极关怀病房或其他需要社会扶助救护的贫弱群体建立稳定的联系，将儒家的伦理德性、道德知识转化为外在的德行，从而立德成己，修身成人。只有这样，“知行合一”在师范生那里才不会成为一种说辞，师范生才能成为具有立德树人资质的未来的合格的教育者，才能成为解决“知”（言）与“行”之间完全两层、互不相干这一当代文明的最大问题的生力军。

为了提高国学教育的效果，师范院校除了应采取以上措施外，还应创建具有

---

① 罗雪英，汪全莉：大学生国学阅读现状调研与引导机制探讨：以湖南省8所综合大学为例［J］. 图书馆学研究，2019（14）：85.

② 陈来. 儒学美德论［M］. 北京：生活·读书·新知三联书店，2019：339.

③ 李慧玲，吕友仁. 礼记［M］. 中州古籍出版社，2010：46.

浓郁的国学氛围的校园文化，将国学教育渗透于校园的物质文化、行为文化、制度文化、精神文化中。例如，“从校园标语到走廊橱窗和班级板报的设计可以以传统文化为主题，校园广播可以播放国学经典美文诵读或者传统音乐吟唱，给学生以强烈的视觉和听觉的冲击，让学生浸润在国学文化氛围之中，达到春风化雨，润物无声的效果”①；再如，学校的校训、校风、学风的凝练和励志名言等都可取自中国古代经典；学校文化景观、学院标识标牌、学生组建的各种社团的名称等也都可取自中国传统文化；学校图书馆应建立国学资源数据库，定期开展国学新书推介；学校网络平台可定期发布国学信息、国学动态，开设国学论坛等。这都可极大激发大学生对国学的热情。②

二、国学师资队伍建设与国学师资的职后培训

为培养合格的国学教育师资，除了应加强和改进国学师资的职前培养外，还应重视国学师资的职后培训。国学师资的职后培训，应在贯彻相关原则的基础上，采取多种途径和方式。

（一）国学师资培训的原则

1. 普及与提高相结合的原则

一直以来，传统文化教育往往是语文、历史等特定学科教师的特定职责。但是，“传统文化教育要贯穿在所有学科的教育中，需要所有老师的共同努力”③。也就是说，国学教育是全体教师的责任，不只是语文、历史、政治课教师的责任。所以，国学师资的职后培训应面向全体教师，应“加强面向全体教师的中华优秀传统文化教育培训”④，“……将中华优秀传统文化课程纳入中小学教师继续教育公共培训课程，开展全员培训”⑤，“参与培训的教师既可以是专门从事国学的教师，也可以是兼职国学教师，甚至仅仅是‘潜在’的、并没有从事国学教

① 于洁．师范院校学前教育专业开展国学经典教育的思考［J］．延边教育学院学报，2016，30（5）：73.

② 罗丽娅．高校国学教育改革探析［J］．文教资料，2018（28）：92.

③ 刘正正．论学校传统文化教育的困境及超越［J］．中国德育，2019（2）：22.

④ 教育部．完善中华优秀传统文化教育指导纲要［EB/OL］．https://www.gov.cn/xinwen/2014-04/01/content_2651154.htm.

⑤ 方中雄．从国家文化战略布局出发思考中华优秀传统文化教育［J］．中小学管理，2017（8）：31-34.

学的语文教师、历史教师等"①。培训要以教师了解国学基本知识、国学和国学教育的最新进展、获得继续学习国学的能力、形成初步的国学课程开发和国学教学能力为目标。②

国学师资的职后培训在面向全体教师的同时，应不断提高国学师资的国学素养。为提高国学师资的国学素养，应在"在中小学教师国家级培训计划、义务教育学校校长和农村幼儿园园长研修培训计划、职业学校教师和校长素质提高计划中增加中华优秀传统文化培训内容，提高各级各类学校教师开展中华优秀传统文化教育的能力"③；并"……设立专门培训项目，选培一批中华优秀传统文化教育的种子教师"④。通过这些措施，提高国学师资的国学水平和国学教育能力。就加强高校国学师资的职后培训、提高高校国学师资的水平而言，高校可鼓励在职传统文化师资脱产进修和学习，提升其专业水平；也可"在哲学社会科学教学科研骨干研修、高校思想政治理论课骨干教师研修、高校辅导员骨干培训中加大中华优秀传统文化内容比重"⑤。还可"在国家人才支持计划、长江学者奖励计划、高校青年教师培养计划以及'万人计划'教学名师评选中，增加传统文化教学和研究人才的比重，培养和造就一批中华优秀传统文化教学名师和学科领军人才"⑥。

2. 因校制宜原则

这里所谓因校制宜原则，即学校从自身的国学教育的实际出发，开展有针对性的国学师资培训。如今，各级各类学校实施国学教育的差异较大。因而，国学师资的职后培训必须根据学校自身的国学师资的特点和现状，开展有针对性的培训。例如，"对于国学知识积累较为丰富，而国学教学经验相对短缺的学校，应着重提高其教学技能和课程整合的能力。对于在课程设计上拥有一定积累，但是在国学内容体系化方面尚有不足的学校，则应注重促进其国学内容体系化、深入

---

① 王立刚. 中小学国学师资培训体系建立的基本路径 [J]. 集美大学学报, 2015, 16 (1): 2.

② 王立刚. 中小学国学师资培训体系建立的基本路径 [J]. 集美大学学报, 2015, 16 (1): 2.

③⑤ 教育部. 完善中华优秀传统文化教育指导纲要 [EB/OL]. https://www.gov.cn/xinwen/2014-04/01/content_2651154.htm.

④ 方中雄. 从国家文化战略布局出发思考中华优秀传统文化教育 [J]. 中小学管理, 2017 (8): 31-34.

⑥ 李学如. 高校传统文化课程实施：困境与解困——以安徽省本科院校为考察中心 [J]. 现代教育论丛, 2019 (3): 33.

化的发展”①。

3. 以教促学原则

这里所谓以教促学的原则，指的是将国学课程教学作为提高教师国学教育素养的基本途径，实现国学课程教学与提高国学师资的国学素养和国学教学能力的有机结合。在教师认同国学教育的重要性和认识到自身国学素养、国学教学能力亟待提高的前提下，教师通过自学和参加国学师资的专门培训对于提高国学师资国学素养和国学教学能力都是必要的。但如果只是提倡教师自学，或单纯进行提高国学教育素养的专门培训，则会限制教师提高国学素养和国学教育能力的积极性。为提高国学师资的国学教育素养，除了教师自学和参加国学师资的专门培训外，还应贯彻以教促学的原则，因为“……欲兴教师之学，必先兴学生之学，不必等到教师素养提高了再开展学生的学习活动。事实上，现在一些学校正是边开设国学课边对教师培训，从而提高了教师的相关素养”②。

（二）国学师资职后培训的途径

为提高在职教师的国学教育素养，教师职后培训的途径应多样化。学校除了依托已经以多种形式存在的常规师资培训途径和上述在阐述普及与提高相结合的原则和以教促学的原则时论及的相关途径外，还应采取以下途径提高学校国学师资的国学教育素养。

（1）提供可供教师选择的学历进修。“相对而言，学历进修比一般培训更加专业、更加系统，是帮助国学教师提升素质的重要途径”③。因而，有条件的学校应鼓励教师参加面向国学师资的学历进修，从而系统地提升教师的国学教育素养。

（2）专门组织教师提高国学教育素养。例如，学校可将以提高教师国学素养和国学教育能力为目标的计划纳入学校学习型组织的学习计划，组织教师开展国学专题研修；可在校内成立专门的教师传统文化学习交流小组，通过小组研讨等方式提高教师传统文化素养；可鼓励教师开展行动研究、小课题研究等形式，加强教师对国学教育的实际问题的研究，以提高教师的国学素养和国学教育能

---

① 王立刚. 中小学国学师资培训体系建立的基本路径［J］. 集美大学学报（教育科学版），2015，16（1）：4.

② 张仁平. 提升小学教师国学素养的几点思考［J］. 继续教育研究，2010（7）：83.

③ 王立刚. 中小学国学师资培训体系建立的基本路径［J］. 集美大学学报（教育科学版），2015，16（1）：5.

力；还可组织教师在线学习、开展国学师资培训夏令营等多种途径培训国学师资。

就开展国学师资培训夏令营活动来提高教师的国学素养和国学教学能力，广东省第二师范学院成立的“广东教育学会国学教育专业委员会”利用国学夏令营这一平台培训国学师资，颇具典型意义。“广东教育学会国学教育专业委员会”组织的国学夏令营配备了专门的培训导师，其培训导师队伍由高校教师、中小学国学教学名师，特别是具有国学教学专长的教师组成。在夏令营活动中，因培训导师能及时发现受训教师国学教学的问题，因而能有针对性地加以解决，从而使“受训教师可以在较短时间内系统了解国学教育的基本构成与基本方法，较快形成相应的教学技能”①。近年来，“广东教育学会国学教育专业委员会”的国学师资培训夏令营已为东莞市、广州市等地的中小学培训了一大批国学师资，较大程度地提高了受训教师的国学和国学教学水平。另外，“广东教育学会国学教育专业委员会”国学夏令营将国学培训与广东第二师范学院中文系教师职前培养相结合，构建起国学师资职前培养的校内外联动、校内学习和社会实践相结合的新型模式，从而成为广东第二师范学院中文系培养中小学国学师资的重要平台。

（3）建立国学师资培训的开放机制，即建立学校国学师资培训向社会招募、录用校外国学师资参加本校国学师资培训的机制。在民间和体制内的文化、研究机构，有不少人士对包括儒家文化在内的中国传统文化有精深的研究。因而学校国学师资培训应向他们开放，聘请他们为学校国学师资培训的教师。例如，可聘请他们为教师系统地讲授国学，也可聘请他们主讲国学专题，还可聘请他们给在校教师上国学示范课。

（4）建立国学教育交流平台。建立国学教育交流平台可整合各类国学教育资源，从而提升教师的国学教育素养。例如，学校可借助互联网建立校内教师之间、校内教师与校外教师之间、校内教师与国学和国学教育研究者之间的在线国学教育交流平台。这样能不断发现并推广优秀国学教学案例和经验、模式，促进国学师资培训的资源整合，为教师的国学教育素养的提高提供平台。②

（5）少数民族地区应增加对教师的本民族传统文化的培训。我国是一个多民族国家，各民族有权利也有义务去保护和弘扬具有自己民族特色的传统文化。

---

① 魏文琦．不忘来路，创新文化传承之道：广东第二师范学院中文系国学教育团队十年历程侧记［J］．广东教育（综合版），2018（6）：16.

② 王立刚．中小学国学师资培训体系建立的基本路径［J］．集美大学学报（教育科学版），2015，16（1）：5.

为提高少数民族地区学校教师对自身传统文化的传承能力，在国学师资的职后培训中，“各少数民族地区要增加对本民族特殊传统文化的培养，突出民族特色”①。

最后需要强调的是，为加强国学师资队伍建设，教育职能部门应发挥应有的作用。我国教育管理体制决定了相关教育职能部门重视师范院校的国学教育发展，这对于提高国学师资水平是十分重要的，教育职能部门的重视是师范院校国学教育发展的基本前提。只是教师教育机构和广大大中小学重视国学师资的培养、培训是不够的。促进国学师资队伍建设，除了教师教育机构和广大大中小学应采取相关有针对性的措施外，教育职能部门也应重视国学师资的培养、培训。在教师教育机构和广大大中小学采取相关措施培养、培训国学师资的前提下，教育职能部门也应重视国学师资的培养、培训，从而形成教师教育机构、大中小学和教育职能部门之间的协动；只有这样，才能做实国学师资的职前培养和职后培训。因而，首先，“政府要持续支持高校国学事业的发展，将国学教育内容明确纳入国家高等教育发展规划纲要，为高校国学教育提供可遵循的路线图”②。在此基础上，政府要加大财政投入，支持教师职前培养机构的国学教育。其次，教育职能部门应将国学定位为一级学科。从 2018 年起，教育部将在高校本科专业设国学专业，③ 这意味着除了清华大学、北京大学、厦门大学、南昌大学等综合性大学所设立的国学院的本科国学教育专业外，包括师范院校在内的全国其他本科高校也将陆续设立国学本科专业。这样将有助于师范院校为大中小学国学教育培养一大批适合的师资。为提高师范院校设立本科国学教育专业的积极性，教育职能部门应将国学设立为一级学科。如果国学能成为一级学科，不仅能提高国学在师范大学中的地位，而且能促进师范大学设立本科国学教育专业的积极性。再次，教育职能部门应积极引导包括师范院校在内的高校科学规划和完善国学教育内容和教材系统，着力建设完整的国学教育体系。最后，教育职能部门应建立国学等级考试制度和国学教师准入制度。一是应建立国学专业等级考试制度。相关职能部门“可以参考汉语水平考试（HSK）和大学英语四、六级考试（CET－4，

---

① 孙鹏野．工欲善其事，必先利其器：谈传统文化教育专业师资培养［J］．高考，2018（3）：197.

② 罗旭，刘广富．当前境内外高校国学教育比较研究［J］．山东农业工程学院学报，2018，35（3）：163.

③ 张博．教育部明年将设“国学”专业［EB/OL］．（2017－02－19）．http://www.sohu.com/a/126657934_500204.

CET－6），建立国学等级考试制度，并与毕业升学挂钩，充分发挥考试的导向作用”[①]；二是应建立国学教师准入制度或国学教师资格证书制度，并将其纳入国家教师资格证书制度体系，以提高国学教师入职标准。这“不仅可以严格把关传统文化教育师资队伍的专业性，还可以为社会中一些有该方面能力的精英打开一条通道，使传统文化教育师资的类型更加丰富”[②]。如果不专设国学教师资格证书制度，那也应在各级各类教师专业标准和教师资格考试大纲中，明确教师国学素养的要求，增加国学内容的比重。

① 罗旭，刘广富．当前境内外高校国学教育比较研究［J］．山东农业工程学院学报，2018，35（3）：164．

② 孙鹏野．工欲善其事，必先利其器：谈传统文化教育专业师资培养［J］．高考，2018（3）：197．

参考文献

一、著作类

（一）中文类著作

1. 白彤东. 旧邦新命：古今中西参照下的古典儒家政治哲学［M］. 北京：北京大学出版社，2009.

2. 陈来. 儒学美德论［M］. 北京：生活·读书·新知三联书店，2019.

3. 陈嘉明，等. 现代性与后现代性［M］. 北京：人民出版社，2001.

4. 陈明，朱汉明. 原道：第十一辑［M］. 北京：北京大学出版社，2005.

5. 岳华. 儒家传统的现代转化：杜维明新儒学论著辑要［M］. 北京：中国广播电视出版社，1992.

6. 杜维明. 东亚价值与多元现代性［M］. 北京：中国社会科学出版社，2001.

7. 郭齐勇，郑文龙. 杜维明文集：第三卷［M］. 武汉：武汉出版社，2002.

8. 蒋国保，周亚洲. 生命理想与文化类型：方东美新儒学论著辑要［M］. 北京：中国广播电视出版社，1992.

9. 冯友兰. 中国哲学史新编［M］. 北京：人民出版社，2001.

10. 郭齐勇. 中国哲学史［M］. 北京：高等教育出版社，2006.

11. 黄书光，王伦信，袁文辉. 中国基础教育改革的文化使命［M］. 北京：教育科学出版社，2001.

12. 黄宗羲. 宋元学案（全四册）［M］. 北京：中华书局，1986.

13. 蒋庆. 政治儒学默想录［M］. 福州：福建教育出版社，2015.

14. 蒋庆. 政治儒学：当代儒学的转向、特质与发展（修订本）［M］. 福州：福建教育出版社，2014.

15. 蒋庆. 生命信仰与王道政治：儒家文化的现代价值［M］. 新北：养正堂，2004.

16. 蒋庆. 再论政治儒学［M］. 上海：华东师范大学出版社，2011.

17. 汤志钧. 康有为政论集［M］. 北京：中华书局，1981.

18. 列文森. 儒教中国及其现代命运［M］. 郑大华，任菁，译. 北京：中国社会科学出版社，2000.

19. 刘东. 思想的浮冰［M］. 上海：上海人民出版社，2014.

20. 刘军宁. 保守主义［M］. 北京：东方出版社，2014.

21. 李泽厚. 哲学纲要［M］. 北京：北京大学出版社，2011.

22. 李弘祺. 学以为己：传统中国的教育［M］. 上海：华东师范大学出版社，2017.

23. 梁启超. 德育鉴［M］. 翟奎凤，校注. 北京：北京大学出版社，2011.

24. 中国文化书院学术委员会. 梁漱溟全集：第七卷［M］. 济南：山东人民出版社，1993.

25. 梁启超. 新民说：少年中国的国民性改造方案［M］. 郑州：中州古籍出版社，1998.

26. 梁启超. 论中国学术思想变迁之大势［M］. 上海：上海古籍出版社，2001.

27. 梁启超. 国学小史.［M］. 北京：商务印书馆，2014.

28. 牟宗三. 五十自述［M］. 台北：鹅湖出版社，1990.

29. 郑家栋. 道德理想主义的重建：牟宗三新儒学论著辑要［M］. 北京：中国广播电视出版社，1992.

30. 瞿同祖. 中国法律与中国社会［M］. 北京：中华书局，2003.

31. 徐春. 人的发展论［M］. 北京：中国人民公安大学出版社，2007.

32. 钱穆. 国史大纲：修订本［M］. 北京：商务印书馆，1996.

33. 钱穆. 文化与教育：新校本［M］. 北京：九州出版社，2011.

34. 徐贲. 阅读经典：美国大学的人文教育［M］. 北京：北京大学出版社，2015.

35. 任剑涛. 当经成为经典：现代儒学的型变［M］. 北京：社会科学文献出版社，2018.

36. 任重，刘明. 儒教重建：主张与回应［M］. 北京：中国政法大学出版社，2012.

37. 任重，刘明. 儒学复兴：继绝与再生［M］. 北京：中国政法大学出版社，2012.

38. 任重，刘明. 儒家回归：建言与声辩［M］. 北京：中国政法大学出版社，2012.

39. 尚明. 中国人学史［M］. 北京：对外经济贸易大学出版社，1995.

40. 王之春. 清朝柔远记［M］. 赵春晨，点校. 北京：中华书局，1989.

41. 吴全华. 教育现代性的合理性［M］. 广州：广东人民出版社，2009.

42. 肖万源，徐远和. 中国古代人学思想概要［M］. 北京：东方出版社，1994.

43. 张君劢. 中西印哲学文集：上［M］. 台北：台湾学生书局，1981.

44. 周振鹤. 体国经野之道：中国行政区划沿革［M］. 上海：上海书店出版社，2009.

45. 朱杰人，严佐之，刘永翔. 朱子全书［M］. 上海：上海古籍出版社，2002.

46. 赵法生. 儒家超越思想的起源［M］. 北京：中国社会科学出版社，2019.

（二）中文译著类著作

1. 联合国教科文组织总部. 教育：财富蕴藏其中［M］. 联合国教科文组织总部中文科，译. 北京：教育科学出版社，2001.

2. 布雷钦卡. 教育目的、教育手段和教育成功：教育科学体系引论［M］. 彭正梅，译. 上海：华东师范大学出版社，2008.

3. 康德. 论教育学·系科之争［M］. 杨云飞，邓晓芒，译. 北京：中国轻工业出版社，2019.

4. 古德莱德. 学校的职能［M］. 赵晓燕，编译. 兰州：甘肃文化出版社，2005.

5. 安斯巴可 H，安斯巴可 R. 阿德勒个体心理学［M］. 黄孟娇，鲍顺聪，田育慈，等，译. 台北：张老师文化事业股份公司，2017.

6. 藤田英典. 走出教育改革的误区［M］. 张琼华，许敏，译. 北京：人民教育出版社，2001.

7. 密尔. 论自由［M］. 许宝骙，译. 北京：商务印书馆，1959.

二、论文类

（一）期刊论文

1. 陈来. 二十世纪中国文化中的儒学困境［J］. 浙江社会科学，1998（3）.

2. 陈来. 如何看待儒家文化与中国传统文化［J］. 中国哲学史，2018（1）.

3. 陈少明. 儒学与自由：一个仍然有待商讨的问题［J］. 华东师范大学学报（哲学社会科学版），2019，51（2）.

4. 陈漱渝. 如此“儒学热”能解决现实问题吗？［J］. 哲学研究，1995（5）.

5. 杜钢. 国学教育的基本问题论新［J］. 教育学术月刊，2012（1）.

6. 丰建霞. 高师院校完善中华优秀文化传统教育的培养目标和路径探讨［J］. 黄冈师范学院学报，2018，38（5）.

7. 郭建宁. 当前文化研究若干前沿问题论析［J］. 河北学刊，2006（3）.

8. 郭齐勇. 从孔学的“人论”看儒学的现代价值［J］. 开放时代，1995（2）.

9. 郭齐勇. 近年来中国大陆儒学的新进展［J］. 广西大学学报（哲学社会科学版），2015，37（1）.

10. 姚中秋，李强，丛日云，等. 通识教育与文明复兴［J］. 学海，2013（4）.

11. 侯立兵. 国学教育与中小学教育改革［J］. 广东第二师范学院学报，2018，38（6）.

12. 韩星. 以儒为主，多元整合：对秋风《一个文教，多种宗教》一文的商榷［J］. 天府新论，2014（3）.

13. 黄济. 在中小学如何开展国学教育［J］. 课程·教材·教法，2015，35（2）.

14. 黄玉顺. 论阳明心学与现代价值体系：关于儒家个体主义的一点思考［J］. 衡水学院学报，2017，19（3）.

15. 柯小刚. 当代社会的儒学教育：以国学热和读经运动为反思案例［J］. 湖南师范大学教育科学学报，2016，15（4）.

16. 韩福东. 他们重新审视传统［J］. 新闻周刊，2004（16）.

17. 韩东屏. 分而后总：中国传统文化的当代价值与世界影响力［J］. 学术月刊，2010（8）.

18. 韩东屏. 论道德修养［J］. 中州学刊，2015（10）.

19. 黄贤忠. 当前大学生对国学教育的认知和需求：以某高校调查数据为例［J］. 重庆文理学院学报（社会科学版），2018，37（5）.

20. 何成银. 小学国学教育区域化推进研究：以重庆市江北区为例［J］. 教育研究，2010，31（1）.

21. 何禅娟. 中华优秀传统文化课程在师范类院校的建设探索：以广西教育学院为例［J］. 教育现代化，2019，6（27）.

22. 吉淑娟，郑国岱. 人文传统教育的校本化作为：以广州市海珠区东风小学为例［J］. 教育观察，2018，7（10）.

23. 贾会锦. 基于实践的国学教育思考［J］. 教育教学论坛，2018（19）.

24. 金海东. 学习传统文化 筑牢道德基石：吉林省磐石市积极开展中小学传统文化教育［J］. 精神文明导刊，2009（12）.

25. 刘长城. 儒学德性传统的文化特征［J］. 山东省青年管理干部学院学报，2005（6）.

26. 刘仲华. 清后期“西学中源”论中“以子证西”的两面性及其命运［J］. 北京行政学院学报，2016（3）.

27. 刘正正. 论学校传统文化教育的困境及超越［J］. 中国德育，2019（2）.

28. 楼宇烈. 中国文化的根本精神及其传承［J］. 人民教育，2017（Z2）.

29. 李娇龙. 中小学国学教育开展的现状［J］. 中小学教材教学，2018（5）.

30. 李旭，白洁. 反思与审视：我国大学国学教育的发展［J］. 山西高等学校社会科学学报，2018，30（10）.

31. 李英华. 国学复兴与文化自觉［J］. 杭州师范大学学报（社会科学版），2010，32（2）.

32. 李学如：高校传统文化课程实施：困境与解困——以安徽省本科院校为考察中心［J］. 现代教育论丛，2019（3）.

33. 罗丽娅. 高校国学教育改革探析［J］. 文史资料，2018（28）.

34. 罗旭，刘广富. 当前境内外高校国学教育比较研究［J］. 山东农业工程学院学报，2018，35（3）.

35. 马文琴. 加强中小学中华优秀传统文化教育的有效策略［J］. 教学与管理，2016（18）.

36. 钱理群. 五四新文化运动与中小学国文教育改革［J］. 中国现代文学研究丛刊，2003（3）.

37. 孙利天. 现代性的追求和内在超越［J］. 中国社会科学，2016（2）.

38. 宋志明. 德性儒学的成就、困境与走向［J］. 中国人民大学学报，2006（1）.

39. 孙鹏野. 工欲善其事，必先利其器：谈传统文化教育专业师资培养［J］. 高考，2018（3）.

40. 史伦平. 少儿读经之路20年回顾［J］. 师道，2018（12）.

41. 苏曼，王华. 安徽师范类院校国学教育现状的调查报告［J］. 太原城市职业技术学院学报，2018（11）.

42. 谭红樱，田穗. 中小学开展中华优秀传统文化教育的研究综述［J］. 重庆第二师范学院学报，2016，29（1）.

43. 全国斌. 师范院校传统文化教育的缺失与对策［J］. 教育理论与实践，2011，31（25）.

44. 庖际齐，王宣标. 今天，我们如何对待传统和经典［J］. 中国图书评论，2007（6）.

45．万俊人．传统美德伦理的当代境遇与意义［J］．南京大学学报（哲学·人文科学·社会科学），2017，54（3）.

46．吴展良．第三期中华文明的经典体系与经学的建构［J］．文化纵横，2017（4）.

47．吴全华．少一些盲目性　多几份理性：对国学教育的若干思考［J］．广东教育（综合版），2007（10）.

48．吴全华．教育学本土实践的历史与现实论略［J］．苏州大学学报（教育科学版），2016，4（2）.

49．吴全华：人的本性与教育的人性放逐［J］．华南师范大学学报（社会科学版），2009（12）.

50．吴全华．论学生精神自由的缺失与实现［J］．华南师范大学学报（社会科学版），2004（4）.

51．吴全华．中小学生读经与时代精神［J］．广东教育（综合版），2010（3）.

52．吴全华，谢亚萍．学生读经无需理解吗？［J］．广东教育（综合版），2011（6）.

53．王立刚．中小学国学师资培训体系建立的基本路径［J］．集美大学学报（教育科学版），2015，16（1）.

54．王建辉．新闻出版与文化安全［J］．出版科学，2002（4）.

55．王岳川．从“去中国化”到“再中国化”的文化战略：大国文化安全与新世纪中国文化的世界化［J］．贵州社会科学，2008（10）.

56．魏文琦．不忘来路，创新文化传承之道：广东第二师范学院中文系国学教育团队十年历程侧记［J］．广东教育（综合版），2018（6）.

57．熊明．浅析中国传统文化中阻碍教育和谐发展的消极因素［J］．湖北第二师范学院学报，2010，27（1）.

58．俞吾金．人体解剖是猴体解剖的钥匙：历史主义批判［J］．探索与争鸣，2007（1）.

59．杨淦．中华文化复兴的理性思考［J］．艺术教育，2008（2）.

60．于洁．师范院校学前教育专业开展国学经典教育的思考［J］．延边教育学院学报，2016，30（5）.

61．谢文庆．基于教学创造力的国学师资培养研究［J］．教师教育学报，2019，6（2）.

62．尤小立．“读经”讨论的思想史研究：以1935年《教育杂志》关于“读经”问题的讨论为例［J］．安徽史学，2003（5）.

63. 余新明. 中小学国学教育的“课程意识”[J]. 语文教学与研究, 2018 (24).

64. 叶秀山. 对于中国哲学之过去和将来的思考 [J]. 江苏行政学院学报, 2016 (1).

65. 郑国岱. 基础教育视域下国学教育的内涵、体系、方法研究 [J]. 广东第二师范学院学报, 2016, 36 (4).

66. 臧蕾, 张斓. 国学教育存在的问题与对策研究: 以连云港市市民素质提升为视角 [J]. 淮海工学院学报 (人文社会科学版), 2018, 16 (12).

67. 张睿睿. 大学国学教育的思考与教改建议: 以成都大学“国学经典导论”课程的开展情况为例 [J]. 教育与教学研究, 2017, 31 (9).

68. 张爱群. 试论师范生知识结构的建构 [J]. 安徽师范大学学报 (人文社会科学版), 2002 (3).

69. 张仁平. 提升小学教师国学素养的几点思考 [J]. 继续教育研究, 2010 (7).

70. 张云, 李玉龙. 师范院校进行中华优秀传统文化教育研究 [J]. 中华文化论坛, 2014 (6).

71. 章剑锋. 不要把儒家“意识形态化”: 专访北京大学儒学研究院院长、中华孔子学会会长汤一介 [J]. 南风窗, 2011 (2).

(二) 报纸论文

1. 陈来. 儒学能为现代化提供适当的人文环境 [N]. 北京日报, 2018-07-09 (13).

2. 方中雄. 从国家文化战略布局出发思考中华优秀传统文化教育 [J]. 中小学管理, 2017 (8): 31-34.

3. 葛剑雄. 不能脱离现代来谈传统文化 [N]. 长江日报, 2014-05-08 (15).

4. 韩星. 高校传统文化必修课的核心是修身做人 [N]. 光明日报, 2017-09-26 (2).

5. 蒋斌, 周薇. 中国改革开放理论的丰富和发展: 习近平总书记改革开放思想的理论贡献 [N]. 南方日报, 2017-06-26 (2).

6. 李舫. 春秋时代的春与秋 [N]. 光明日报, 2016-01-29 (13).

7. 楼宇烈. 不能丢失中国文化的主体意识 [N]. 北京日报. 2019-05-20 (15).

8. 任翔. 传统文化教育需要分级教材 [N]. 光明日报, 2017-09-14 (2).

9. 王旭明. 语文教育已支离破碎 [N]. 中国青年报, 2014-11-15 (3).

10. 郑海鸥. 国学不是商家的“跑马场”[N]. 人民日报, 2014-08-28 (19).